U0516860

智能机器
如何思考

［美］肖恩·格里什（Sean Gerrish）◎著　张羿◎译

How Smart
Machines Think

中信出版集团｜北京

图书在版编目（CIP）数据

智能机器如何思考 /（美）肖恩·格里什著；张羿
译. -- 北京：中信出版社，2019.7
书名原文：How Smart Machines Think
ISBN 978-7-5217-0546-1

Ⅰ.①智… Ⅱ.①肖…②张… Ⅲ.①信息经济－研
究②人工智能－研究　Ⅳ.①F49②TP18

中国版本图书馆CIP数据核字（2019）第 086106 号

智能机器如何思考

著　者：[美]肖恩·格里什
译　者：张　羿
出版发行：中信出版集团股份有限公司
　　　　　（北京市朝阳区惠新东街甲4号富盛大厦2座　邮编　100029）
承 印 者：北京画中画印刷有限公司

开　本：880mm×1230mm　1/32　　印　张：13.25　　字　数：282千字
版　次：2019年7月第1版　　　　印　次：2019年7月第1次印刷
京权图字：01-2018-7852　　　　广告经营许可证：京朝工商广字第8087号
书　号：ISBN 978-7-5217-0546-1
定　价：69.00元

献给设计和构建智能机器的工程师和研究员

目　录

16 / 实时人工智能与《星际争霸》

17 / 50年后或更遥远的未来

推荐序

10多年前，我遇见了肖恩。当时我在谷歌领导团队，负责开发为谷歌的搜索广告业务提供支持的许多大型机器学习系统。肖恩是我们小组里最顶尖的工程师之一，当时他正在研究机器学习前沿领域的一系列具有挑战性的问题。我们一起工作以来，体现在统计机器学习技术中的各类人工智能已经从相对难以触及的神秘技术、研究人员和高科技公司的专属领域，发展成为日益平易近人的、卓有成效的工具和技术，值得每一位软件开发人员使用。

目前机器学习领域取得的快速进展，在一定程度上是由以下因素推动的：数据爆炸，高性能计算机体系结构的复兴，云提供商竞相为开发人员和研究人员构建可扩展的人工智能平台，人们将实时智能嵌入移动设备、汽车、其他消费电子产品和日益普遍的连接到云端的计算设备的热潮。这种快速进步中包括一些惊世骇俗的成就，机器在许多狭窄的领域已经接近于或超过了人类的能力，例如在图像中标记物体、识别语音、玩策略游戏以及翻译语言，但我们仍处于这些技术发展的初期，摆在我们面前的是长达几十年的创新和发现之旅。

对开发人员和研究人员而言，理解机器学习的工作原理是一个明智的职业选择。目前，全球的科技巨头公司对这些技术的专业知识都有很高的需求。微软、亚马逊、谷歌、苹果、百度等许多公司都提供应用程序接口、工具包和云计算基础设施，将机器学习的开发工作交给全世界数以千万计的开发人员。未来几年，随着越来越多的应用程序包含智能功能，大多数开发人员都需要掌握一些机器学习技术。这正是这本书的宝贵价值所在。

这本书诞生自肖恩对了解现代机器学习成功之路的渴望。在用清晰易懂的方式描述这些系统的本质时，肖恩利用10多年的行业和学术经验解决了机器学习带来的一些最棘手的问题。鉴于机器学习系统能够复制某些方面的人类智能，等到某个突破点临近，原本由人类特有的创造诗意词句的能力或许也会被机器复制。肖恩对这些技术严谨实用的描述反映了他在科研战壕中的岁月，不时令人感到痛苦的反复试验让战壕中的人们了解到，机器学习并不是魔法。如果你知道如何应用它，了解它的局限所在，它就是强有力的前沿工具；如果你不知道，它就几乎一文不值。

肖恩通过列举现实世界的例子，回避不必要的术语，使现代机器学习的概念变得通俗易懂。这本书假设读者在机器学习或计算机科学领域的知识相对较少，因此对更广泛的受众而言非常友好。鉴于当前围绕机器学习和人工智能的对话颇为活跃，并且这些技术可能对我们的未来产生影响，任何想要参与这场对话的人都应该尽可能地学习。由于市场上缺乏对机器学习通俗易懂的专业介绍，这本书将成为引导你理解底层技术的理想方法，它可以帮助你更好地判断哪些言论值得相信，哪些说得天花乱坠的谬论应该被抛弃。

微软CTO（首席技术官）

凯文·斯科特（Kevin Scott）

前　言

　　2010 年的一个晚上，这本书的种子播种在了计算机科学系顶层的人工智能研究实验室里。当时，我刚刚参加了一些关于自动驾驶汽车的研讨会，对它们的工作原理颇为好奇，于是我做了一些网络搜索。我找到的最好的解释是卡内基-梅隆大学和斯坦福大学的一些研究人员撰写的学术论文。我看了几分钟，对自动驾驶汽车的工作原理有了些粗浅的认识，然后便离开了。

　　但随着时间的推移，我发现自己三番五次地重复这个过程。每当看到媒体报道人工智能或机器学习领域的一个个突破时，我就会回到同一个问题：它们是如何工作的？令我感到奇怪的是，我花了无数时间在学术界和产业界研究和实践机器学习，但我仍然不能坚定连贯地回答这个问题。我想，或许我对人工智能和机器学习的了解不如我本应了解的那么多，又或许大学课程没有教授我们全面的知识。大多数关于这些主题的大学课程只教授这些突破背后的构件，而不教授如何将这些构件组合在一起去做有趣的事情。

但还有另一个更根本的原因，即我无法弄清楚它们的工作原理：这些突破中的大多数确实涉及开创性的研究，我们根本不知道如何构建它们，直到研究人员找到了方法、撰写了过程或构建了原型。这就是为什么研究人员一直在同行评议期刊上发表关于这些突破的文章，因为这些文章新颖、有影响力、非显而易见（而且是经过同行评议的）。但是，这些突破背后的细节一经发表就会被随意散布在许多不同的来源中，因此仍然无济于事。

最终，我意识到应该把自己在研究中学到的东西与他人分享，这样他们就无须为了理解相同的东西而跨越同样的障碍。换言之，我写这本书的原因是，这是一本如果我不懂机器学习我将会想读的书。

于是我写了这本书，希望它能够帮助那些对广义上的科学技术感兴趣的人，无论老少；或者那些想要更多地了解机器学习和人工智能是否会对他们的公司有帮助的行业领导者。这本书旨在让广大读者都能读懂，无论是满怀好奇心的高中生，还是退休的机械工程师。虽然了解一些计算机科学会有所帮助，但阅读本书唯一的前提条件是好奇心和一点专注力。我有意把这本书中涉及的数学知识保持在最低限度，以便向普通读者更好地传达核心思想。

机器人、人工智能和机器学习领域的专家通常比较了解我将要描述的一些算法的实现细节，但是对他们中的许多人而言，其余的叙述和对整个系统的设计可能仍然是陌生的（除非这是他们的研究领域）。我希望这本书能为大家带来一些新东西。

自动机的秘密

长笛演奏者

1737 年，在工业革命的黎明时分，法国的机械天才雅克·德·沃康松（Jacques de Vaucanson）完成了一件杰作：一尊可以像真人一样用长笛演奏音乐的塑像。只见这尊真人大小的塑像把真实的长笛举到嘴边，接着便用它的机械肺把空气送入乐器，吹出一个个音符。通过移动嘴唇，调整吹气的力度，控制手指精确地在长笛孔上移动，塑像可以吹出一系列音符，组成一首完整的乐曲，"其吹奏过程就像人类乐手的演奏一样完美"[1]。沃康松并不满足于塑像只会用长笛演奏一首乐曲，于是赋予了塑像演奏12 首不同乐曲的能力。[2]

对公众而言，像长笛演奏者这样的装置他们并非第一次见，但是这个装置很特别。他们把这种机器称为自动机，而且爱不释手。摆弄这类装置已经成为整个欧洲富裕阶层的一种爱好。[3]有一段时间，沃康松向一小部分观众收取相当于一周薪水的费用，让他们观看他那奇怪的装置。它那自然的运动和复杂的行为对当时的人们来说完全属于未知的领域。最终，沃康松在欧洲的其他地区巡回展出了长笛演奏者和其他几台自动机。

长笛演奏者是如何工作的？它是黑魔法吗？在那10年以前，一位教会官员曾下令捣毁了沃康松的一个工作坊，因为他认为这是亵渎神灵，所以沃康松肯定不会再做任何看起来太像魔法的事情。它是骗局吗？就在长笛演奏者诞生之前的几年，一台看似能演奏大键琴的自动乐器曾让法国国王路易十五颇为着迷。国王坚持要了解这台装置的工作原理，最终却发现它只是个傀儡，里面藏着一个 5 岁的小女孩。[4]沃康松敏锐地意识到了这一点，热切地向观众展示长笛演奏者的内部机制。它的动作流畅自然，当沃康松展示它的内部机制时，它显然只是在遵循编码到其机械内脏中的一系列指令。

沃康松为了进一步证明其发明的合理性，向法国科学院展示了这台自动机，并提交了一篇题为《自动长笛演奏者的机理》的论文。在论文中，沃康松精确地阐释了这台神奇机器的工作原理。塑像由木头和硬纸板制成，被漆成大理石的样子，包裹着皮革的指尖与长笛孔形成密封。自动机的机械驱动器由两根旋转轴组成。为了让塑像吹气，其中一根轴给三组风箱打气，产生低、中、高三档不同压力的气流。这三股气流合在一起形成一个人工气管，被送入塑像的口中。装置的另一根轴慢慢地转动一个表面带有小螺柱的圆筒。当圆筒旋转时，这些小螺柱会压在 15 根由弹簧承载的杠杆上。通过链条和线缆，这些杠杆可以驱动自动机的各个部分。一些杠杆控制着手指和嘴唇的运动。[5]剩下的杠杆决定了低、中、高三档压力中的哪一档气流应该吹进长笛以及装置的舌头应该选择占据哪个位置来改变气流。通过将小螺柱放置在旋转圆筒上的适当位置，沃康松可以对塑像进行编码，从而让它演奏出他想要的任何乐曲。虽然有些复杂，但它不过是一个巨大的音乐盒。法国科学院接受了他的论文，并做了精彩的评论。[6]

沃康松的杰作只是那个世纪的发明家几十年来开发的许多自动机之一。自动机之所以受欢迎，正是因为它看起来是完全自主的，而且它似乎复制了人类的智能。长笛演奏者和其他类似的自动机是工业革命中的人工智能先驱：在几十年的时间里，随着各类材料和各种新发明的出现，自动机得以成为可能，当时的技术专家和业余爱好者在他们独特的探索中使用自动机来复制我们的身体和思想。

今天的自动机

时间快进到今天。在现实生活中，自动驾驶汽车日夜穿梭于硅谷的各个城市。我们用提供奖励的方法训练计算机程序玩雅达利游戏，最终使程序的游戏水平远远超过人类玩家，就像训练一只狗坐下或打滚儿一样。在《危险边缘》（Jeopardy!）比赛节目中，一个计算机程序成功击败了两位世界冠军。我们开发出了在古老的围棋中战胜最优秀的人类棋手的计算机程序。与此同时，这些突破背后的人工智能正在以令人叹为观止的速度发展，甚至对这个领域的专家而言也是如此。

最后这一点怎么夸张也不为过。参加《危险边缘》比赛的"沃森"开发团队表示，在他们着手开发这个系统之前，创建出能够击败世界顶尖玩家的程序还不可能。许多专家认为，创建出具备一定棋力的计算机围棋程序需要再过 10 年，AlphaGo（阿尔法围棋）证明了这是错误的，这个程序被训练了几个月，随后战胜了世界围棋冠军李世石。20 个月后，AlphaGo 的创建者开发了程序的另一个版本，它仅用三天就自学了人类数千年积累的围棋知识，以 100 比 0 的成绩击败了上一个版本，然而它只使用了上一个版本 10% 的计算能力。这在一定程度上要归功于人工神经网络的进步，人工神经网络是 AlphaGo 的技术基础，也是过去 10 年的研究热点。现在这些人工神经网络不仅会玩游戏，还能够识别照片中的图像、识别口语语音，其水平可以与人类媲美。

随着这些突破不断登上新闻头条，它们也自然而然地激发了我们的好奇心：它们是如何工作的？正如 18 世纪的欧洲人对长笛演奏者和当时的其他自动机感到疑惑一样，当我们谈论这些新型自动机时，那个问题总是隐藏在表面之下，悬而未决。

幸运的是，与沃康松向法国科学院提交论文的方式如出一辙，这些最新进展的创造者详细记录了构建智能计算机程序的方法。这些技术细节分布在许多不同的地方，在本书中，我试图把这些细节组织起来，用简单的术语说明智能机器是如何思考的。

与里面藏着 5 岁小女孩的冒牌自动机不同，你将在本书中看到的突破是真实的科学进步。虽然它们看起来像魔法，但是与法国科学院审查长笛演奏者一样，学术界对这些突破都进行了仔细的审查。它们同长笛演奏者一样，也是自动机的例子。自动机就是自动运行的机器。它看上去总是像人或动物一样自主运行，似乎可以独立思考。但根据定义，自动机是遵循程序的。这些程序是预先设定的指令序列，就像沃康松为让长笛演奏者演奏音乐而开发的程序一样。

正如我们将要看到的，事实证明，技术专家在过去的几个世纪里没有太大变化。他们仍然在设计自动机并给它们编程，以此复制人类的思想和身体，他们有时仍然会造出冒牌自动机。唯一的区别是，技术专家已经把工具升级为计算机和运行在计算机上的软件，它们是 21 世纪的杠杆、齿轮和发动机。

钟摆的摆动

18 世纪的自动机有时会使用当时尖端的精密技术——机械发条，来执行它们的程序。这些自动机是由机械能驱动的，例如一个被举高的重物、用钥匙上弦的线圈。自动机的创造者通常是钟表匠，其技术则源自钟表，因为钟表每到一个小时就尽职尽责地执行有趣的机械序列。钟表从启动前就存储在其内部的势能中汲取能量，以此计时并表演它们的"特技"。它们的发条使其以微小的增量释放存储的能量，从而逐步执行程序。

机械钟利用钟摆的摆动来计时。钟摆摆动的频率非常规律，直到 20 世纪 30 年代，钟摆都是最好的计时方法。[7]钟摆每摆动一次，一系列的闩锁和齿轮就会记录一个时刻，释放一点储存的能量，这样时钟就可以做一些有趣的事情，并施加给钟摆一个小小的推力，使它保持摆动。然后这个过程重复进行。机械手表的工作原理与之类似：一根精细的螺旋状的弹簧来回旋转一个圆盘，使圆盘绕着它的中心转动。随着圆盘的扭转，齿轮每次转动一到两个齿，从而使发条的其余部分可以做一些有趣的事情。

粗略地讲，电子计算机能够运行程序也是因为遵循了相同的机制。闩锁和齿轮的原理同样适用于计算机，但计算机并不是像钟摆那样安静地摆动，而是利用了电子的摆动。电子从电路的一个部分飞速移动到另一个部分，然后返回。电子从任意一个极端奔向目的地的中途，在移动到电路另一部分的过程中，保持动量不变。例如，电线线圈（电磁铁）或者晶体振荡器（经过实验室培养并且被精确切割的沙粒）的"弹性摆动"，其摆动速度能达到每秒数百万次，为电路提供非常精确的谐振频率。这些晶体振荡器取代了物理摆，因为它们对地震、温度变化、飞机和潜艇的加速度等外力具有稳定的抵抗力，而且它们的振荡速度非常快（每秒数百万次）。

每当这些电子从电路的一个部分摆动到另一个部分，类似于机械时钟或手表中的物理闩锁的电子锁存器就会记录下这一时刻，计算机就在这个时刻去执行程序的下一条指令。然后指令计数器向前移动，时钟等待电子往回摆动（或者等待新电子取代它们的位置），然后重复这个过程。

并不难懂的自动机

这些电子的振荡以及它们实现的智能行为将成为本书的重点。

在本书中，我们根本不会看到这些程序的低级指令，即程序员为创建程序而编写的变量和函数名以及程序生成的机器代码。但我们将会看到组成自动机的中间构件，它们本质上是更高一级的"统计学的齿轮和风箱"。通过了解组成这些自动机的构件，我希望你能够更好地了解其他现代自动机的工作原理。例如，既然你已经知道了沃康松发明的长笛演奏者的工作原理，就可能对他那只著名的"吃食鸭"（Digesting Duck）的部分工作原理做出一些有根据的猜测。这台自动机看起来能拍打翅膀、嘎嘎叫、进食、消化食物，而且还能排便。[8]

沃康松的自动机无法对世界做出反应。他那个时代的自动机遵循的是简单的、预先设定好的一系列步骤。现代的自动机能够对不断变化的环境做出反应，因为它们具有感知能力。它们不仅能对键盘上按下的按键做出反应，还能对汽车和行人穿过拥挤的十字路口做出反应，甚至能对《危险边缘》题目中的微妙线索做出反应。今天的自动机完成这些事情的方式足以令沃康松和他同时代的人敬畏不已。

我将本书写给对这些装置的工作原理感兴趣的人们。你无须拥有计算机科学的大学学位就能理解这本书，但是我会假设你熟悉一些关于计算机的基本知识，例如计算机遵循人类编码的明确指令，计算机表示图像是基于每个像素点的红、绿、蓝三色的数值的，等等。即使你熟悉人工智能或机器人技术，这本书的某些部分对你而言也仍然是新知识。虽然你可能在课堂上了解过这些装置的构件，但你仍然很可能没有学过如何将这些构件组合在一起，实现技术突破，因为这些内容通常不是在同一个地方教授的。最后，如果不想从头到尾读完的话，你也可以直接翻到最感兴趣的话题阅读。你无须往回翻阅好几章的内容来补习你需要知道的机器学习和人工智能背景。

机器学习和人工智能到底是什么？人工智能是一个广泛的研究领域，致力于赋予计算机做出智能行为的能力。但人工智能没有承诺计算机会像人类那样做这些事情，正如我们所看到的，它们做事的方式通常和人类大不相同。人工智能只是解决如何做智能的事情，而且人工智能解决问题的范围通常非常狭窄，比如找到一条走出迷宫的路径。机器学习是一个与人工智能密切相关的领域，它使机器通过从数据中学习来完成智能的工作。正如我们在本书中将看到的那样，无论是人工智能还是机器学习，它们本身都不是无所不能的。在某些情况下，我们需要设计一些算法，它们可以在不使用任何数据的情况下，笨拙地用蛮力实现智能的解决方案；而在某些情况下，我们还需要设计一些算法，这些算法可以从数以亿计的数据中学习，但在把它们与笨拙的蛮力解决方案结合起来之前，它们仍然毫无用处。我们需要结合两种类型的算法来做有意思的事情。

我已经提及了机器学习和人工智能领域的一些有趣的进步，在这本书中，我们会继续探索。在本书的前半部分，我将概述一些使智能机器能够感知环境并与环境交互的关键思想。我们将看到是什么让自动驾驶汽车能够在道路上行驶，并在拥挤的城市环境中穿行。我们将看到神经网络如何使这些汽车和其他机器能够感知周围的环境，看到神经网络如何识别图像中的物体和人类语音中的文字。我还将概述世界上最优秀的电影推荐引擎的工作原理，这个电影推荐引擎背后的故事扣人心弦，而且这个系统的许多核心思想渗透到了我们将在本书中看到的其他机器中。然后，我会告诉你们如何用奖励让计算机执行某些行为以及计算机如何通过人工神经网络感知世界。在本书的最后几章中，我们会更仔细地研究计算机如何玩各种游戏。具体而言，我们会研究在围棋和国际象棋比赛中分别击败了世界冠军李世石和加里·卡斯帕罗夫（Garry Kasparov）的 AlphaGo 和 "深蓝"，还有在智力问答节目《危险边缘》中战胜了两位冠军——肯·詹宁斯（Ken Jennings）和布拉德·鲁特（Brad Rutter）的 IBM（国际商用机器公司）的 "沃森"。

在本书中，我们将追述这些突破背后的故事。我们会看到许多相关的研究人员，看到使这些进步成为可能的技术和方法之外的因素。例如，一个反复出现的主题是，互相竞争的研究社区有助于集中精力并促进进步。这就是让自动驾驶汽车进入公众想象并形成现代样式的原因。当时，数百个研究团队参加了同一场比赛，比赛的目标是制造可以在沙漠中行驶数英里①而无须人类驾驶员的自动驾驶汽车。这便是我们故事的开端，在莫哈韦沙漠的一个凉爽的早晨，一些车队在为比赛准备着它们的赛车。

---

① 1 英里≈1.609 3 千米。——编者注

2

自动驾驶汽车：挑战不可能

大多数值得做的事情并非轻而易举，而且不会速战速决。你享受你得到的东西，享受事情的结果，这就是事情原本该有的样子。正确的做法是选择你喜欢的东西，用你所拥有的一切去追求它，这就是生活的意义所在。

"老红"威廉·惠特克（William "Red" Whittaker）[1]
红色车队领袖

沙漠中的百万美元竞赛

在 2004 年的一个凉爽的星期四早上，第一次机器人汽车比赛在莫哈韦沙漠拉开了战幕。随着太阳升起，一只沙漠乌龟从洞穴中探出头来，希望能在迅速变暖的公路上享受一天的阳光。今天它发现自己被困在了洞穴附近，无论往哪个方向都寸步难行。大约 20 名生物学家在这个洞穴和类似的洞穴周围设置了路障，以保护濒临灭绝的动物免受即将驶过附近公路的机器人汽车的伤害。[2]他们恰当地预计了这些汽车无法保持在公路上行驶，更不用说避开它们中间的乌龟了。

人们对赛车是否能完成比赛的预期大相径庭。赛事经理毫不含糊地声称，胜利者会在 10 小时内跑完 142 英里的赛程。[3]但有人怀疑是否会有任何一辆赛车能完成比赛，机器人社区的很多人都有此怀疑。[4]

百万美元奖金岌岌可危。克里斯·厄姆森（Chris Urmson）是角逐这笔奖金的人之一，他是一个开发自动驾驶悍马汽车的研究团队的设计带头人。

克里斯身材颀长，顶着一头凌乱的金发。在传奇机器人专家

"老红"威廉·惠特克的指导下，克里斯正在卡内基-梅隆大学攻读博士学位。他非常专注于自己的研究，在沙漠中花了近两个月的时间对车队的悍马进行测试，一度连续工作近 40 个小时。[5] 在一次长时间的测试中，他一直守候到午夜时分，蜷缩在厚厚的毯子下，看着悍马兜圈子。[6] 透过薄雾，车头灯光依稀可见，只见悍马突然偏离了路线，撞上了铁丝网围栏。[7] 在另一次实验中，悍马在急转弯时翻了车，传感器被甩掉了，花了几个星期才修复。克里斯知道，这些事故发生在比赛前比发生在比赛中要好得多。

一辆自动驾驶摩托车毫无疑问地成了这场比赛的媒体宠儿。它的设计者给它安装了陀螺仪，这样它就可以通过反向旋转来保持平衡。它是全国各地研究人员和爱好者提交的百余个参赛作品之一。[8] 虽然安装了陀螺仪的摩托车很智能，但每个人都知道，如果有哪支车队最终能赢得比赛，那么冠军很可能是来自卡内基-梅隆大学的克里斯和威廉的团队。卡内基-梅隆大学的研究人员在过去 20 年一直引领着这一领域，早在 1991 年，他们就把一辆原始的自动驾驶汽车开上了匹兹堡的街道。没有人能否认该大学的研究人员在机电方面的成就，而且他们通过军事拨款获得的慷慨资助想必也是有百利而无一害。[9]

比赛当天，克里斯和他的团队设计的装满了传感器的悍马从乌龟洞穴旁边疾驰而过，紧随其后的是另一辆赛车。悍马已经行驶了大约 25 分钟，它的车速并不快，在驶过的 7 英里赛程中，它的平均时速略高于 15 英里，但它仍然比当天其他参赛车辆要好得多。这辆机器人汽车的挡风玻璃被大大的"CAT"（卡特彼勒汽车）徽标盖住，它自信满满地向前奔驰。但突然，随着一个向左的急转弯，它的视野一片漆黑。由于看不见路，汽车成了盲眼行驶。

如何打造自动驾驶汽车

悍马是如何自动行驶 7 英里的？你可能听说过，自动驾驶汽车实现自动驾驶所使用的技术是机器学习，特别是深度神经网络。但是克里斯和他的同事赛后描述他们的悍马时，根本没有提到机器学习和神经网络。当时是 2004 年，距离我们研究出如何训练神经网络可靠地"看到"物体还有将近 10 年的时间。那么，这些早期的自动驾驶汽车使用了什么技术呢？在接下来的几章中，我将回答这个问题，并解释一些使汽车实现自动驾驶的最简单的算法。首先，我会解释当人们提供给一辆汽车要访问的一系列地点时，它如何在偏远的交通不便的沙漠公路上行驶数英里。在接下来的几章里，我会详细介绍让汽车能够"看到"周围的世界以及在城市环境中按加利福尼亚州的交通法规合理行驶的算法。但在深入探讨这些细节，即自动驾驶汽车软件的各部分之前，让我们先快速了解一下计算机控制汽车硬件的方式。

沃康松创造长笛演奏者的时候，通过在圆筒上的特定位置精心放置螺柱来为长笛演奏者编程，使它演奏特定的乐曲。这些螺柱会通过按压不同的杠杆控制长笛演奏者的嘴唇、气流、手指。如果沃康松想要创作一首新乐曲，他只需要制作一个新的圆筒，把螺柱放置在圆筒上的不同位置。如果他想改变塑像的嘴唇或手指移动的方式，同时保留他的 12 首乐曲，那么他只需要调整物理装置的杠杆、链条和关节。他把自动机的开发分为两部分——圆筒和系统的其他部分，这使得改进自动机和解释其原理变得更加容易。对于开发自动驾驶汽车，我们也可以如法炮制。

现在我们把注意力集中在汽车的速度上。简而言之，汽车需要把计算机给它的数字（比如"25"）转换成具体的东西，即汽车的行驶速度。让这比听上去更难的是，物理发动机不知道"25"是什么意思。例如，即使你知道给电动发动机施加 250 伏的电压会让汽车以每小时 25 英里的速度行驶，你也无法通过简单地调高或调低电压来获得想要的速度。如果想让汽车以每小时 1 英里的速度行驶，你不能指望给发动机施加 10 伏的电压它就能做到。在 10 伏电压下，发动机根本不会转动。

沃康松那个时代的人通过使用一种叫离心调速器的装置解决了这个问题，这种装置创建了一个反馈回路来控制发动机的速度。离心调速器是一种带有两个金属飞球的"旋转"装置，如图 2.1 所示，你可能会把它同蒸汽机和启蒙时期的机械车间联系起来。当发动机运转得更快时，离心调速器就旋转得更快，金属飞球被离心力向外拉。通过一系列杠杆，一个阀门会关闭进入发动机的燃料通路，使发动机减速。如果发动机运转太慢，装置就会增加发动机的燃料，使其加速。通过调节注入发动机的燃料，离心调速器可以让发动机的转速保持稳定。

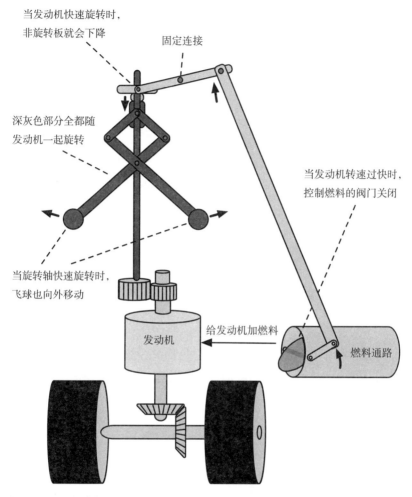

当发动机快速旋转时，
非旋转板就会下降

固定连接

深灰色部分全都随
发动机一起旋转

当发动机转速过快时，
控制燃料的阀门关闭

当旋转轴快速旋转时，
飞球也向外移动

给发动机加燃料

发动机

燃料通路

图 2.1　离心调速器，电子控制系统的前身。当发动机运转得更快时，带有金属飞球的旋转轴旋转得也更快，飞球被离心力向外拉。接下来的一系列杠杆让发动机的阀门关闭。如果发动机运转太慢，阀门就会让更多的燃料通过

　　这个离心调速器的缺点是，它只知道如何让发动机保持单一速度运转。现代自动驾驶汽车使用类似的反馈回路，只是它们可以按照计算机程序控制的任意目标速度运转。在图 2.2 中，你可

以看到这样的反馈回路。你的目标速度（例如每小时 25 英里）是这个反馈回路的输入，回路使用电子速度计而不是旋转装置来测量车轮速度与目标速度的差异。

我们希望从速度控制算法中得到的直觉行为是：当汽车开得太慢时，它会提高发动机的功率；当汽车开得太快时，它会降低发动机的功率。一种常用的调节发动机功率的方法叫作比例控制，之所以叫比例控制，是因为我们对功率的调节等于目标速度和当前速度的差值乘以一个固定的系数。比例控制并不完美，如果汽车爬坡行驶或逆风行驶，它的行驶速度往往比我们期望的速度慢。因此，我们通常会对控制算法做一些其他调整，例如，如果车速一直太慢，发动机的功率就会稍微提升一些。

最常见的控制算法由三条简单规则组成，它可以使汽车可靠地达到目标速度。我们在接下来的几章中介绍的许多自动驾驶汽车都使用了这种三规则控制器，专家称之为 PID（比例–积分–微分）控制器。[10]

既然我们已经对硬件的控制方法有了大致的了解，就无须再过多思考这些复杂的细节。创建硬件固然重要，但我们可以假设它是一项单独的挑战，或许是另一本书的主题。为了从我们的视角来控制速度和转向，我们需要编写一个软件来告诉汽车应该以什么速度行驶，车轮应该扭转多大角度。把开车从硬件问题转变为软件问题，现在我们便可以只关注软件问题了。

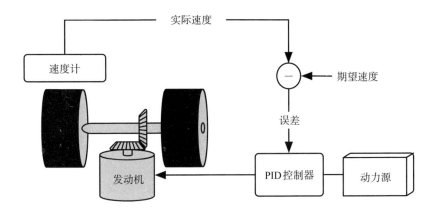

图 2.2　PID 控制器的反馈回路，即上文描述的三规则控制器。该控制器使用速度计的反馈来调节
　　　　发动机的输入，例如功率

规划路径

当悍马在比赛中行驶时，它并不是朝某个随机方向行驶 25 分钟，而是沿着一条通往特定目的地的道路行驶。汽车可以朝目的地行驶，是因为车里有一个软件告诉它该去哪里。这个规划组件是自动驾驶汽车最重要的部分，它决定了系统其余部分的优先级。汽车所做的其他一切事情，比如利用转向系统保持在道路上行驶、不撞上岩石等，都是为了进一步实现沿着那条路径行驶的目标。

在比赛开始前仅两个小时的时候，机器人汽车比赛的组织者才向参赛者提供了一幅电子地图，因为他们不希望参赛者提前偷看这条路线。这张带有 GPS（全球定位系统）坐标的地图描绘了赛车从比赛起点到终点的路线。因此，克里斯和他的团队为汽车配备了 GPS 传感器来检测位置。从理论上讲，汽车只需要从地图上的一个地点导航到另一个地点，用GPS传感器调整方向，使自身保持沿路线行进即可。

克里斯的团队自称红色车队。他们知道GPS是导航中最重要的部分，但他们也知道这还不够。栅栏和岩石之类的障碍物会挡住去路。因此，红色车队还提前绘制了一幅巨大的地图，称之为"世界上最好的地图"，以此完善他们在比赛当天早上得到的地图。[11] 在比赛开始前的几周里，他们研究了 54 000 平方英里①沙漠的卫星图像，以确定障碍物的位置。

接下来，在比赛开始前仅两个小时的时候，他们获得了路线的GPS坐标，14 个人连忙在几十台计算机的帮助下手工标注沿途的地形。[12]

当这些工作人员手工标注地图时，计算机不断搜索从比赛起点到终点的最佳路线，并将最新信息发送给工作人员，以便其确定研究的优先顺序。克里斯和他的团队计划在比赛开始前把这条预先计算好的路径上传到他们的自动驾驶悍马上。

路径搜索

你小时候可能玩过一个游戏，在游戏中，你假设客厅某些地方的地面是熔岩。游戏的目的是找到一条穿过房间的路，尽可能地避免踩到熔岩。悍马从当前位置到达地图上的下一个目标点也

---

① 1 平方英里≈2.59 平方公里。——编者注

需要做同样的事情，只是它需要避开的是沙漠中的危险地区，而不是熔岩。

但我们不能简单地告诉悍马"找一条好走的路"。还记得吗，当沃康松创造长笛演奏者时，他必须为塑像提供演奏长笛所需要的每一个小动作的指令。同样，当为计算机编程以找到一条好走的路时，我们需要给它一个明确的步骤序列，它必须遵循这个步骤序列才能自行找到正确路径。这些步骤就像一个秘方，我们必须对最细微的细节进行明确说明。

如果我们把你寻找穿过熔岩客厅正确路径的过程具体化，它大概是这样的：首先，你会不假思索地在脑海中预估踩在房间的不同表面或物品上所付出的成本，或许像表 2.1 所示的那样。

表 2.1

地形类型	一步的"成本"
地毯（熔岩）	1
桌子	0.5（妈妈会生气，但桌子毕竟不是熔岩）
长椅	0
睡觉的猫狗	10

然后，通过估算踩在哪里，你可以用尽可能低的成本到达房间的另一边，以此规划穿过房间的路径。注意，我们将寻找最优路径的问题定义为最小化某个函数值（路径的成本）。这很重要，因为这样我们就可以用计算机擅长的事情来描述这个问题了。计

算机不擅长做复杂环境中的开放式规划，但它擅长最小化函数值。你将在这本书中反复看到这一思想。

悍马进行的是计时比赛，因此红色车队在地图上给每一个1米×1米的单元格分配了成本，来反映他们以六点量表①为标准预计悍马安全行驶1米所需要花费的时间成本。走复杂地形的成本比走简单地形的成本更高，因为悍马在上面开得更慢。对于地图上没有铺设路面、缺乏GPS数据、地面不平坦或陡峭的区域，还有距离GPS坐标所描述的赛道中心太远的单元格，团队设置了额外的惩罚。得到了将成本分配给每个方形单元格的地图之后，他们就需要预估穿过地图的路径。

有一种很流行的路径搜索算法，被称为迪杰斯特拉算法（Dijkstra's algorithm），计算机从起点向外扩张搜索边界，以此搜索路径。[13] 使用该算法的程序会执行一个循环，每次循环时边界都向外扩张一小部分，直到计算机最终到达目的地。随着边界不断扩张，程序把任意一点围进边界内所要付出的成本会慢慢增加。所以无论何时，当它扩张边界想去围另一个点的时候，这个新点就是它要付出成本的最大值所能到达的点。像这样扩张边界的好处是，计算机可以沿着最有前途的路线搜索，比如先搜索成本很低的平坦道路，然后才会不得已费力地搜索更难走的路线，比如崎岖的越野地带。

当边界到达目标点，即自动驾驶汽车比赛中的目的地的时候，

---

① 六点量表即把地形的情况分为1~6六个等级的测验量表。——译者注

计算机就会知道起点和终点之间存在一条路径，也知道走过这条路径的成本。只要计算机记录下在地图上扩张边界的过程，就可以快速回溯，找到通往终点的最短路径。在图 2.3 中，你可以看到最短路径的样子以及搜索边界的过程。

计算机科学家和机器人专家多年来一直在研究这种算法，他们知道如何在几分之一秒内找到大型地图中成本最低的路径。当路径无须是最佳路径，仅仅是足够好的路径即可时，他们甚至可以用更短的时间估算出来。红色车队的计算机用这种算法规划出路线后，悍马便准备开始比赛了。

导航

为了在地图上找到悍马的位置，克里斯的团队在悍马上安装了 GPS 传感器。GPS 传感器使用来自美国国防部送入地球轨道的数十颗经过精心校准的卫星的信号。在任意时刻，GPS 传感器都可以连接到其中几颗卫星，但并不总是相同的几颗。GPS 传感器利用 4 颗可连接的卫星，根据三角测量法计算出当前时间和它所处的位置，可以精确到几米。

然而，单凭 GPS 并不能满足自动驾驶汽车的需求。首先，GPS 测量并不总是准确的。优秀的 GPS 系统可以精确到厘米，但在最坏的情况下，有些 GPS 系统可能会有数百米的误差。GPS 测量也存在硬件上的缺陷，例如通过隧道时硬件停顿，甚至卫星信号通过地球电离层时受到干扰。GPS 也无法为机器人汽车指明方

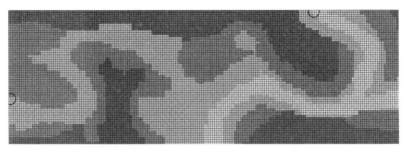

（a）示例地图。颜色越深，表示行驶成本越高。

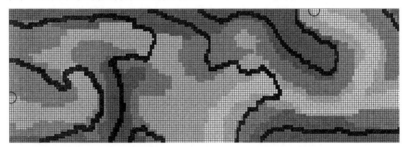

（b）迪杰斯特拉算法在不同迭代次数下搜索边界的过程。

（c）穿过这幅地图的最佳路径。

图 2.3　起点至终点的路径选择。（a）拥有 4 种不同地形的地图。网格中的每个单元格代表 1 平方米，4 种颜色代表 4 种地形。深色代表成本更高且不容易通过的地形。起点和终点分别标记在左侧和顶部。从浅灰色到深灰色，通过每个单元格的时间分别是 1 秒、3 秒、9 秒和 18 秒。（b）一些搜索算法从起点开始扩张搜索边界。每条边界都用黑色轮廓线标出，表示汽车在 175 秒、350秒、525 秒和 700 秒内能行驶多远。（c）算法搜索完成后，计算机就会描绘出通过成本网格的最佳路径。在这种情况下，路径倾向于保持在浅色地形上，因为在浅色地形上汽车可以更快地行驶

向。例如，如果悍马的车轮在布满沙土的道路上打滑，悍马可能会失去方向。因此，对悍马而言，在没有GPS的情况下导航是至关重要的。

因此，红色车队在悍马上安装了加速度计，以测量它的三维加速度，悍马通过积累这些加速度来估计汽车的速度和位置。他们还安装了测量旋转角度的陀螺仪，这样就可以跟踪它的方向了。

悍马利用1960年发现的一种数学模型——卡尔曼滤波器，将这些加速度计和GPS传感器的测量结果结合起来。卡尔曼滤波器可以实时跟踪运动的物体，例如跟踪潜艇在海洋中的位置或机器人悍马在赛道上的位置，其方法是提取物体的一组测量数据。卡尔曼滤波器背后的核心思想是，我们永远无法真正知道物体的真实位置和速度，只能拍摄其不完美的快照，这些快照就像声呐上的光点一样。有些光点可能是错误的，我们不想让它影响估算，例如，光点可能是一头鲸或一片海藻的反射，但卡尔曼滤波器可以消除这些异常值。事实上，卡尔曼滤波器并不期望它的所有测量值都是正确的，它只是希望平均值正确。如果有足够多的观测数据，它就可以非常好地近似估算出物体的真实位置和速度。卡尔曼滤波器提取加速度计、陀螺仪和GPS的测量结果，再结合车轮的测量结果，可以让自动驾驶汽车估算出自己的位置，即使在GPS中断两分钟的情况下，其估算结果也只有厘米级别的误差。[14]

虽然有这些精确的测量结果，但悍马仍然可能撞到围栏、岩石以及沿途其他在红色车队的地图上看不到的东西，所以车队还给悍马添了一只巨大的"眼睛"。他们计划用这只巨眼扫描悍马前进路径的路面，找出未被编入预先规划路径的障碍物。如果在规划路径上有障碍物或路面不平坦，那么他们编写的程序就会让悍马向左或向右转向，以避免撞上障碍物或跌倒。[15]

悍马的"眼睛"由激光和光传感器组成，被称为激光雷达。激光雷达就像声呐或雷达，只不过它不是反射声音或无线电波，而是从物体上反射光。（后文提到这项技术时，我会使用术语"激光扫描仪"。）巨眼还有一对安装在万向架上的摄像头，机器人汽车可以控制它们指向不同的方向。[16]（万向架是一种固定装置，可以让物体沿着不同的轴旋转，就像地球仪一样。）

但是，悍马的巨眼同样非常简陋。悍马的程序并没有根据它的"眼睛"所看到的东西实质性地调整路线。它只是按照预先规划好的路线走，按照简单的规则左右转向以避开难走的路面。

这只简陋的"眼睛"最终也给悍马惹来了麻烦，比赛中，悍马冲上路肩，撞上了一块岩石。

无人车挑战赛的获胜者

悍马在沙漠中刚刚驶过 7 英里里程标后，一头撞上了一块岩石。那里有一个向左的急转弯，但悍马转弯太急了，左侧车轮越过了路肩。它向前滑行，底盘陷入沙土中，最终撞上了岩石。比赛计时器上的时间一分钟又一分钟地流逝，悍马还在沙土中旋转着车轮。几名负责跟踪悍马进程的赛事官员注视着它在晨光中挣扎。

悍马的车轮旋转了将近 7 分钟，最终着火了。附近的赛事官立刻按下遥控的电子灭火开关，停止了机器人，然后跳出来扑灭了火焰。悍马的车轮转得太快了，当按下电子灭火开关时，它的两个半轴全都断裂了。[17]克里斯的队伍正式退出了比赛。

DARPA（美国国防部高级研究计划局）组织了这次机器人汽车比赛，人们称之为"DARPA无人车挑战赛"（DARPA Grand Challenge）。在 106 辆报名参赛的车辆中，有 15 辆在比赛当天参加了比赛，其中包括克里斯和他的团队设计的机器人悍马。

最终，这些自动驾驶汽车没有一辆赢得百万美元奖金。在旁观者看来，这些赛车看起来简直就像一群可怜虫：只见一辆参赛的大卡车慢慢地从灌木丛中退出来；另一辆车因为害怕影子而驶离了道路；[18]那位自动驾驶摩托车的发明者，在赛前的兴奋和欢呼中，忘记了把摩托车切换到自动驾驶模式，它在起跑线就一头栽倒了。[19]

悍马行驶了 7.4 英里，最终在路边抛了锚。虽然它是比赛中表现最好的车辆，但它仅仅走完了 5% 的路程。

红色车队研究了他们的比赛记录，发表了一份长篇报告，概述了这辆悍马的优缺点。他们在报告中列举了 25 分钟行驶过程中的一些问题。报告读起来就像电影《福禄双霸天》（The Blues Brothers）①的剧本。

---

① 《福禄双霸天》，美国动作电影，是历史上损毁车辆最多的电影。——译者注

- 撞上 1 号围栏桩；

- 撞上 2 号围栏桩；

- 短暂的停顿；

- 撞上 3 号围栏桩；

- 撞上岩石；

- 通过发夹弯时转弯半径过小。[20]

在红色车队的报告中，这些撞击被描述为"非正常行为"，但保险公司可能会更恰当地称之为事故。

DARPA 曾向参赛者宣布，比赛可以用普通四驱皮卡完成，[21]但红色车队选择了一辆悍马，因为他们不希望硬件成为瓶颈。这在某些情况下确实有所帮助，例如，3 号围栏桩是加固过的，坚固的悍马推了它近两分钟才终于把它推倒，继续前进。克里斯甚至称他们的悍马为"汽车破城槌，时速 22 英里的猛兽"。[22] 但是一辆坚硬的悍马并不足以赢得胜利。

问题是悍马几乎看不到它的去向。它的巨眼太原始，视力太差。除了长距离导航功能之外，悍马的大部分智能行为都涉及使用简单的规则对传感器做出反应。红色车队意识到了这些局限，对悍马进行了编程，让悍马在数据可能不可靠时忽略摄像头和激光扫描仪的数据，然后按照GPS坐标，沿着预定路线盲眼行驶。这就是在悍马致命的撞车之前发生的事情。它必须改进巨眼和任何支持巨眼的软件。

一场失败的比赛

对旁观者而言，DARPA无人车挑战赛可能看起来就是一次失败。美国有线电视新闻网以"机器人折戟挑战赛"为题总结了这次比赛。《大众科学》(*Popular Science*)称之为"DARPA的沙漠溃败"。[23] 从好的一面讲，正如一位观众所言，这是"拖车司机的好日子"。[24]

但许多参赛者对结果非常满意。当晚，参赛者和组织者在位于终点的布法罗比尔赌场聚会，在那里，他们被一群热衷于制造机器人汽车的极客包围了。很快，所有人都能详细了解机器人悍马如何在崎岖的沙漠里跑7.4英里了！而且，在连续数月的连夜奋战和周末加班之后，他们终于可以补觉了。[25]

DARPA的官员也很兴奋，互相祝贺这场比赛的成功。在之前的8年中，自从自动驾驶汽车领域的引领者之一恩斯特·迪克曼斯(Ernst Dickmanns)宣称"这个领域需要等到计算机变得更强大才有希望"，该领域就一直在寒冬中蛰伏。计算机的速度提高了25倍，DARPA无人车挑战赛迅速重燃了这个领域，让研究人员得以再度取得进展。[26]

DARPA也更接近于实现国会的目标——到2015年使1/3的军用车辆实现自动驾驶（据我所知，这个目标并没有实现）。与参赛者一样，DARPA也拥有来自世界各地专家的文献，内容涉及如何制造可以在沙漠中自动行驶的汽车。"对我们而言，是否有车辆跑完整个赛程并不重要，"时任DARPA主任的安东尼·特瑟

（Anthony Tether）解释道，"我们希望激起人们对这个领域的科学兴趣和工程兴趣。"[27]

从这个角度看，这次比赛大获成功。它吸引了 100 多名申请者，并在短短几个月内就看到了 450 多家电视媒体和 58 家报纸的报道。[28]《连线》（Wired）和《大众科学》等 28 家顶级杂志用大量篇幅报道了这一赛事。[29] 尽管他们当时并不知道，但这至少比重工业投资自动驾驶汽车技术提前了 15 年。

DARPA 的官员表示，为了继续推进发展，他们将在一年多后举行下届比赛。他们将奖金提高了一倍，达到 200 万美元。加里·卡尔（Gary Carr）是第一次挑战赛前连续几周彻夜工作的选手之一，也是那些迫不及待见证成功的选手之一。他说："我们会来的。我们的赛车会有所不同，但我们会来的。"[30] 对下一次比赛摩拳擦掌的人并不止他一位。克里斯和红色车队的其他队员现在又有机会了。

3

保持在车道内行驶：自动驾驶汽车的感知

将自主导航视为软件问题。

斯坦福车队设计理念， 2005 年

第二次无人车挑战赛

第二次无人车挑战赛在一年半之后重燃战火，同样是在莫哈韦沙漠。每隔 5 分钟就有一辆机器人汽车从起跑线出发，这样车辆就不会在行驶过程中互相干扰。[1]

红色车队的策略再次聚焦于地图和导航。这次，在一个月的时间里，车队派三名车手探察了 2 000 英里的沙漠路程，寻找比赛可能选取的路线。和先前一样，队员在比赛开始之前对路线进行了两个小时的预处理，以帮助计算机规划出一条路径，然后将路径上传给悍马。[2] 他们还给悍马编码了一条规则，以防它被困在岩石后面动弹不得。如果它被困住了，即如果它的车轮正在转动，但GPS传感器显示它没有移动，程序就让它后退 10 米，清除它对障碍物的判断，然后再试一次。[3]

对这些赛车而言，比赛中最具挑战性的部分是啤酒瓶关口，这是一条 1.5 英里长的土路，一边是陡峭的岩石，另一边是 100 英尺①高的悬崖。[4] 参赛者围在关口处传来的现场直播视频旁边，观

---

① 1 英尺 =0.304 8 米。——编者注

察着他们的机器人汽车能否成功通过。[5]红色车队的悍马虽然一路磕磕绊绊,但基本顺利通过。事实上,悍马成功跑完了全部132英里的赛程,这几乎是第一场比赛中行进路程的20倍。[6]但它并没有获胜。比赛的获胜者是斯坦利,它是斯坦福车队制造的赛车,这一年首次参赛。斯坦利开得太快了,为了等它前面的赛车,它不得不两次停车。[7]最终比赛组织者停住了斯坦利前面的赛车,让斯坦利通过。最后,斯坦利完赛比红色车队的悍马快了10多分钟。[8]

斯坦福车队由斯坦福大学人工智能实验室负责人塞巴斯蒂安·特龙(Sebastian Thrun)领导,他是有史以来担任这一职位的最年轻的人。塞巴斯蒂安也来自卡内基-梅隆大学,仅仅几年前他还是机器人实验室的初级教员。虽然他先前从未制造过自动驾驶汽车,但他从第一次无人车挑战赛受到了启发。在得知那场挑战赛是一场"沙漠溃败"之后,他问自己:"我们能做得更好吗?"[9]他从大众汽车公司得到了两辆大众途锐汽车的赞助和大众电子研究实验室的支持,由此,他得以将灵感转化为行动。[10]

正如塞巴斯蒂安在比赛的个人笔记中所写的那样,他首先通过组织研讨班召集人力,建造斯坦利的原型。[11]这不是普通的课堂:没有教科书,没有教学大纲,也没有讲座。[12]这门课的20名学生只阅读了两篇论文,这样他们就不会偏向于任何特定的方法。[13]在短短8周内,他们就造出了一辆原型车,它可以沿着沙漠路线行驶得比悍马更远(虽然速度慢一些)。[14]

是什么让斯坦利在比赛中大获成功?前一年的参赛车辆对障

碍物检测等方面的依赖太少。[15] 斯坦福车队认识到，过于强调地图和导航而忽视对环境的感知是错误的。虽然他们的对手红色车队在第二次无人车挑战赛前已经探察了 2 000 英里的沙漠道路，但这一区域仅占实际比赛路线的 2%。[16]

斯坦福车队知道，即使大型悍马也可能被岩石困住，而且 DARPA 提醒他们，小型皮卡可以穿越这条路线，这就形成了一种不同的设计理念：将自主导航视为软件问题。[17] 在让学生设计原型机器人的研讨班结束后，塞巴斯蒂安和一个小团队（仅由少数学生和其他一些研究人员组成）舍弃了他们的大部分代码，开始更仔细地重写斯坦利的软件，并为汽车中包含的软件设置了一个很高的标准。[18] 但他们并不只是依赖软件，更具体地讲，他们计划使用机器学习来解决驾驶问题。

自动驾驶汽车中的机器学习

斯坦福车队并不是第一个使用机器学习设计自动驾驶汽车的研究小组，至少自 20 世纪 80 年代开始，人们就已经在自动驾驶汽车的背景下研究机器学习了。[19] 但是，斯坦福车队属于第一批完全押注于机器学习的现代自动驾驶汽车团队。在自动驾驶汽车成为主流媒体热门词汇之前的近 10 年里，他们就欣然接受了机器学习在自动驾驶汽车领域的角色，塞巴斯蒂安的车队在赛后这样描述其赛车。

无论在比赛前还是在比赛中，机器学习的广泛应用都使斯坦利变得强大和精确。我们相信，这些技术加上广泛的测试，对斯坦利在这场比赛中的成功起到了很大的作用。[20]

当塞巴斯蒂安和他的团队第一次着手打造斯坦利时，他们面临着一项艰巨的任务。他们需要为其自动机设计一种方式来感知世界并做出反应。斯坦利在寻找新路径时不能每次都等几秒，随着环境模型的改变，它需要做出无缝衔接的决策。塞巴斯蒂安的团队考虑这个任务，就像一个建筑师团队考虑设计新建筑一样。他们需要为斯坦利找到一个架构。

斯坦利的架构

塞巴斯蒂安的团队整合的架构由三个独立的部分组成，如图3.1所示。架构最左侧的部分是硬件层，其中包括传感器和执行器，前者负责收集数据，后者控制转向、刹车和发动机转速。硬件层不会做任何智能的事情，它仅仅是从传感器（摄像机、激光扫描仪和GPS系统等）获取数据，并使用来自规划层的命令（如发动机转速和车轮角度）控制汽车的硬件。除了可能被嵌入硬件的卡尔曼滤波器外，硬件层几乎没有通常属于人工智能或机器学习领域的东西。[21]

在另一端，即最右边，是思考层，或称规划层：它执行汽车的高层次规划。（斯坦利没有太多高层次的思考，我们会在下一章中看到更多自动驾驶汽车的高层次思考，但在斯坦利中这几乎不存在。）鉴于道路上有障碍，这一层解决了汽车应该如何转向以避开障碍的问题。这一层负责决定汽车的实际驾驶方式。它将命令发送到最左边的硬件层，通常是发送给我们在上一章看到的三规则控制器。如果规划层希望发动机以特定的速度（例如每小时25英里）为目标，那么它只需要将该命令发送给硬件控制器即可。

图 3.1 中的中间层位于左侧的硬件层和右侧的思考层之间。它将传感器的原始读数转换成可解释的模型，这样思考层就可以完成它的工作。其中一些模型简单地总结了斯坦利需要遵循的高级路线，这是斯坦利在比赛开始时规划的路线。其他模型对数据进行处理，以此告诉斯坦利它的传感器看到了什么。中间层中持续运行着各种各样的机器学习模块，其中包括我们稍后会仔细研究的几个道路检测系统，这些模块解释混乱无序的传感器读数，并把它们转换成对世界更有意义的解释，然后传递给规划层。

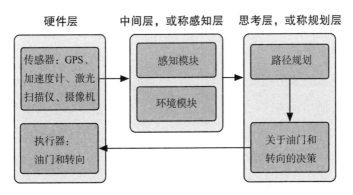

图 3.1 斯坦利软硬件组织的简要总结，斯坦福车队曾凭借它获得 2005 年无人车挑战赛冠军

这些传感器读数以点云①的形式进入中间层，或称感知层。通过为右边的规划层解释它们，中间层使规划层更容易专注于其更高层次的推理。虽然运行在中间层的模块设计巧妙并使用复杂的机器学习算法，但它们并不是真正的智能。只有在与规划层共同工作时，它们才显得智能。现在，让我们一起仔细探讨中间层的感知模块。

避开障碍物

正如红色车队所做的那样，斯坦福车队也为他们的赛车装备了激光扫描仪，用来"观察"周围的地形。他们给斯坦利编写了程序，让它想象自己周围的网格，有点像图 3.2 中的网格（只是他们的地图中每个单元格的面积要小得多）。

斯坦利使用激光扫描仪的数据估计网格中哪些单元格被物体占据（图 3.2 中，被占据的单元格用深灰色表示）。然后，斯坦利的规划算法让它在没被占据的单元格上行驶，同时转向以避开被占据的单元格。

但他们如何判断一个单元格是否被占据？塞巴斯蒂安和他的团队为斯坦利编写的程序是：测量每个单元格的特征，例如单元格中不同点的高度（这是他们可以从激光扫描仪获得的信息）以及距离上一次精确测量这些点的时间有多长。然后，他们使用这

———————————

① 点云是指在获取物体表面每个采样点的空间坐标后得到的点的集合。——译者注

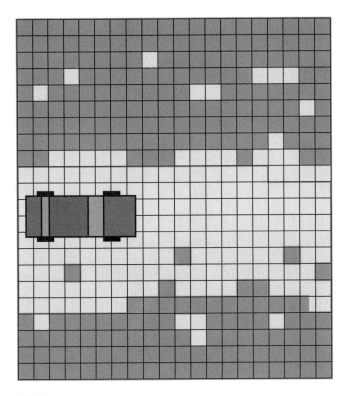

图3.2

些测量值来估计单元格中包含两个不同高度的点的概率。如果单元格确实包含两个高度非常不同的点，那么斯坦利便会在地图上将这个单元格标记为已被占据。[22]

　　这种方法的思路很对，但塞巴斯蒂安和他的团队也发现他们标记这些单元格的算法不是很好。首先，他们的传感器测量结果往往会随时间的变化而浮动。如果斯坦利的激光扫描仪倾斜了几分之一度，斯坦利就会认为前面有障碍物，这就会导致最右边那一层的规划算法命令斯坦利转向。斯坦福车队本可以投资数十万美元购入一个由顶尖研究科学家设计的昂贵的人体姿态估计系统，但团队已经拥有了这样的科学家，所以他们自己建立了一个模型，这个模型对避免这类测量误差很有用。他们得到的模型是正确的，至少本质上是正确的，但仍然有许多参数需要调整。[23]

《连线》杂志的记者乔舒亚·戴维斯（Joshua Davis）注意到，塞巴斯蒂安非常清楚这些局限。比赛前几个月的一天，塞巴斯蒂安和斯坦利在沙漠里，他在路边沮丧地踢着沙土，因为斯坦利偏离了正确的路线，差点开进沟里。[24]塞巴斯蒂安发现斯坦利与第一次挑战赛中害怕影子和灌木丛的赛车有同样的问题。他仔细思考，试图找出哪些算法可以让汽车更好地利用传感器的数据。[25]

随后，他开始应用机器学习。塞巴斯蒂安的解决方案是让一个人驾驶斯坦利，同时让它的激光扫描仪测量汽车周围的世界（有一种说法是塞巴斯蒂安亲自驾驶斯坦利收集这些测量数据），然后保存这些测量数据以便以后使用。这个想法的关键之处在于，无论谁驾驶斯坦利，他都只会在安全的路面上驾驶，所以斯坦利没有行驶过的一些路面则可能并不安全。塞巴斯蒂安的团队可以使用传感器的测量数据调整障碍检测模型中的许多参数，这样做实际上是用数据"训练"算法。

塞巴斯蒂安的团队用来预测哪些路面可以安全行驶的方法，被称为监督分类。[26]我们将在接下来的几章仔细探讨这个方法，但是现在你需要知道的是，斯坦福车队使用的方法可以被称为一个分类器，这种分类器让计算机可以自动预测一个项目属于两个类别中的哪一个。分类器的主旨是使用一个可以生成预测的简单数学函数来组合你的测量结果。这个数学函数可能有许多可调整的"旋钮"，这便是我们引入机器学习的地方，因为这些"旋钮"可以通过数据进行调整，所以预测可以变得非常精确。

斯坦福车队用数据驱动的调整将他们的地形检测算法精确度提高了几个数量级。在他们使用这一方法之前，斯坦利有 12.6% 的概率会把安全的路面误认为不安全的路面，这种错误会让它离开道路。在将分类器与数据拟合后，斯坦福车队把这个概率降低到了原来的 1/6 000。[27] 这是他们改进红色车队使用的巨眼的第一个关键步骤。

寻找道路的边缘

斯坦利现在可以安全地沿着道路行驶了吗？不完全可以。这个分类器会告诉斯坦利，在它的视野范围内哪些路面是可以行驶的，但是分类器没有提供其他任何关于道路的信息，也没有强迫斯坦利保持在道路上行驶。使用上面的分类器，只要越野路也算是可以行驶的，斯坦利就会心甘情愿地离开正常道路。

不过，这或许还说得过去。毕竟，从技术上讲，比赛并不要求斯坦利保持在道路上行驶，只要分类器说地形可以行驶，那么从原则上讲，驶过这里就是安全的，对吧？但斯坦福车队认识到，离开道路可能会有危险。正如他们在赛后总结中所写的那样："障碍物（例如岩石、灌木丛和围栏桩）最常出现在道路两边。只要沿着道路中间行驶，斯坦利无须检测到沙漠道路上的大多数障碍物就可以避开它们！"[28] 他们列出的一些条目正是红色车队的悍马撞上过的，这可能并非偶然。然而，他们的观点是明确的。所以他们为斯坦利的视觉系统开发了另一个算法，这个算法可以帮助斯坦利找到道路的边缘。

斯坦福车队认为，道路的边缘通常应该与他们事先规划好的道路平行。因此，他们为斯坦利另外安装了激光扫描仪，激光扫描仪沿着与规划路径平行的直线扫描汽车附近的路面，寻找道路的边缘，如图 3.3 所示。

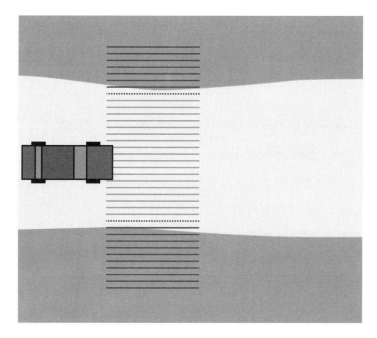

图 3.3

然后，这个道路边缘探测模块会试探性地检测被激光扫描到的直线上是否有障碍物。在没有检测到障碍物的情况下，两边最靠外的直线会被认为是它"观测"到的道路边缘位置。所以当斯坦利前进的时候，这个模块会收集许多这样的观测结果。在原始的形式下，这些结果看起来就像是汽车两侧的一系列散点。但是，一旦它们通过另一个卡尔曼滤波器，斯坦利就能对道路的边缘进行准确的估算。[29] 只要斯坦利估算出了道路的边缘，它就可以对道路的中央位置进行持续的估算。然后，斯坦利的路径规划算法（我们稍后会看到）会做出判断，如果道路上没有其他障碍，它就会让斯坦利沿着道路中央行驶。（机器人比赛时，其路线会禁止外部交通，所以没有迎面而来的车辆。）

开眼看路

斯坦利的视觉系统仍然存在问题。即使这些模块可以让斯坦利保持在道路上行驶，它的激光扫描仪也只能"看到"前方约30米的路况。对斯坦利而言，这还不足以让它安全地以每小时25英里以上的速度行驶，因为沙漠道路常有急转弯，就像第一次比赛中让悍马抛锚的那个急转弯一样。[30] 塞巴斯蒂安和他的团队计算出，每小时25英里的速度对他们而言太慢了，所以他们要寻找另一种方法，让斯坦利可以"看到"激光扫描仪检测范围以外的路况。

他们的解决方案是在斯坦利的前部安装彩色摄像机。摄像机可以"看到"比激光扫描仪更远的距离，所以如果斯坦利能确定道路延伸到了前面很远的距离，那么它就会认为道路可以安全行驶，这样它就可以把车速从每小时 25 英里提高到每小时 45 英里。[31]

当我们人类看到一条道路的照片时，一眼就能清楚地看出照片的哪一部分是道路，哪一部分是道路的边缘，哪一部分是天空。对计算机程序而言，这些细节一开始并不明显。同样，斯坦利需要一步步地从摄像机的图像中找到道路。为了做到这一点，斯坦利采用了机器学习中一种被称为聚类（clustering）的技术，把具有相似颜色的像素组织在一起。这样它才可以更好地判断一个像素是属于道路的一部分，还是属于道路边缘的一部分。

为了理解斯坦利是如何做到这一点的，请想象你是一个刚洗了一大堆袜子的吸血鬼。因为吸血鬼最喜欢的颜色是红色和黑灰色，所以你的袜子是各种深浅不一的红袜子和有各种灰度的袜子。从洗衣店回家后，你开始整理这些袜子，将它们摊开放在床上，把同色系的袜子放在一起。一段时间后便会出现一堆红袜子和一堆黑灰袜子，它们可能会在深红色和深灰色相交的地方重叠。

但是想象一下，你发现了一只亮绿色的袜子。这只袜子显然不属于两堆袜子中的任何一堆，所以你断定它肯定是从洗衣店混进来的，便扔掉了它。

这正是斯坦利推理摄像机图像像素的方式。它通过查看代表汽车前方路面的像素来创建道路像素的聚类。在沙漠中，你可以想象代表这些道路的像素可能是灰色和棕色的混合，这会导致斯坦利最终得到一个灰色像素聚类和一个棕色像素聚类。[32] 然后，斯坦利会测试图像中其他像素是否与这两个聚类匹配。[33] 如果与聚类匹配，它们就是道路的一部分，否则，斯坦利就会拒绝它们，认为它们不是道路的一部分，就像你扔掉绿袜子一样。一旦斯坦利确定出哪些像素属于道路，它就可以用简单的几何方法估算出道路在前方延伸了多远。如果道路在斯坦利前方延伸了很长的一段距离，那么它就可以加速行驶。斯坦利的这个道路观察模块持续运行，定时重复，不断调整对道路颜色的估算。

斯坦利能确定它选择了正确的像素来建立对道路颜色的估算吗？难道斯坦利不可能无意中选择了路边的像素来建立聚类，而没有选择道路上的像素？在确定哪些像素是道路时，算法当然可能会出错，就像任何算法都可能出错一样，但这个问题在一定程度上被缓解了。一是因为斯坦利还有其他模块，比如检测可行驶地形的模块；二是因为该算法只被用于控制速度，不控制转向。即使斯坦利离开道路一段时间，它仍然不会撞车。一旦斯坦利重新上路，它的道路观察模块就可以迅速调整到正确的道路颜色。

路径规划

斯坦利检测道路和障碍物的模块位于图 3.1 所示架构中间的感知层。控制斯坦利速度的软件位于架构右边的规划层。右边的规划层不需要看传感器的原始数据，它只是利用感知层的信息来做决定。斯坦利规划层中的另一个算法是用来规划障碍物周围路径的软件。但在斯坦利能够有意避开障碍物之前，它需要有一条完整的路线可循。

就像红色车队的悍马一样，斯坦利在比赛开始时就预先规划了全程路线。斯坦利的路线不像红色车队那样包含地形的外部信息。正如我们将看到的，斯坦福车队的感知算法非常好，足以让斯坦利在行驶过程中发现并避开障碍。相反，斯坦利的路线规划算法的主要目标只是提供一条接近赛事组织者给出的GPS坐标的路线，并且使GPS坐标之间用直线连成的路线中的急转弯变得平滑。这个算法在比赛开始后只花了斯坦利20秒的时间。[34]

一旦斯坦利规划好了这条平滑的路线，它需要做的就是沿着这条路线行进，用它的感知算法避开沿途发现的障碍。正如我们先前看到的，斯坦利通过寻找在障碍物周围哪些地方可以行驶来定位障碍物，而障碍物是被标记为不可行驶的方形单元格。为了绕过这些障碍物，斯坦利不断重新计算从当前位置（在给定的时刻无论它在哪里）到预定路线上稍微远一点的目标（比如10秒后的位置）的最佳路径，无论那个目标在哪里。当斯坦利规划这条路径时，它只需要找到一种方法，让汽车在不撞上任何物体的情况下从当前位置到达目标位置。只要斯坦利能够继续规划并执行这些路径，汽车就会成功地沿着路线继续前进，而不会撞上任何物体。

还记得吗，上一章中悍马的路径搜索算法使用了一个成本函数，这个函数表示了悍马在地图上的每个小方格上行驶所需要的时间。斯坦利需要类似的成本函数来避开障碍。一个可能的想法是，根据网格中每个单元格到最近的障碍物的距离，在单元格设置一些惩罚，斯坦利可以利用成本函数找到一条尽可能远离沿途障碍物的路径。事实上，这正是斯坦福车队最初的尝试。这个算法可以让斯坦利远离障碍物，但它也使斯坦利为了避开障碍物而毫无规则地拐来拐去。研究小组将这个算法称为"喝醉的松鼠"。[35]

为了解决这个问题，他们对斯坦利进行了编程，让它沿着一条与赛前计算出的平滑路线平行的虚拟走廊行驶。他们的目标是让斯坦利尽可能快地沿着这条走廊行驶，只在走廊内向左或向右转以避开障碍物。这就好像斯坦利在玩一款经典的街机驾驶游戏，游戏中全部的控制就只有加速、刹车以及沿着固定的路线向左或向右滑动。在没有障碍物的情况下，斯坦利的程序还让它向道路边缘探测器探测到的道路中央移动。为了弄清楚它应该向左还是向右移动以及需要移动得多快，也就是说，它是否需要加速或快速转向，斯坦利仍然使用了搜索算法，但它只考虑其现在和片刻之后的位置之间的平滑路径。它的成本函数惩罚了一些事情，包括远离预先规划的路径行驶、驾车越过障碍物以及远离道路中央行驶。然后，路径规划算法会考虑其中的许多路径，并选择它找到的最佳路径。当汽车沿着路线高速前进时，这个算法会持续运行，每秒大约重复 10 次，这个速度足以让斯坦利发现并避开前方15~25 米的物体。[36]

斯坦利大脑的各个部分如何相互交流

当斯坦福车队设计斯坦利时，车队需要弄清楚所有这些算法应该如何相互通信。他们知道如何将它们连接起来，但这还不够，他们还需要弄清楚这些算法在相互交流时所遵循的协议。是否应该有一个集中的"主进程"来指挥一切？它应该被组织成某种层次结构吗？车队选择了完全相反的做法：他们将这些不同的软件模块组合在一起，让它们并行运行。没有"主进程"来指导这些模块该做什么。[37]

你可以把这些模块想象成杂货店里的工人，他们每个人都有各自的工作。杂货店的理货员从停在后门的货车上卸货，然后把这些货物放到正确的货架上。收银员为顾客结账，经理定期把现金从收款机转到银行，为杂货店订购更多的商品。每个工人都在持续不断地做着自己的工作，而且大部分工作都是独立于其他人的。

因为商品被源源不断地放到货架上，而且收银员总是在收款机旁为顾客结账，所以顾客可以很快地进出杂货店。我们可以说杂货店的服务是低延迟的。服务的速度很快，因为收银员只有一项工作——为顾客结账，他不负责往银行存钱，也不负责理货。

同理，斯坦利也可以对事件做出快速反应：它的每个模块都可以快速反应，尤其是那些需要对环境做出反应的模块，因为每个模块只有一项工作要做。斯坦利的模块之所以可以对环境做出快速反应，是因为它们彼此从未进行过充分的对话。过多的对话可能导致参与者被锁定在对话中，这样的问题被称为死锁（deadlock）。如果两个组件陷入死锁，整个系统可能会突然停止，直到一个或多个组件重新启动后才能恢复。

这并不意味着这些模块之间没有通信。它们始终通过向对方发送单向的、有时间戳的信息进行着通信。这类似于在杂货店设立公告系统，例如，经理可以提醒收银员，商店的 1 美元钞票快用完了，建议仅在必要时使用它们。如果收银员从不与经理陷入长时间的交谈，那么他就可以更可靠地为顾客服务。

在自动驾驶汽车中，GPS 和加速计估算汽车的位置和方向，用当前的时间戳发布这些信息，并继续为余下的比赛获取和发布最新的位置信息，这是它们唯一的工作。负责像素聚类和寻路的模块获取了摄像机和激光扫描仪的数据，找到道路，然后发布这些信息，以便速度控制器和路径规划器可以方便地使用信息。与此同时，寻路模块根据机器人当前的位置和路上的障碍物估算出最佳路径，每秒钟重复 10 次。总共大约 30 个模块都是这样工作的。

这些模块为斯坦福车队赢得了 200 万美元奖金，并使斯坦利在机器人历史上占据了一席之地。这支车队理应获胜，但按照现代自动驾驶汽车的标准，斯坦利仍然非常原始。事实上，完成第二次无人车挑战赛的 5 辆汽车都不能在城市街道上行驶。它们无法面对迎面而来的车流，无法寻找停车位、换车道以及处理交通堵塞的问题。

这并不是设计上的缺陷。这些汽车只是为了参加比赛而存在的，比赛并不要求它们可以在城市街道上行驶。但是 DARPA 举办的下一届比赛——DARPA 城市挑战赛，将会改变这一切。该比赛要求机器人汽车在有车辆迎面驶来的城市街道上按照加利福尼亚州的交通法规行驶。这也给了克里斯和他在卡内基-梅隆大学的团队（那支打造悍马的车队）再度冲击第一名的机会，只要他们可以制造一辆汽车来完成所有这些事情。

在十字路口避让：自动驾驶汽车的大脑

在这一点上，问题自然而然地出现了：为什么这么多独立设计的架构会有如此相似的结构？三个组成部分是充分必要的，还是一个漂亮的数字或一个巧合而已？

埃伦·加特（Erann Gat）[1]

城市挑战赛

克里斯·厄姆森的团队在接下来的两年里一直在为城市挑战赛做准备。这时，克里斯已经成为卡内基-梅隆大学的一名教授。他也是卡内基-梅隆大学车队的全权负责人，车队现在改名为格子车队（Tartan Racing）。克里斯的团队不仅做了相当大的调整，还让他们的悍马退役了，转而选择 2007 款雪佛兰塔霍汽车，他们将这辆赛车命名为 Boss（意为"老板"）。Boss 融合了他们先前设计的优点以及他们从前一年的斯坦福车队学到的很多东西。[2]

这次挑战赛比前两次要困难得多。在前两次比赛中，所有机器人汽车都是单独行驶的，一个接一个地出发并被监控着，因此它们不会互相干扰。但城市挑战赛不同。这些自动驾驶汽车将在城市街道、十字路口和停车场与人类司机一起围着一座老军事基地行驶，共有大约 50 辆汽车同时在路上。而且这里也不允许越野行驶，因为那样汽车会因为违犯加利福尼亚州的交通法规而被扣分，甚至被取消比赛资格。[3]

DARPA 在 2007 年 11 月的比赛之前举行了几轮预选赛。有一轮预选赛被称为"夹击"，它要求赛车小心地保持在自己的车道内行驶，同时还要避开停放的车辆和其他障碍物。另一轮预选赛测试了赛车的更高层次思维，赛车需要在十字路口停下来等待，并在轮到它们通行的时候继续前进，并且它们需要判断路径何时会被挡住，并在被挡住的时候找到另一条路径。

　　还有一轮预选赛被称为"A区"，它测试了汽车探测和避开移动物体的能力。这一轮预选赛需要自动驾驶汽车绕圈行驶，在迎面而来的车流前左转弯，如图4.1所示。自动驾驶汽车需要沿着环路右半部分的黑色箭头行驶，而专业人类驾驶员则在外环中绕圈行驶。

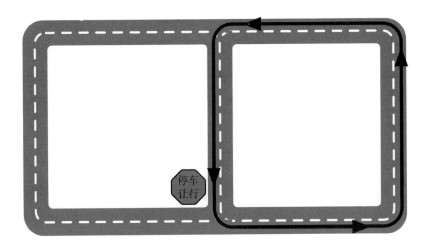

图4.1 DARPA城市挑战赛中的"A区"。当自动驾驶汽车在右半部分绕圈时，专业的人类驾驶员在外环中绕圈。自动驾驶汽车面临的主要挑战是在"停车让行"标志处与沿外环行驶的车辆合流。比赛要求自动驾驶汽车在规定时间内尽可能多地绕圈

感知抽象

为了理解Boss在这些环境中的操控方式，让我们更深入地了解一下克里斯的团队是如何开发汽车大脑的。就像斯坦利（斯坦福车队在第二次无人车挑战赛中的赛车）一样，克里斯及其团队在Boss的大脑中指定了一个层，用于综合来自18个传感器的数据。他们将这个中间层称为"感知和环境建模层"（如图4.2所示）。与斯坦利的感知层一样，Boss的感知层也没有任何复杂的推理，它的唯一目的是解释来自各个传感器（包括激光扫描仪、雷达、摄像机、GPS和加速度计等）的数据，并根据这些数据生成更高层次的环境模型。然后，该层生成的环境模型将被在更高层次上进行推理的模块用于执行更复杂的任务。[4]

感知和环境建模层执行了我们在先前的比赛中看到的一些任务：估算道路边缘的位置、发现障碍物、根据GPS数据和加速度计跟踪汽车的位置。但是对于在城市环境中行驶，感知和环境建模层需要做更多工作。随着其他汽车来来往往，Boss所处的环境可能会发生变化。因此，这一层要用地图上的网格表示树木和建筑物这些静态物体，当传感器检测到物体存在时就填充单元格，如果不存在就清空单元格。它还要理解DARPA提供的地图以及任务的说明，然后根据检测到的地图上路径的堵塞情况调整地图。[5]

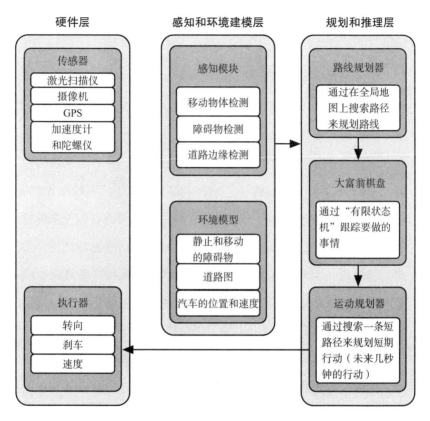

图 4.2 Boss 的简化版架构。硬件层、感知和环境建模层、规划和推理层，按照从左到右推理抽象
层次不断提高的顺序组织起来。其最高层次的规划和推理层由三个模块组成：审议器（路
线规划器模块）、定序器（大富翁棋盘模块）和控制器（运动规划器模块）。运动规划器可
能会和大富翁棋盘放在一起

　　Boss 的感知和环境建模层还需要检测和模拟移动物体的物理
特性。检测移动物体的模块要遵守一个规则：它的传感器所做的每
一次观察都应该与它的物体数据库中的一个固定的或移动的物体相
关联。Boss 会为这种关联计算一个质量测评。如果测评结果和物
体之间匹配良好，那么这个测评结果就会被整合到 Boss 对那个物

体的建模中，这样，在Boss看来，物体就会改变一点点。但是如果Boss无法在测评结果和现有物体之间找到高质量的匹配，那么模块就会提出一个新的物体来解释这个测评结果。有时，它会判定有一个静态物体，然后将其转换为移动物体。例如，如果Boss遇到一辆停在停车位但随后开始移动的汽车，就会发生这种情况。

一旦Boss探测到一个移动物体，它就可以使用传统的跟踪算法来跟踪这个物体。Boss又一次使用了卡尔曼滤波器来跟踪移动物体。[6]它还假设物体或是像自行车一样移动（可以向前或向后移动，并且有目标），或是像漂移点一样移动（可以向任意方向移动，但没有目标），Boss根据最适合数据的模型做出决定。然后，关于这些模型的假设被直接集成到卡尔曼滤波器中。卡尔曼滤波器非常通用，它们不仅可以跟踪物体的位置，还可以跟踪物体的速度和加速度。

Boss将这些物体想象成在它的虚拟环境中移动的矩形和其他多边形。[7]当然，Boss并没有把它们视作场景的一部分，而是把它们视作网格上的坐标。对Boss而言，每个矩形间都应有足够的间隔，无论Boss是在车道上跟随矩形还是从对面车道朝着矩形前进。

比赛

经过几个月的测试和期待，城市挑战赛终于来了。在比赛期间，Boss和其他车辆需要完成几个任务，从基地的一个检查站开到另一个检查站，它们自始至终都要在满是自动驾驶汽车和人类驾驶汽车的城市街道上行驶。DARPA 在比赛前几天向参赛选手提供了场地路线图,并在比赛开始前仅仅 5 分钟的时候向参赛队伍提供了任务说明。这些任务要求车辆完全自主地在场地的街道上行驶、在停车场停车、穿过繁忙的十字路口。

DARPA 官员在赛后写道,他们仔细审查了参赛者的申请,通过预选赛将最后参加决赛的车队从 89 支减少到 11 支,这意味着行驶在决赛赛道上的赛车都经过了仔细的审查。[8] 但这并不意味着路上的人类驾驶员就安全了,他们都是职业驾驶员,都配备了安全护笼、赛车座椅和灭火系统,每辆自动驾驶汽车后都有一辆人类驾驶汽车尾随,车上的驾驶员能遥控电子灭火器的开关。自动驾驶汽车虽然经过了审查,但仍然很有可能威胁人类驾驶员的生命安全。[9]

幸运的是,比赛当天没有发生重大事故。一辆赛车在停车场发生故障,并险些在 DARPA 官员按下电子灭火器开关之前开进一栋旧楼。另外两辆自动驾驶汽车之间发生了低速碰撞。到中午的时候,几乎半数赛车退出了比赛。[10]

然而,包括 Boss 在内的几辆赛车还是成功完赛了。在三年的时间里,自动驾驶汽车从无法在沙漠中行驶超过 8 英里变成了可以在路上行驶数小时,成功穿过繁忙的十字路口。除了用感知和环境建模层进行观察外,Boss 和其他汽车还需要一种方法来推算它们的环境。在之前的两章中,我们看到的汽车全都无法做到这些,那么 Boss 是如何做到的呢?

Boss的高层次推理层

硬件的改进是一个因素吗？当然，硬件一直在改进，但是自第一次DARPA无人车挑战赛以来的三年里，自动驾驶汽车的硬件并没有出现超越摩尔定律的显著革新。（摩尔定律当时预测，流行处理器的性能大约每18~24个月翻一番。）这个问题的真正答案在于这些汽车软件架构的进步，但这也是Boss在比赛中产生"幻觉"的原因。

Boss的大脑核心是三个模块，它们的抽象推理层次逐个降低。你可以在图4.2的架构最右边的板块中看到这一点。这个板块的顶部是路线规划器模块，它搜索Boss从当前位置到任务的下一个检查点的低成本路线。这很像斯坦利的模块，该模块在第二次无人车挑战赛开始的时候为斯坦利规划了平滑的路线。Boss的路线规划器不是在比赛开始时规划一条单一的路线，而是不断地规划路线，一次又一次地重新估算从当前位置到目的地的最佳路线。为了估算路线，路线规划器在成本函数中使用了时间和风险的组合，相信感知和环境建模层总是向它提供最新的地图。因此，它需要做的就是规划路线，并告诉它下面的模块（即位于图4.2最右边的板块中间的模块）接下来需要做什么。[11]

我们将路线规划器下面的抽象层称为大富翁棋盘模块，原因你很快就会清楚。[12] 这一层可以说是最复杂的，因为它需要跟踪Boss正在做什么以及接下来需要做什么。它是用一种叫"有限状态机"的东西来实现这些的。[13] 有限状态机为计算机程序提供了一种通过限制其需要处理的事情来推算环境的方法。它的工作原理很像《大富翁》游戏：你有一枚可以在棋盘上移动的棋子，在任意给定的时间，你的棋子都会在棋盘上精确地处于一个状态（即位置）。这个状态决定了你现在可以做什么以及下一步你可以移动到什么地方。如果在玩《大富翁》游戏时走到了一处没有人占领的公园，你就可以买下它。如果你进了监狱，要出去有三种方法：一是掷出点数一样的骰子，二是支付50美元，三是弄到一张"免罪卡"。游戏的规则以及你的棋子在棋盘上的状态为你简化了《大富翁》玩家的世界，这样你就不会被各种可能性淹没。也就是说，当你在广场上时，任何不被明确允许做的事情，你都不能去做。如果你走到了公园，就无法购买木板路或收取200美元，除了购买公园（只要没人占领，而且你想要它），你什么都做不了。

你在大富翁棋盘模块上的当前状态（依然是你的位置）也决定了你下一步可以移动几步。这取决于掷骰子的结果，有时你可能会向前移动多达12个格，然后购买一处地产，有时你可能会直接进监狱。但是你不能跳到棋盘上的任意位置。

克里斯及其团队设计Boss的时候，为大富翁棋盘模块创造了各种有限状态机，每一种分别适用于Boss可能会遇到的环境状态。当Boss驱车前行时，它的大富翁棋盘模块围绕着它的有限状态机移动一枚虚拟的大富翁棋子，以此记录汽车正在做什么以及需要做什么来实现下一个目标。

根据Boss的现况，它的大富翁棋盘模块分别使用三个有限状态机（一个负责沿着道路行驶，比如监控是否需要换车道；一个负责十字路口；还有一个负责操控Boss进入某个特定的位置，例如停车位或拥挤的十字路口的另一侧）中的一个。这些有限状态机中的每一个都概述了模块为实现其目标应该遵循的一组简单规则。无论在哪里，Boss的大富翁棋盘模块都会用它在棋盘上的虚拟棋子来追踪环境和它的目标。

图 4.3 展示了简化版的 Boss 用于通过十字路口的有限状态机。[14]在这个有限状态机中，你可以理解Boss穿过十字路口的推理过程。当轮到Boss进入十字路口时，它会等待十字路口清空，并确保安全时间长到足以让它通过。Boss通过使用另一个更小的叫"优先权估算器"的有限状态机来实现这一点。优先权估算器根据常见的驾驶规则来确定Boss是否有进入十字路口的优先权。Boss如何知道这些驾驶规则？程序员只需将它们编码为有限状态机的一组状态和转换即可，就像《大富翁》游戏的发明者伊丽莎白·马吉（Elizabeth Magie）最初为《大富翁》的前身《地主游戏》创建规则一样。这不仅是针对优先权估算器的，人们会为所有的有限状态机编码规则。

大富翁棋盘模块执行了大部分你可能会联想到的与驾驶相关的人类推理，但Boss并不需要智能就能使用大富翁棋盘模块。人类玩《大富翁》游戏，可能会仔细慎重地计算应该采取哪些行动。但是大富翁棋盘模块实际上并不是真的在玩《大富翁》游戏，它没有任何关于成功或胜利的概念，所以它没有做出任何关于它应该做什么或下一步该去哪里的慎重的战略决策。它更像是《大富翁》游戏的规则手册。在每个状态下，大富翁棋盘模块只是遵循

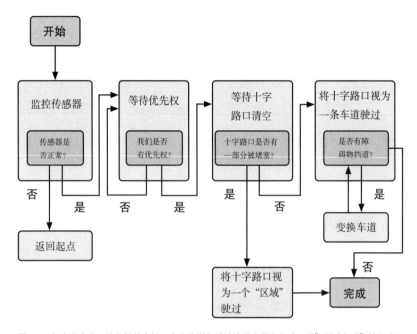

图 4.3 负责十字路口的有限状态机。大富翁棋盘模块按照上图中从"开始"到"完成"的顺序逐
       步执行。有限状态机等待优先权，然后Boss尝试进入十字路口。如果十字路口有一部分
       被堵塞，Boss就将其视为一个"区域"驶过，即将其视为停车场一样的复杂区域，而不是
       车道。有限状态机会创建一条通过十字路口的虚拟车道，并让Boss在这条虚拟车道上行驶

一组极其简单的规则，然后根据另一项简单测试的结果转换到下
一个状态。Boss确实进行了仔细审慎的规划，但这发生在它的路
线规划器，即我们在几页前看到的用于搜索路径的模块中。

因此，大富翁棋盘模块的职责是，从路线规划器手中接过任
务，跟踪任务完成进度，然后将行动委托给下一个层次——运动
规划器，直到任务完成。

运动规划器（图4.2右下角所示的模块）的职责是为汽车找
到并执行一条路径，使其从当前位置安全地驶向大富翁棋盘指定

的目标位置。例如，大富翁棋盘可能会命令运动规划器执行以下操作之一：

- 规划并执行一条路径，把车停在那边的空地上（给运动规划器指定一个位置）。
- 继续沿着这条车道直行。
- 切换到左侧车道。
- 穿过这个十字路口。

一旦大富翁棋盘给运动规划器下了命令，运动规划器就会找到一条从当前位置到目标位置的路径。在这方面，运动规划器有点像路线规划器，只是运动规划器的目标是在更短的时间单位上规划运动。路线规划器以分钟和英里为单位规划运动，而运动规划器以秒和英尺为单位规划运动：运动规划器最大不过在约 1/3 英里的范围内规划运动。[15]

大富翁棋盘假设运动规划器会设法安全地实现目标，但是运动规划器可以告诉大富翁棋盘它失败了，例如，直到它试图停车时才看到停车位被一辆摩托车占了，在这种情况下，大富翁棋盘会寻找一个应急计划。[16]

路线规划器和运动规划器之间的另一个区别是，在搜索路径的时候，路线规划器只需要考虑汽车在地图上的位置，而运动规划器需要跟踪汽车的位置、速度和方向，同时确保Boss不违反任何物理定律。汽车只能朝着车轮指向的方向行驶。除非出现问题，否则车轮不会侧向横移，运动规划器需要考虑到这一点（机器人专家将此称为汽车的运动学约束）。运动规划器还确保汽车不会过快地加速、转弯或停车，即它不应该猛烈地加速或刹车，也不应该高速转弯以致翻车。红色车队的悍马在测试期间发生过翻车，这次事故在第一次无人车挑战赛开赛前仅仅几周的时候摧毁了它的传感器，价值 25 万美元的电子产品瞬间支离破碎。[17] 后来，悍马的传感器再没能复原，这可能也对悍马在那次比赛中的表现有一些影响。

Boss 的运动规划器的寻路算法要比它的路线规划算法复杂一些，因为它需要跟踪 Boss 的位置、速度和方向（我们可以把这三者统称为"状态"）。运动规划器无法在一个简单的网格中搜索路径，因为仅凭网格它无法跟踪所有这些东西。在停车场，运动规划器寻找从当前位置到目标位置的最佳路径的方法，是将非常小的路径片段连接成一条路线，每个路径片段确保 Boss 的速度和位置遵循物理定律。例如，如果一个路径片段的开头指示，Boss 处于当前位置，面朝前方，以每秒 5 英尺的速度前进，没有加速度，那么该路径片段的末端信息就需要与开头一致。它必须明确肯定，Boss 位于当前位置前方 5 英尺处，面朝前方，以每秒 5 英尺的速度前进。[18] 我在图 4.4 的 4 张图中展示了这个过程的一个例子。这种规划可能需要时间，于是 Boss 使用第二个运动规划器同时规划它的后续路径，因而无须在运动中暂停。

为了上路行驶，Boss 的运动规划器还使用了一种更像斯坦利的转向算法的搜索算法。首先，它为汽车生成了一组可能的轨迹。

轨迹从汽车当前的位置和速度开始，在道路的远处结束，但在横向偏移和弯曲弧度方面有所变化。然后运动规划器根据这些路径的平滑度、它们与道路中央的距离以及它们与障碍物的距离等因素对这些路径进行评分。[19] 随后，Boss持续运行这个运动规划器，不断地通过它的当前状态寻找最佳路径。这意味着它会不断地调整路径，适当地纠正出现的小误差。

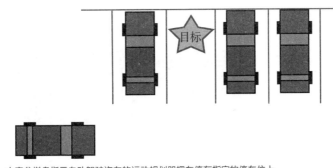

（a） 大富翁棋盘指示自动驾驶汽车的运动规划器把车停在指定的停车位上。

（b） 汽车有一个用网格表示的内部地图，障碍物会填充网格中的单元格。运动规划器在选择路径时也使用了成本函数。成本函数体现了单元格与障碍物（在本例中障碍物是其他车辆）之间的距离。

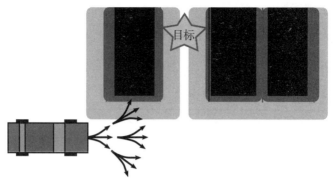

（c） 运动规划器搜索一条通往目标的路径。路径包含许多编码了速度、位置和方向的小路径片段。与此图不同的是，搜索过程是从完成状态执行到开始状态。

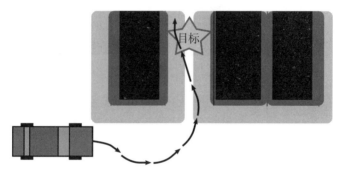

（d） 通向目标的候选路径。

图 4.4

攻克交通堵塞

图4.2右侧板块中的三个高层次推理模块——路线规划器、大富翁棋盘以及运动规划器，让Boss能够在比赛当天行驶在老军事基地中。然而，当Boss在比赛中开始出现"幻觉"时，到目前为止我所描述的系统都无法拯救它。

在预选赛中，Boss已经证明了它是准备最充分的选手之一。但是在城市挑战赛中，当在路上疾驰以完成其中一项任务时，它发现前面的车道被另一辆车挡住了。Boss放慢速度，停了下来，等待着。它做了几次前进的尝试，但无法通过：道路完全被挡住了。[20] 于是Boss等待着，比赛计时器上的时间一秒一秒地过去。

问题是，交通堵塞并不存在。Boss面前空空如也，它所认为的车道被挡住只是"幻觉"。这并不是Boss第一次在比赛当天出现"幻觉"。[21]

Boss的"幻觉"是由它的感知算法中的一个问题引起的。如果它看到前面有一辆车，随后那辆车开走了，此时它并不总是清楚它对那辆车位置的估算是否正确，所以它偶尔会认为那里还有东西。改进感知算法可以避免这种"幻觉"，克里斯和他的团队在构建复杂软件方面经验丰富，他们知道所有软件都存在缺陷。幸运的是，他们有先见之明，让Boss能应对这样的问题。

Boss遇到的问题与悍马在第一次无人车挑战赛遇到的问题类似，当时悍马被困在了一块岩石后面。克里斯的团队在第二次无人车挑战赛中解决了这个问题，他们为悍马编写程序，让它在被困住时后退10米，清除它对障碍的估算，然后再试一次。但这只是应急之策，一种脆弱的解决方案，一种权宜之计，并不是很有效，而且在拥挤的十字路口可能根本行不通。克里斯的团队需要一个能够弥补缺陷或处理意外情况的系统，一个永不放弃的系统。通过在大富翁棋盘模块增加一个更通用的错误恢复系统，他们在Boss中实现了这一想法。这个系统有三个关键原则，让人联想到

艾萨克·阿西莫夫（Isaac Asimov）的机器人三定律：[22]

- 在问题得到解决之前，汽车应该愿意承担越来越大的风险，并且不应该重复它的复位尝试。
- 复位行为应适合驾驶环境。例如，Boss 在行车道上的复位行为应该不同于在停车场的复位行为。
- 错误恢复应尽可能简单，以减少引入更多软件缺陷或不良行为的可能性。

作为最后的努力，如果 Boss 在 5 分钟内移动不超过一米，它的错误恢复系统就会利用一个叫作"摆动"（wiggle）的算法随机选择一个附近的目标位置。这个想法认为 Boss 应该能够自行摆脱它所遇到的一切困境，然后清除记忆并再试一次。[23]

当 Boss 在城市挑战赛中面对想象中被挡住的车道时，它就会开始五级错误恢复。第一，它会试图到达一个略微越过交通堵塞处的位置；第二，它会试图到达一个越过交通堵塞处稍远些的位置；第三，它会试图到达一个远远越过交通堵塞处的位置；第四，它会后退，并试图再次到达一个越过交通堵塞处的位置；第五，它会假设前面的路被完全堵住，然后掉头。当它假设道路完全被堵住时，它实际上是在感知和环境建模层的路线图中把这条路标记为无法通行，从而让路线规划器寻找另一条路。[24]

在比赛中，Boss 出现了两次"幻觉"，结果那天多开了两英里，对一场耗时约 4 小时的比赛来说，这只是小麻烦。虽然遇到了些小麻烦，但 Boss 还是领先斯坦福车队的赛车 19 分钟完赛。[25] 一个冗余的错误恢复系统是 Boss 的架构中最重要的部分之一，其中更高层次的规划可以解决低层次规划或感知方面的问题，这让克里斯和他的团队赢得了期待已久的大奖。

三层架构

是什么让 Boss 和第三章中的斯坦利能够如此出色地工作？正如我们所见，这与它们的推理架构有很大关系。Boss 和斯坦利的一个关键设计原则是将架构组织成硬件层、感知和环境建模层、规划和推理层，即图 4.2 中从左到右的三层。正如我们所见，感知和环境建模层使图 4.2 右侧的规划和推理层能够专注于更高级别的任务。规划和推理层没有承担处理低层次传感器数据的任务，因为这是感知模块的任务。反过来，感知模块主要是通过机器学习模型实现的，这些模型将原始的传感器数据转化为可操作的信息，但它们并不关注任何高层次的规划或决策。正如我们在上一章看到的，每个感知模块都有一项工作要做，这意味着每个模块都可以快速完成各自的工作。

但 Boss 还展示了自动驾驶汽车的其他一些更重要的特点，它能够执行复杂的行为，比如在城市环境中行驶数英里，把车停到停车位以及与其他正在行驶的汽车交互，同时它还能从容地应对意外情况。

谷歌的母公司 Alphabet（字母表）的一辆自动驾驶汽车在加

利福尼亚州山景城附近行驶时遇到了一个相当奇怪的情况。克里斯·厄姆森在 2015 年 TED（科技、娱乐、设计）大会演讲中描述了这一场景，他指着一段现场视频说：

> 一位坐在电动轮椅上的妇女在路上追赶一只兜圈子的鸭子。事实证明，在车辆管理局的驾驶手册中，没有任何一处告诉你应该如何处理这种情况。但是我们的车辆能够处理这种情况，减速并安全行驶。[26]

如果所有意外情况都像在街上遇到一位坐在电动轮椅上追赶鸭子的妇女那样罕见，那么自动驾驶汽车可能就不会有问题了。但总体来看，这些奇怪的意外情况的祸根是，它们经常发生，而且总是有点不同。它们可能是由施工区域的标志缺失，雪山路上的链条设施挡住了道路，甚至警察疏导十字路口的车流造成的。每一种情况都有自己的独特之处，自动驾驶汽车必须能够处理所有这些意外情况。那么，是什么让Boss能够处理这些情况的呢？

我们可以通过研究克里斯团队在设计Boss时做出的第二个重要决策来回答这个问题：将更高层次的规划和推理层组织成抽象水平不断增强的三个层次，如图 4.2 最右边的板块中所示的三个模块。在机器人领域，这种组织智能体（agent）的方式有时被称为"三层架构"，它让斯坦利和Boss这样的自动驾驶汽车能够在实时环境中快速做出反应。需要强调的是，当我提到三层架构时，我指的是图 4.2 右侧的三个模块，而不是Boss大脑从左到右的三层组织。

三层架构的顶层架构叫作审议器，它执行审议行为，这通常涉及缓慢仔细的规划。以 Boss 为例，这个缓慢的、深思熟虑的步骤正是由它的路线规划器完成的，这就是 Boss 规划最高层次目标的地方。路线规划器在城市环境中寻找路径，或许这就是它最"智能"的行为。制定这些目标是可能的，因为路线规划器不需要担心感知（感知模块负责处理），也不需要担心突发的意外事件（大富翁棋盘负责处理）。路线规划器只需要规划任务和路径。

三层架构的底层叫作控制器。而在 Boss 的例子中，控制器就实际上包含了它的运动规划器以及转向和速度控制器。[27] 这一层执行相对低级的操作，比如"停在那边的那个位置"。运动规划器与执行器相关联，执行器直接控制方向盘、刹车和油门。这一层还包括我们在第一章中看到的三规则控制器。传统上，控制器不会做任何非常智能的事情，它的目的是执行简单的操作并对简单的传感器读数做出反应。它对环境的一个典型反应可能是增加发动机扭矩或刹车，让汽车的速度达到目标速度。

在审议器和控制器之间的是定序器。定序器的目标是通过给控制器一系列命令，执行来自最高层次的审议器的任务。Boss 的定序器就是它的大富翁棋盘模块。定序器不能只给控制器一个固定的命令序列，因为在执行整个序列之前，环境的状态可能会改变。如果一个机器人无法对不断变化的环境做出反应，那么它会出现什么问题呢？请想象，我设计了一个机器人管家给你倒酒。这个机器人可能会从厨房里拿出一瓶酒，来到你身边，伸出机械手拿起酒瓶给你倒酒。你可能会帮忙把你的酒杯从桌子上举到机器人面前,让它更容易倒。机器人管家却一直计划把酒直接倒进桌子上的酒杯里,于是便忽略了你的手势,直接把一杯酒倒在了桌子上。

这样的机器人管家是不可接受的,更不用说这样的自动驾驶汽车了。实时人工智能系统需要对环境的变化做出反应。对 Boss 而言,有限状态机是用来跟踪控制器成功完成了哪些操作以及接下来应该尝试哪些操作的。如果在控制器执行其任务之前环境发生了变化,那么定序器就可以提出应急计划并向控制器发送更新的指令。

埃伦·加特是加州理工大学喷气推进实验室的一名研究员,他和其他几个研究团队在设计机器人时,同时发现了这种三层架构——审议器、定序器和控制器。基于他们的共同研究,他总结了定序器的作用:

> 定序器的基本设计原则是一个叫"认知失效"的概念。认知失效是系统可以以某种方式检测到的失效。我们并不是在设计永远不失效的算法,而是使用(几乎)永远都能成功检测出失效的算法。[28]

为什么要费心设计有时会失效的算法,而不是设计永不失效的算法呢?

　　首先，设计会出现认知失效的导航算法，要比设计永不失效的导航算法容易得多。其次，如果检测到失效，算法就可以采取纠正措施，从失效中恢复。因此，如果算法的失效属于认知失效，那么高失效率的算法就可以组合成一个整体失效率很低的算法。[29]

　　三层架构现在看起来似乎很明显，但起初它并不那么显而易见。为了理解其中的原因，我们有必要了解一下三层架构之前的一些版本。正如埃伦·加特回忆的那样，这样的架构之一是感知—计划—动作架构（Sense-Plan-Act，SPA），它在1985年之前一直被广泛应用于机器人中。[30] 这种架构名副其实，机器人感知周围的环境，计划下一步，并执行这一步。信息在一个方向上流动，从传感器到规划器再到控制器。当然，这种架构的缺点在于它没有反馈。如果你的机器人管家采用的是感知—计划—动作架构，那么我建议你只让它给你倒清水。

　　埃伦·加特发现，感知—计划—动作架构之后是各类包容式架构（subsumption architecture）。它们看起来像是感知—计划—动作架构，信息从传感器流向规划器再到控制器，但它们的不同之处在于，其模块可以通过"覆盖"较低层次的动作对环境做出反应。采用包容式架构设计的机器人可以在实验室里快速穿梭，比采用感知—计划—动作架构的前辈们更令人啧啧称奇，但机器人专家发现它们的架构变得非常复杂。层次之间的连接变得混乱，模块之间以不可预知的方式交互，对底层的小改动可能需要重新设计整个系统才能实现。这些系统的设计变成一团乱麻。另一方面，三层架构既让机器人能够快速做出反应，又在架构的不同部分之间提供了清晰的分离，因此我们仍然可以理解它。[31]

作为控制器的一部分，Boss的运动规划器相当复杂，它本身几乎就拥有一个三层架构，但没有定序器。这种复杂性还暗示了另一种可能性：如果我们嵌套三层架构，让其中一个充当另一个的控制器呢？我们甚至可以想象，有一天城市会使用人工智能来改善交通拥堵。在规划的最高层，一些模块可能会搜索最优的交通流量，在控制器中告诉每辆自动驾驶汽车它不能走的路线，以减少高峰时段的拥堵。城市的定序器可能会对事故和其他突发事件做出反应。

被城市视为控制器的自动驾驶汽车本身可以采用三层架构来实现，根据城市的定序器强加的约束以及它们自己的目标，自动驾驶汽车会相应地规划各自的任务。

自动驾驶汽车看到的物体

机器学习在自动驾驶汽车中的作用已经颇受瞩目，以致许多人将执行感知的算法与执行高级规划的算法混淆在了一起。这在一定程度上可能是因为Alphabet公司的自动驾驶汽车已经上路行驶，并在新闻报道机器学习的其他重大突破（许多突破也来自Alphabet旗下的公司，比如谷歌）时引起了媒体的关注。虽然智能的机器学习算法可以存在于自动驾驶汽车的规划层顶层，但是大部分高级推理层都源于已经在人工智能领域存在了数十年的思想，例如搜索算法和有限状态机，它们通常不被认为是机器学习（记住，机器学习主要是使用数据教导机器，而人工智能不一定需要数据）。相反，自动驾驶汽车中使用的机器学习大部分都位于它们的感知和环境建模层中。

自动驾驶汽车重要的感知任务之一是对传感器看到的物体进行分类。Boss 并没有试图将看到的物体划分为精细的类别，它所在的城市环境是人造的，因此环境中唯一的移动物体是汽车。而在野外，自动驾驶汽车会遇到许多不同类型的物体，因此它必须将这些物体分为不同的类别，才能做出适当的反应。通过了解物体是汽车、自行车、行人，还是坐在电动轮椅上追赶鸭子的妇女，汽车可以更好地对其进行建模并预测路径。

自动驾驶汽车如何对它的传感器看到的物体进行分类？有一类机器视觉算法在 2012 年前后出现了显著的进步。这类算法来自一个叫深度学习的领域，它可以使计算机像人类一样精确地对照片内容进行分类。在接下来的几年里，这些算法迅速发展，最终，英伟达等公司开发出了用于自动驾驶汽车视觉系统的定制硬件。在本书后面的章节，我们将更深入地研究这些算法的工作原理。

自动驾驶汽车：复杂的系统

对建造一辆自动驾驶汽车而言，还有很多我们未涉及的主题。下面就让我们简要了解一下其中的一小部分。

在众多事项中，开发团队必须为自动驾驶汽车编写大量的软件。编写这种软件需要大量的人力投入。以往获奖团队的规模都很大，有 40~60 人，其中包括研究人员、工程师和大学生。这种大规模的工作需要仔细管理人们和各方之间的合作，以确保贡献者心情愉快且富有成效。但是，即使快乐高效的员工也会写出有缺陷的代码。

正如我们所见，处理软件缺陷的一种方法是使用适当的错误恢复系统。无人车挑战赛中的成功团队也投入了大量精力进行此类测试和模拟。《连线》杂志的一位记者看到克里斯·厄姆森展示了一个很像"硅谷特龙山区景观"的可视化效果。它详细到足以模拟自动驾驶汽车如何应付道路，甚至能模拟它的轮胎震动。[32] 特别是在后来的几年里，这些团队开发了模拟环境，这让他们可以重放过去的驾驶记录，以便改进学习算法，提高处理异常状况的能力。[33] 仅这个主题就足以写一本书，但我们还有其他主题要探讨。

自动驾驶汽车的轨迹

20 世纪 90 年代，自动驾驶汽车在经历了近 10 年的寒冬之后，DARPA 无人车挑战赛重新点燃了这个领域。虽然自动驾驶汽车在这些比赛中取得了进步，但由于技术和法律方面的挑战，这些汽车要在没有人类驾驶员的情况下在公共道路上行驶还需要很多年。[34] 在城市挑战赛举办 10 年之后，处理意外情况的能力仍然是这些汽车面临的最大问题之一。截至 2017 年，优步（Uber）仍在努力解决这个问题。他们用于实验的自动驾驶汽车始终需要人类驾驶员在车内，汽车平均只能行驶 0.8 英里就需要人类驾驶员干预。[35]Alphabet 公司旗下的自动驾驶汽车公司韦莫（Waymo）的产品在路上行驶的里程远远超过优步，它当时每行驶 1 000 英里只有 0.2 英里需要人类驾驶员干预。[36] 除此之外，这些汽车背后的团队必须建立并维护高度详细的地图。[37]

在比赛结束后的几年里，DARPA 无人车挑战赛的许多竞争对手最终开始合作制造自动驾驶汽车。Alphabet 公司旗下自动驾驶汽车项目的负责人塞巴斯蒂安·特龙最终聘请了克里斯·厄姆森、自动驾驶摩托车的创造者安德鲁·莱万多夫斯基（Andrew Levandowski）以及该领域的其他佼佼者。克里斯本人最终在 2013 年成为 Alphabet 公司自动驾驶汽车项目负责人。[38] 这个项目或许是因为 2004 年 DARPA 精心组织的挑战赛而启动的，到克里斯 2016 年离开时，其自动驾驶汽车已经在路上行驶了超过 120 万英里。[39]

5

网飞和推荐引擎的挑战

那些研究如何预测建模的人们会关注网飞奖（Netflix Prize）
很多年。

克里斯·沃林斯基（Chris Volinsky）
AT&T（美国电话电报公司）实验室资深科学家
"贝尔科"（BellKor）团队成员[1]

百万美元大奖

2006 年，当机器人团队正忙于为来年的 DARPA 城市挑战赛准备赛车时，网飞向新兴的数据科学界公布了他们自己的大奖。他们希望寻找可以创建电影推荐引擎的团队，愿意奖励最优秀的团队 100 万美元奖金。

当网飞发布公告时，他们的流媒体视频业务还不存在，公司的业务是提供 DVD（数字通用光盘）租赁服务。[2] 用户可以向网飞索取 DVD，网飞会把 DVD 邮寄给他们。但消费者需要放弃一张当前持有的 DVD 才能收到下一张，而且新 DVD 可能需要几天才能收到。糟糕的选择可能会让人错过观影的黄金时间，因此用户往往谨慎地提出他们的索取请求。这就是网飞想要电影推荐引擎的原因。

作为服务的一部分，网飞允许他们的用户使用 1 星（最差）到 5 星（最佳）的整数等级对电影进行评分。网飞希望利用这些评分帮助用户决定他们应该租哪部电影。宣布比赛后，网飞向研究团体公布了一个数据集，其中包含了他们在 1998—2005 年搜集的 1 亿个星级评分。[3] 第一个创造出比网飞自己的算法推荐效率高

10%的算法团队将获得大奖。[4]

这个数据集对全职的和业余的数据科学家而言是天赐之物，他们兴致勃勃地着手解决这个问题。[5]在第一周中，一些团队就以1%的优势击败了网飞自己的推荐引擎。[6]在第一年内，有20 000支队伍报名参赛，其中有约2 000支队伍提交了参赛作品。[7]

竞争者

网飞奖的竞争者良莠不齐，但一个三人小组在排行榜上保持着强势地位。这个团队就是"贝尔科"，它由AT&T实验室的三位研究科学家（其中一位在竞赛过程中跳槽到了雅虎）组成，他们在网络和推荐系统领域的专业知识使他们具备了研究这个项目的优秀技能。[8]另一个团队"ML@UToronto"由来自多伦多大学的一群著名的神经网络研究人员组成。[9]成员包括一位被广泛认为是神经网络之父的杰弗里·辛顿（Geoffrey Hinton）。

并非所有参赛者都拥有博士学位。其中一个看似实力较弱的团队中只有三名本科生，他们是来自普林斯顿大学的两名计算机科学专业的学生和他们的一名数学专业的室友。这两名计算机科学专业的学生很快就开始攻读顶尖的博士课程，学习机器学习领域的知识，虽然其中一名学生将会留在普林斯顿大学心理学系工作一年。那名数学专业的学生当时正准备去摩根大通从事利率衍生品交易工作。这个超出预期的青年三人组以他们的数据集中列出的第一部电影《恐龙星球》命名他们的团队。[10]从精神上讲，他们和几名匈牙利研究生很类似，后者把他们的团队命名为"地心引力"。

比赛中甚至还有一些资历更浅的选手。最终，一个名为"实用主义理论"的二人团队出现了。这个法裔加拿大二人组一直用业余时间做这个项目。其中一人在他家的厨房里工作，从晚上9点一直到午夜，那时他的孩子们都在睡觉。由于在协同过滤领域没有任何经验，他们都很谦虚，自称是"两个毫无头绪的家伙"。

参赛选手的人数还在增加，成千上万，其中包括来自看似完全不同领域（比如心理学）的人。虽然这些团队在相互竞争，但他们会发现自己在竞争中相互合作。事实上，正如我们将看到的，一个不愿意向其他团队学习并与之合作的团队想在竞争中取得成功几乎是不可能的。在接下来的两章中，我们将追踪其中几个团队的百万美元奖金探索之旅。

如何训练分类器

你可能想知道为什么我在这本书里加入有关电影推荐的章节。电影推荐引擎真的是人工智能的重大突破吗？

试想，如果沃康松的长笛演奏者可以只根据观众喜欢的内容，准确地向他们推荐他们喜欢的书籍和歌曲，那它会有多么受欢迎？公众同样会啧啧称奇。实际上，推荐引擎是一种算法，旨在捕捉人们的偏好，正是偏好让我们成为人类。正如我们将在本章中看到的，推荐引擎可以很好地模拟人类的偏好，甚至可以在立法投票这一最重要的工作中与立法者抗争。如果有人说，推荐引擎对我们经济的影响已经远远超过了自动驾驶汽车和国际象棋程序，这肯定不是虚言，因为它们正在为在线商务提供动力。

我把网飞奖写入这本书还有一个更重要的原因。比赛中发生的一些事情，包括选手们如何解决这些问题以及使用了什么工具，将直接影响我们如何看待这本书中的其他突破。正如我们将要看到的，这场比赛中涌现的诸多想法几乎触及我们稍后将看到的每一个主题。

本着这一思路，让我们回顾一下前几章讨论过的斯坦福大学的自动驾驶汽车斯坦利的一个构件。斯坦利在很大程度上依赖于机器学习，机器学习使它能够在路上行驶，并能够感知周围的环境。正如我们所见，塞巴斯蒂安·特龙和他的团队驾驶着斯坦利四处转悠，同时它的传感器从周围环境收集数据。然后，他们使用这些数据训练分类器，以此检测不同类型的路面是否适合汽车安全行驶。我们忽略了斯坦利检测可行驶路面时使用的分类器工作原理中的一些细节，但是如果我们要了解电影推荐引擎以及我们将在后面的章节中看到的神经网络的工作原理，那么了解分类器的工作原理很重要。这些分类器的工作原理和物理齿轮或杠杆一样简单，只是它们不是把能量转化成有用的结果，而是把数据转化成有用的结果。现在，我们来回顾一下这些细节。

试想，你正在编辑一本名为《世界最佳儿童食谱》的烹饪书。你打算搜集贝蒂妙厨（Betty Crocker）网站上的食谱，把合适的食谱编入这本书中。对于每个食谱，你都有一个简单的决定要做：应不应该把它编入烹饪书中？

回答这个问题的一种方法是，准备好你在网站上找到的每一个食谱，把它们做成食物给你的孩子品尝，然后询问孩子的意见。但是如果这个网站上有 15 000 个食谱，那么即使每天尝试 9 个新食谱并留下记录，你也要烹饪 4 年多。如果不投入大量的时间和精力，你怎么能确定哪些食谱适合孩子？

学习过机器学习的人会迫不及待地告诉你如何解决这个问题：你可以训练一个分类器！在机器学习领域，分类器提供了一种方法来自动判断项目（比如食谱）是否属于某个类别，例如"适合孩子的食谱"，与之相对的便是"不适合孩子的食谱"。

要使用分类器完成这项任务，你首先需要确定食谱中有哪些特点可以区分它是否适合孩子。此时，你可以发挥创造力和判断力，但有些特点可能特别有助于做这种区分。贝蒂妙厨网站上的用户可以提供食谱的星级评分，这些评分可能与孩子是否喜欢它们有关，因此你可以将这些评分作为区分特点之一。你还希望选择易于烹饪且易于理解的食谱，例如，食谱仅需少数几个步骤或仅需少数几种食材。你可能还想考虑糖的克数（孩子通常喜欢糖）和蔬菜克数（孩子通常不喜欢蔬菜）。

在机器学习中，我们把这些用于区分的特点称为特征。当我们把这些特征组合成描述食谱好坏的食谱评分时，神奇的事情就发生了。组合它们的最简单的方法是采用加权平均值，你可以假设本书中的其他分类器也是用这种方法组合特征的，我们使用权重来总结每个特征在最终得分中的重要性。请你花一点时间看看我把它应用到图 5.1 所示的食谱"假日焗雪糕布丁"的方式。[11]

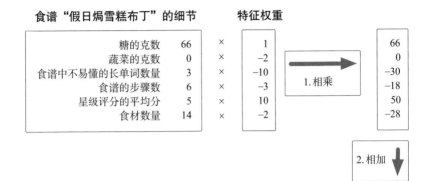

图 5.1　通过把分类器应用到食谱"假日焗雪糕布丁"中，我们可以看出它是否适合孩子。权重是固定的，每个食谱的细节（以及食谱的得分）都会变化。"假日焗雪糕布丁"的详细信息来自贝蒂妙厨网站

　　为什么要用加权平均值来组合这些特征？这可能看起来很武断，你或许已经正确地猜到，机器学习研究人员已经找到了上百万种将这些特征组合成分数的方法。但这种方法简单直接，易于推理。到目前为止，它是构建本书中所有自动机的最重要的"统计工具"。请记住，这只是一个构件。我们希望它很简单，因为我们要把它与其他构件组合起来，而且我们希望能够理解我们构建的东西。

　　想要从加权平均值中得到一个分类器，我们只需选择一个阈值，例如我们将阈值设为"0"，将高于该阈值的所有食谱都称为好食谱，而将低于该阈值的称为坏食谱。根据图 5.1 中的分类器，

"假日焗雪糕布丁"是一个很适合编入儿童烹饪书中的食谱，尽管它有点复杂，但它多糖且没有蔬菜的优点弥补了这一点。

如果你使用机器学习来构建分类器，就需要使用数据计算每个特征的权重，并且要选择阈值。你可以给孩子准备一些食谱，并记录他们对每个食谱的喜爱程度，以此搜集这些数据。然后，你可以用统计学中的标准公式，根据这些数据估算权重。你可能在高中时看到过这个公式（并且很快就忘记了），你学会了在一张纸上用一些点（x, y）拟合最佳直线。这里使用的是相同的公式，只是每个 y 坐标都对应多个 x 坐标。

一旦你用少数几个食谱（比方说，100 个食谱而不是 15 000 个食谱）来拟合这个分类器的权重，就可以让计算机运行这个分类器，以此预测剩下的 14 900 个食谱是好是坏。根据这个分类器，你可以从 15 000 个食谱中挑选出 200 个最好的食谱，然后尝试一下，确认它们确实不错，保留最好的，这时便大功告成了。

现在，有了构建分类器的技巧，让我们回到网飞奖，看看我们如何使用分类器推荐电影。

比赛的目标

网飞应该使用什么标准向观众推荐电影？推荐电影的目标应该是什么呢？ 2008 年，克莱夫·汤普森（Clive Thompson）在为《纽约时报》撰写的一篇文章中探讨了这些问题，当时比赛正在进行中。[12] 他问道，网飞的电影推荐服务是否应该旨在保守地向你推荐你很可能喜欢的电影，即使这部电影不会让你离开舒适区？或者推荐服务是否应该扮演古怪的音像店店员的角色，一边向你推荐你绝对喜欢的电影，一边冒险推荐一部你可能会认为无聊的电影？[13]

在当时的传统音像店中，新电影和流行电影占了租赁的大部分，传统音像店可以依靠这些有限的选择更容易地推荐电影。网飞与众不同，其70%的租赁都来自不相关的或古老的"压箱底"电影。面对如此庞大的电影数量，加上每次租赁之间都有很长时间的延迟，网飞依靠自己的电影推荐系统Cinematch（电影匹配）来向用户推荐电影。增加Cinematch对公司的利润至关重要，因为他们有可能失去那些极少看网飞电影或者不喜欢等几天才能看到电影的用户，这些观众最有可能取消订阅。[14]

因此，网飞的工程师不断改进他们的Cinematch推荐算法。当他们再无力改善时，便决定举办网飞奖，奖励第一支推荐效率超过网飞算法10%的团队100万美元奖金。正如网飞首席执行官里德·黑斯廷斯（Reed Hastings）所指出的，对他们而言，支付巨额奖金并不算真正的风险，获得更好的电影推荐所带来的经济利益可能远远超过奖金的成本。[15]即使他们的推荐系统只有微小的改进，也可能带来总体上的大胜利，因为在网飞每天的数亿个推荐中，这一数字是成倍增长的。[16]如果所有参赛队都没达到10%的目标，网飞也会颁发进步奖。如果参赛队每年都能取得足够大的进步，最好的队伍将获得5万美元的奖励。网飞只附加了一个条件：获胜者需要公布他们的推荐算法的细节。

网飞为参赛者提供了一个客观明确的目标，从而简化了任务。

参赛者需要预测特定用户在特定日期为特定电影打出的星级评分。网飞通过计算参赛者预测的评分与用户在一个秘密数据集（参赛者永远不会看到）上给出的实际评分之间的平均方差来评估每个团队的表现。[17]

　　每当一个团队提交预测结果，网飞就会在秘密数据集上评估团队的表现，并在公共排行榜上更新他们的分数，其他团队和记者都会密切关注他们的分数。[18] 从技术上讲，一个团队仍然可以通过提交大量的预测来"偷窥"这个数据集中的电影评分，但网飞非常聪明，他们把另一个永远不会透露给参赛者的秘密数据集藏了起来。这个双重保密的数据集只会在比赛结束时用于评估最优秀的候选人。

庞大的评分矩阵

　　鉴于网飞奖专注于用户的电影评分，所以把问题当作一个庞大的评分矩阵来思考是有帮助的。我在图 5.2 中展示了这个矩阵中的一个小样本（数据纯属虚构）。

　　这个矩阵非常庞大：它提供了 17 770 部电影和 480 189 个不同用户的评分。[19] 网飞提供了一些用户对某些电影的评分，并要求参赛者预测一些缺失的评分（矩阵中的问号）。尽管矩阵规模庞大，但只有 1% 的矩阵方格里有数字。不用说，大多数网飞用户都只给少数电影打过分。

　　那么参赛者应该从何下手呢？

	用户1	用户2	用户3	用户4	用户5	…	用户480185	用户480186	用户480187	用户480188	用户480189
《终结者2》	5		5		4	…	2	5			5
《奇异小子》	1	1	2	?		…		3	2		?
《独领风骚》		4		?		…	2		4		
《大人物拿破仑》	4		2			…		5	5		
《潘神的迷宫》	4					…		5		5	
……	…	…	…	…	…	…	…	…	…	…	…
《魔发》	3			4		…	?	?			
《X战警》	?			4		…	2	4			5
《剪刀手爱德华》	5		5			…		5			
《霹雳五号》	4	4				…	1				
《玩具总动员》		?	4		5	…		4			

图 5.2　网飞用户为各部电影打出的星级评分示例。网飞在矩阵中提供了一些评分（用数字表示）。竞争者需要预测一些缺失的评分（用问号表示）

在比赛开始之初，大多数顶级竞争者都采用非常相似的方法来分析这些评分。由 AT&T 和雅虎的研究人员组成的"贝尔科"队的成员指出，从简单的基准模型开始解释评分矩阵中最基本的趋势是很重要的。"贝尔科"队的基准模型主要有两部分。第一部分只适用于电影，我们可以称之为"E.T.效应"。[20]E.T.效应衡量一部电影的受欢迎程度，而不管是谁给它打分。例如，在网飞的数据集中，最不受欢迎的电影是《吸血鬼猎人阿维亚》（*Avia Vampire Hunter*），这是一部低成本的电影，讲述的是一个女人猎

杀衣衫褴褛的吸血鬼的故事，《吸血鬼猎人阿维亚》在网飞上有
132 个评分，平均分只有 1.5 星（满分 5 星）。亚马逊上有两条关
于这部电影的评论，其中一条评论说：

> 我看了这部垃圾电影，应该得到报酬的。这是在别人家
> 后院用手持摄像机拍的。别看了。如果这能叫电影的话，那
> 它就是我看过的最糟糕的电影！如果我事先知道的话，白送
> 我也不看。

在另一个极端，最受欢迎的电影是奇幻片《指环王 3：王者
无敌》(*Lord of the Rings: The Return of the King*) 的加长版，在网
飞的数据集中，这部电影有 73 000 个评分，平均分为 4.7 星，分
数相当高。它在亚马逊上得到了压倒性的好评，以下是亚马逊上
对这部电影的一条评论：

> 太棒了！如果你从未看过《指环王》三部曲，那么我强
> 烈推荐！真是优秀的三部曲。我特别喜欢加长版……

虽然这条评论说的更多的是关于三部曲而不是单部电影，但
显然观众喜欢它。而在亚马逊上对这部电影的负面评论，更多的
是关于视频的格式或视频的卖家，而非电影本身的。

"贝尔科"队的基准模型的另一部分，我们可以称之为"吝啬
鬼效应"，它旨在捕捉网飞用户在给电影评分时是乐观心态还是悲

观心态。一些用户给他们评价的所有电影都打了 1 星，但大多数人的评分都介于两个极端之间。这些观众是否做到客观评分并不重要，但这些趋势是存在于数据中的事实，这意味着像"贝尔科"队这样的团队需要捕捉它们。

有了"贝尔科"队概括的两种效应——E.T.效应和吝啬鬼效应，我们便可以拼凑起一个基本的推荐引擎。"贝尔科"队将E.T.效应、吝啬鬼效应和一个整体偏差项（它描述了所有用户对所有电影的平均评分）整合到一个单一模型中，使用的分类器类似于我们为《世界最佳儿童食谱》所创建的分类器。在这个简单的模型中，分类器学习了每部电影的权重、每个用户的权重以及截距。有了这样的推荐引擎，"贝尔科"队便可以向网飞用户推荐最好的电影，在没有任何其他信息的情况下，这是一个不错的开始。

这个推荐引擎的问题在于，它总是向所有用户推荐相同的电影，特别是《指环王》和其他流行DVD，比如《迷失》（Lost）第一季和《辛普森一家》（The Simpsons）第六季。它无法提供个性化的推荐。如果网飞使用这种方式向每个用户推荐电影，那么它将永远无法满足那些只喜欢非美国电影、另类电影或儿童电影的网飞用户。它对每个人而言都说得过去，但对每个人来说都不完美。

事实上，大多数人都无法对这种"一刀切"式系统的服务感到满意。美国空军在 20 世纪 50 年代分析不计其数的空难的原因时发现了这一点。20 世纪 20 年代，人们发明了匹配美国男性平均身高的驾驶舱，但研究这个问题的科学家吉尔伯特·丹尼尔斯上尉（Gilbert Daniels）发现，大多数男性的身材并不平均。正如哈佛大学教育学教授托德·罗斯（Todd Rose）在他的书《平均的终结》（*The End of Average*）中解释的那样：

> 在 4 063 名飞行员中，没有一名飞行员的全部 10 个尺寸都在平均范围内。一名飞行员的臂长可能比平均长度长，腿长却比平均长度短。另一名飞行员的胸围很大，臀围却很小。更让人吃惊的是，丹尼尔斯发现，如果你只挑选出 10 个尺寸中的 3 个，比如颈围、大腿围和手腕围，仍然只有不到 3.5% 的飞行员的全部 3 个尺寸都处于平均范围内。丹尼尔斯的发现清楚明白且无可辩驳。没有所谓的典型飞行员。如果你设计的驾驶舱适合典型飞行员，那么实际上它不适合任何人。[21]

基于这些发现，丹尼尔斯建议调整驾驶舱，以便为飞行员量身定做，空军采纳了他的建议。

> 通过放弃平均标准作为参考标准，空军在设计理念上实现了一次飞跃，其核心是一项新的指导原则：个体适应。军队不再让个人适应体制，而是开始让体制适应个人。短时间内，空军要求所有的驾驶舱都要适合不同体型的飞行员，只要他们每个尺寸的测量值都在平均水平的 5%~95% 范围内。
>
> 他们设计了可调式座椅，这项技术现在已成为所有汽车的标准技术。他们发明了可调式脚踏板，开发了可调式头盔带和飞行服。

这些以及其他设计方案一落实到位，飞行员的表现便大幅提升，美国空军成为世界上最强大的空军之一。不久，美国军方的每个部门都发布了指导方针，规定装备必须适合各种体型，而不是按平均水平标准化。[22]

我们需要为网飞推荐引擎引入相当于可调式座椅的东西，以便针对每个用户提供定制服务。我们需要捕捉"终结者效应"。不是所有的网飞用户都喜欢《终结者》这样的科幻片和动作片，有些用户喜欢儿童电影，有些用户两者都喜欢，而有些用户两者都不喜欢。为了捕捉"终结者效应"，大多数团队都采用了一种叫矩阵分解的方法。

矩阵分解

矩阵分解依赖于这样一个事实，即图 5.2 中庞大的评分矩阵里有许多冗余信息。喜欢《飞出个未来》（Futurama）的人倾向于喜欢《辛普森一家》，喜欢《怪物史莱克》（Shrek）的人倾向于喜欢它的衍生剧《穿靴子的猫》（Puss in Boots）。承认这个矩阵中存在冗余信息，这并不是一个疯狂的想法，毕竟，我们能够提供个性化推荐的前提就是假定人们的评分中存在可预测的模式。

为了了解矩阵分解背后的关键思想，我们暂时假设可以用几个数字来总结电影和用户。对每一部电影而言，这些数字可能只是代表了它可能的类型。它是动作片、喜剧片、惊悚片，还是这些类型的某种组合？我们可以将每部电影表示为一个简短有序的数字列表："1"表示符合某一类型，"0"表示不符合某一类型。

我们也可以用同样的方法表示网飞用户的偏好："1"表示用户喜欢这种类型，"-1"表示用户不喜欢这种类型，"0"代表用户不关心它。如果用户非常喜欢或不喜欢某一类型，我们就可以使用更具体的数字，如"1.5"或"-2.2"。暂时不要担心我们从哪里获得关于电影和用户的信息。现在，我们假设可以从维基百科和互联网电影数据库（IMDb）等公共资源中了解一部电影属于哪种类型，还可以简单地通过调查来询问人们喜欢哪种类型的电影。

一旦用这些描述性数字描述数据库中的每部电影和每个用户，我们就可以用它们预测某个人是否喜欢某部电影。让我们试着预测一下导演史蒂芬·斯皮尔伯格是否喜欢《侏罗纪公园》（*Jurassic Park*）。这部电影主要是科幻和冒险类型，所以我们假设《侏罗纪公园》的这两种类型是"1"，其他类型都是"0"。假设斯皮尔伯格非常喜欢科幻片（1.2），有点喜欢冒险片和喜剧片（0.6和0.5）等，不喜欢恐怖片（-1.2）等，我们该如何结合这些数字预测他是否喜欢《侏罗纪公园》？

一种简单的方法是，用描述《侏罗纪公园》是否属于每种类型的数字，乘以史蒂芬·斯皮尔伯格对这些类型的喜爱程度，然后把这些乘积加起来，得到一个描述他对《侏罗纪公园》喜爱程度的分数（见图5.3）。我不保证这是组合这些数字的最佳方式，但如果你愿意暂时放下疑虑，可能会同意这至少会让我们朝着正确的方向前进。

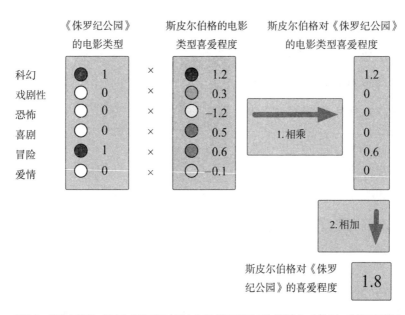

图 5.3 确定史蒂芬·斯皮尔伯格是否会喜欢电影《侏罗纪公园》的测试。在这里，我们可以假设《侏罗纪公园》属于科幻和冒险两种类型。史蒂芬·斯皮尔伯格倾向于喜欢科幻片、喜剧片和冒险片等，而不喜欢恐怖片等，正如他对各类电影的喜爱程度所表明的那样。我们将电影类型的分数（0或1）与斯皮尔伯格对这些类型的喜爱程度相乘，然后把结果相加，将其组合成一个得分。结果是一个相当高的"吸引力"分数，描述了斯皮尔伯格对《侏罗纪公园》的喜爱程度

　　简而言之，这就是矩阵分解。矩阵分解是我们将要看到的用于个性化推荐的最重要的算法，我想让你内化的一种关键直觉是：这个算法假设我们已经用几个数字总结了每部电影和每个用户，就像图 5.3 中展示的那样。它提供了一种方法，将这些数字组合成一个"吸引力"分数，来描述每个用户对每部电影的喜爱程度。这就是所谓的矩阵分解，因为根据数学原理，它相当于将图 5.2 中原始的庞大评分矩阵近似为两个或更多小矩阵（即它的因子）的

乘积，这些小矩阵恰好编码了我们用来描述电影和用户的数字。[23]

如果将图 5.3 与图 5.1 进行比较，你就会注意到我们在这两者中都创建了分类器。在图 5.1 中，特征是食谱，权重是孩子们的偏好；在图 5.3 中，特征是电影的类型，权重是斯皮尔伯格的电影偏好。这个手工制作的分类器让我们能够为斯皮尔伯格提供个性化推荐。

如你所想，如果我们从数据中学习这些权重，就可以做得更好。如果斯皮尔伯格在网飞上给电影评分，我们就可以使用这些评分和他所评分的电影的类型来自动了解他的电影偏好。这和我们训练分类器，为孩子们寻找优秀食谱时所做的完全一样，只是现在我们是训练分类器为斯皮尔伯格提供电影推荐。这个分类器只适用于斯皮尔伯格，但是对每个网飞用户重复这个过程非常简单。利用每个用户过去的电影评分，我们可以自动为他们创建一个分类器，而无须直接询问他们喜欢哪种电影类型。

事实证明，我们可以进一步改进这些预测。要了解具体方法，请再次看图 5.3。请注意，《侏罗纪公园》的类型被固定为 "0" 或 "1"。我通过查看互联网电影数据库来选择这些数字，但是我们可以通过从数据中了解电影的类型来改进我们的预测。我们不需要用 "0" 或 "1" 来描述《侏罗纪公园》，转而使用用户对电影的评分来表示它，方法和我们用来了解斯皮尔伯格对不同类型电影偏好的方法完全相同。

既然我们已经知道了每部电影的类型，为什么还要费心从数据中学习电影的类型呢？因为对完成电影推荐任务而言，我们没有理由相信人类选择的类型标签是总结电影的最佳方法。固定的类型对描述电影而言太粗糙了。事实上，我们有足够的证据证明电影类型是不固定的。像《侏罗纪公园》这样的电影完美地说明了这一点，《侏罗纪公园》既是科幻片，也是冒险片，但它也有一些喜剧元素和恐怖元素。因此，对后两种类型，它至少应该有一点权重。而且有些类型太粗糙，喜剧电影可能是枯燥的、滑稽的或淫秽的，而每种类型的喜剧可能会吸引完全不同的观众。对音像店店员和其他人而言，电影类型是描述电影的一种有用的方式，但对于预测人们对电影的喜爱程度，它并不是很有用，至少与我们从数据中学到类型相比是这样。[24] 如果能忽略人们最初使用的电影类型，而仅仅使用我们通过机器学习，从评分矩阵中获得的人工类型，我们实际上可以更好地预测电影的评分。[25]

实际上，正如"贝尔科"队的克里斯·沃林斯基所指出的那样，在"贝尔科"队的实验中，来自评分矩阵以外的数据似乎都对预测评分没有太大用处。他们尝试分析了很多东西，例如电影类型、参演演员、影片上映日期等，但似乎都没有什么帮助。克里斯的直觉是，电影评分的数据集是如此庞大、如此丰富，关于哪些人会喜欢某部电影的一切你需要知道的信息，它都已经告诉你了。成千上万个不同的人对一部电影的评分，比任何外部知识都更能告诉你这部电影的情况。一部电影的评分就像是它的数字指纹，矩阵分解为这个指纹提供了简洁而优秀的总结。

如果我们在这两个步骤之间反复交替，也就是说，在保持用户对固定类型喜爱程度的同时学习电影类型，然后在保持类型固定的同时预判用户对这些类型的喜爱程度,那么我们的推荐会越来越好,直到类型最终停止变化。到那时,我们将会学习到每个用户的一组权重,以及每部电影的另一组权重,我们可以把它们相乘并相加,为"用户—电影"匹配提供丰富的个性化推荐。这就是大多数数据科学家在谈到矩阵分解时所表达的意思,这种从数据中重新学习类型和对类型受欢迎程度进行预判的交替过程就是他们通常计算矩阵分解的方法。

当我们用这种交替方法学习这些人工类型的时候,它们就会偏离人们最初使用的电影类型。到我们完成的时候,它们可能看起来根本不像最初的类型,但它们通常仍然是可以解释的。

我刚才描述的这种矩阵分解方法可能与你在大学课堂上听到的矩阵分解方法不一样。通常,当研究人员同其他人谈论矩阵分解时,他们会绘制一幅图,图上是各种电影在评分矩阵中形成一个点云。在这个点云中,评分相似的电影彼此接近,而评分相差很大的电影往往相距甚远。事实上,根据矩阵创建这样的点云很容易,尽管这很难想象,因为每个电影点都有 480 189 个坐标,每一个坐标都代表 480 189 个用户中的每个人对这部电影的评分。

但是,就像矩阵一样,这个云有很多冗余信息。矩阵分解把电影的"高维云"分解成仍然可以捕捉到我们关心的趋势的"低维云",即相似的电影聚在一起,而不同的电影往往彼此相距很远。在新的空间中,每一部电影都可以用 6~100 个数字来描述,这些数字正是我们用上面的交替方法找到的数字。

当研究人员处理任意可以被放入庞大矩阵中的数据时,矩阵分解及其同类方法通常是他们的首选。[26] 例如，政治学家使用矩阵分解来理解国会议员如何投票表决立法。如果把国会议员对不同法案的投票放到一个巨大的矩阵中，并对其应用矩阵分解，我们就可以用一两个数字来很好地概括每个议员和每一项法案。[27] 例如，在两年的时间里，仅仅用一个数字来描述每一个议员，你就可以解释众议院98%的选票，这个数字可以解释他们的政党。如果你用这个数字来确定议员的立场，就会发现民主党和共和党通常是完全分开的。矩阵分解告诉我们，美国国会议员的投票实际上是一维的。

第一年结束

借助矩阵分解等工具来捕捉终结者效应，并将它们与捕捉吝啬鬼效应和E.T.效应的模型相结合，顶尖团队朝着网飞奖的目标取得了相当大的进展。到第一年结束时，顶尖团队算法的推荐效率比网飞自己的Cinematch算法高出8%左右。这并不足以让他们赢得大奖，但足以保证一些团队有资格获得5万美元的进步奖。进步奖每年颁发一次，这意味着选手们面临着即将到来的最后期限。

随着最后期限的临近，由AT&T实验室和雅虎的研究人员组成的"贝尔科"队也在顶尖团队之列，他们在第一年的大部分时间里一直领先。但在比赛的早期，领跑者的位置经常发生变化。来自多伦多大学的神经网络研究人员一度名列前茅，他们发表了一篇有影响力的论文，包括"贝尔科"队在内的团队都使用了论文中的模型。组成"恐龙星球"队的三位普林斯顿大学学生在暑假期间一直在努力挑战"贝尔科"队。[28] 而另一支年轻的新贵团队，来自"地心引力"队的两名匈牙利研究生，那时正在挑战名列第二的"恐龙星球"队。

　　随后，在 2007 年 10 月 21 日，也就是第一年最后期限的前一天，情况发生了变化。一直徘徊在第二和第三的两支队伍——"恐龙星球"队和"地心引力"队结成了联盟。他们把各自的模型组合在一起，把模型的平均分提交给排行榜，突然之间，他们一跃升至榜首。"贝尔科"队只有一天的时间来重新夺回进步奖。虽然他们还没有意识到，但这也是一种现象的开始，而这种现象将影响随后的比赛。

6

团队融合：网飞奖的赢家

实用主义的（形容词）：以实际的而非理论上的考虑为基础，理智而现实地处理事情。

混沌（名词）：复杂系统的特性，由于对条件的微小变化非常敏感，其行为不可预测，以致表现出随机性。

《牛津英语词典》，2017 年

缩小竞争者之间的差距

网飞奖的第一年充满了喧嚣的思想和模糊的进步。在"贝尔科"队登上排行榜榜首之前，其他几支队伍也在榜首位置进进出出，而在社区中进行的一系列讨论和思想交流有助于缩小其余竞争者之间的差距。其中一些讨论是在专门讨论数据挖掘的学术会议和研讨会上进行的；另一个讨论场所是网飞奖论坛，这是网飞为参赛者建立的在线社区。

网飞奖论坛为参赛者提供了一个非正式地分享他们的成果和见解的场所。比赛开始后不久，论坛就热闹起来。正如一位赛事组织者所言：

> 除了踊跃提交成果之外，参赛者在网飞奖论坛上也有大量的接触，他们分享代码和编程思路、额外的数据、对数据中发现的模式的见解，甚至汇总成果（以及合并团队）以提高算法准确性（即"混合"）。[1]

在各支队伍发表他们的大部分研究成果之前，网飞同样研究了论坛上的评论，以找出哪些方法表现良好。在比赛开始后不到一年的时间里，网飞在这个论坛上注意到了顶级团队提交的成果中普遍存在的两个关键思想：一是对矩阵分解的颇有影响力的描述，二是一种被称为模型混合的方法。[2]

报纸和杂志也开始讲述现实生活中一些非正式的和兼职的数据科学家晚上和周末在家工作的故事。一位参赛者是48岁的管理咨询师，拥有心理学学位，正在考虑是否要获取机器学习的博士学位。在比赛中，他以"车库里的家伙"的名字出现，尽管严格来讲他只是在卧室外工作。[3]此后不久，《纽约时报》报道了一位32岁的4个孩子的父亲在他的餐厅饭桌上工作的故事。还有一位51岁的"半退休"计算机科学家和他12岁和13岁的孩子们一起讨论应该尝试哪些新想法的故事。他们建议仔细研究电影续集，以便从竞争中脱颖而出。[4]

第一年末

在第一年比赛的最后几周，由AT&T和雅虎的研究人员组成的"贝尔科"队占据了榜首。但在第一年快结束的时候，他们发现自己受到了第二名和第三名的挑战，这两支队伍——"地心引力"队和"恐龙星球"队都由雄心勃勃的年轻毕业生组成。

就在第一年结束的前一天，排名第二和第三的两支队伍合并了。合并后的团队自称"当引力和恐龙联合时"队，他们将各自的预测模型组合在一起，把两种模型的平均分提交给了网飞，这支新组建的团队突然跃升至榜首。[5] 第二天，"贝尔科"队和这支新团队争分夺秒，疯狂地编写和调试代码。从技术上讲，他们每天只能向网飞提交一个模型，因此他们在这一天提交的最终成果依然算数。"贝尔科"队成功地提交了一份勉强击败"当引力和恐龙联合时"队的成果，它比Cinematch的推荐效率高出8.43%，比竞争对手高出0.05%。于是，"贝尔科"队赢得了第一年5万美元的进步奖，但优势不是很大。[6]

为了拿到奖金，"贝尔科"队需要发表一份关于他们算法的报告。完成报告之后，他们的秘密就公开了，每个人都能看到，并且他们周围仍然满是虎视眈眈的竞争者。[7] 更糟糕的是，"贝尔科"队发现想要超越自己的成果变得越来越困难。第一年，"贝尔科"队以平均每周提高0.16%的速度接近10%的目标，第二年却平均每周提高0.02%。他们的进展几近停滞。

第一年，当"贝尔科"队建立起他们模型中最成功的组件时，他们已经摘下了大部分容易摘到的果实。这包括基准模型——吝啬鬼效应（用来描述用户评高分或低分的倾向）和E.T.效应（用来解释电影是好是坏，而不管是谁给电影打分），以及用来处理终结者效应（总结用户的独特偏好）的矩阵分解模型。

第二年，这些队伍面临着所谓的"大人物拿破仑问题"。争夺网飞奖的团队发现，预测2004年的另类电影《大人物拿破仑》（*Napoleon Dynamite*）对不同观众的影响极其困难。[8] 克莱夫·汤普森在《纽约时报》上引用了一位参赛者的话，解释了这部电影带来如此大挑战的原因。

原因是《大人物拿破仑》非常奇怪并且两极分化。它包含了许多调皮的、讽刺性的幽默，包括一段由名义上的青少年角色表演的著名的怪诞舞蹈，他这样做是为了帮助其不幸的朋友赢得学生会选举。对于这种古怪的娱乐方式，人们要么喜欢，要么鄙视。这部电影在网飞数据库中的评分已经超过 200 万个，而且评分不成比例地集中在 1 星和 5 星。[9]

预测网飞用户是否会喜欢《大人物拿破仑》的难点在于，这既抓住了一切推荐系统的核心优势，也暴露了其核心缺点：个性化推荐只有在用户偏好存在冗余的情况下才能奏效。如果一部电影与其他电影之间完全不存在冗余信息，那么矩阵分解或其他方法都不会对该电影的个性化推荐奏效。[10]这并不意味着《大人物拿破仑》没有冗余，但是人们尝试了很多方法都找不到这种冗余隐藏在哪里。

这感觉就像评分矩阵是一条湿毛巾，这些团队一直试图把它拧干，从毛巾里搜集珍贵的水，再把水盛放在桶里。他们一直在努力用某一种方式拧毛巾，现在是时候展开毛巾，尝试用另一种方式拧它了。因此，这些团队尝试了一些不同的方法来捕捉终结者效应，用各种各样的方式拧毛巾。

有一种模型甚至在第一年就流行起来了，那就是由 "ML@UToronto" 队的研究人员开发的人工神经网络。这个神经网络在数学上非常类似于矩阵分解，但它处理缺失评分的方法不同，并且它将评分视为离散的 1、2、3、4、5，而不是从 1.0 到 5.0 的实数。换句话说，它拧毛巾的方式与矩阵分解稍有不同。

各队使用的另一种方法是搜索彼此类似的电影。如果你喜欢某部电影，比如《灰姑娘》，而这部电影和你从未评价过的另一部电影（比如《睡美人》）非常相似，那么这些方法应该可以向你推荐后一部电影。各队还试图找出哪些用户是类似的。如果你和怀俄明州的一个人在电影评分方面很类似，而这个人给一部你从没看过的电影（比如《回到未来》）评分很高，那么这些方法也应该会向你推荐这部电影。当然，让这些方法奏效的诀窍在于，它们如何判定一个用户与另一个用户"类似"。没有单一的、正确的方法可以做到这一点，但是各队尽了最大的努力，在他们的程序中用数学函数来编码他们的直觉。

解决"大人物拿破仑问题"的另一个诀窍是，你不仅要看用户对不同电影的评分，还要看他们给哪些电影评过分。例如，不管你是否喜欢电影《星际迷航4》（即船员们回到现在的地球寻找鲸的那一部），事实上，哪怕你只对一部《星际迷航》电影进行了评分，这就给出了很多有关你倾向于喜欢哪种类型电影的信息。[11] 团队发现，通过整合这些隐含信息，即你看过的电影，而不仅仅是你对它们的评分，他们可以将相对误差降低大约10%。这是一个很小但值得庆贺的进步，因为他们此时要从毛巾里挤出水来已是举步维艰。[12]

随时间变化的预测

在比赛的第二年，这些团队还将注意力转向了数据的一个不同部分：用户给电影评分的时间。[13] 但参赛者们面临着一个问题，即网飞的评分反映了一个不断变化的世界，电影的受欢迎程度会随着时间的推移而变化，人们自己也会随着时间的推移而改变自己的偏好。如果你让观众给一部电影评分，然后一个月后再评价一次，观众的评分会平均变化 0.4 星。[14] 而且，让事情变得更加困难的是，观众倾向于在周一给电影评分，而不是周五。[15]

"贝尔科"队的研究人员解决了这个问题，让模型的某些部分具有足够的灵活性，以反映他们对评分随时间变化的观察结果。他们在基准模型中重新审视了电影受欢迎程度的偏移量。研究人员没有一次性衡量一部电影在整个时期内的受欢迎程度，而是更频繁地进行测量，以 10 周为单位对评分进行分类。[16]

图 6.1 展示了 1999 年上映的电影《黑客帝国》（*The Matrix*）的平均受欢迎程度，我们将它分为 10 周的时间间隔。在 1999 年上映后的两年时间里，《黑客帝国》的受欢迎程度逐渐下降。它的续集《黑客帝国 2：重装上阵》（*Matrix Reloaded*）于 2003 年 5 月上映，这或许可以解释第一部《黑客帝国》在 2003 年初为什么人气飙升。

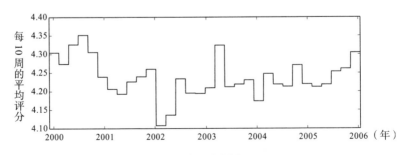

图 6.1　随时间推移，电影《黑客帝国》受欢迎程度的变化

在时间对电影评分的影响方面，更大的挑战在于观众自身。有时候，用户会一次给多部电影打分，如果用户打分时的心情特别好或特别坏，那些"爆发"就可能会发生。还有一些时候，家庭中的主要网飞用户发生了变化，例如一个少年看网飞电影的时间开始超过父母。"贝尔科"队解决这一问题的方法是，假设用户的偏好可能会随着时间的推移逐渐向一个固定的方向转变，同时假设他们在某一天的评分可能会比这种渐变的趋势所暗示的评分略高或略低。[17]

其他情况也会让数据严重扭曲。"贝尔科"队注意到，网飞用户的评分标准可能随时间的推移而趋于温和，就好像他们对给电影评分或多或少变得不感兴趣一样。这并不是说他们的平均评分会变得更高或更低（尽管这种情况也发生过）。这是因为，随着时间的推移，他们也或多或少变得极端。和先前一样，"贝尔科"队捕捉到这种效应的方法是，假设用户在某一天集中对多部电影进行评分，而当时他们的评分标准特别温和或极端。[18]

这些趋势很难解释。"实用主义理论"队的成员（即我们在上一章中简要介绍过的"两个毫无头绪的家伙"）注意到，用户在某一天的评分数量是预测电影好坏的一个有用的指标。

"实用主义理论"队的观察结果令人困惑，因为这不仅仅是用户在批量评分时出现的异常现象，那部分已经是老生常谈了。这是电影评分的一个特点。有些电影在批量评分中得到的分数往往高于预期，而有些电影则往往低于预期。当"贝尔科"队最终从"实用主义理论"队那里了解到这个结果时，他们假设用户对电影的记忆是不对称的。有些电影优秀或差劲到让人难以忘却，而有些电影则只是让人有点印象而已。当用户对电影进行批量评分时，往往也会评价他们很久以前看过的电影，特别是那些令人难忘的好电影或坏电影。那些喜欢或讨厌某部令人难忘的好电影或坏电影的人会在很长一段时间后仍然记得它，并很可能在批量评分时给它打分，而那些对它没有强烈感觉的人在下一次批量评分时就会忘记它。[19]

网飞奖的数据集里充满了像这样的隐藏的宝石。下面是另一个例子：一个名为"大混沌"的团队注意到，电影名中的字母数量可以用来预测用户是否喜欢它（效果不是很明显，但影响确实存在）。随着比赛的进行，各支队伍一点一点地挖掘出这些宝石。

过度拟合

由于网飞为参赛者提供了海量数据，各支队伍可以在各自的模型中添加符合他们直觉的参数，以此假设模型的某些部分是存在的。如果一个团队有预感，认为电影的流行程度可以用来预测用户的评分（的确如此），那么他们只需要在模型中为每部电影添加一个新参数来"吸收"这些信息。[20]如果团队预感用户可能会在他们的评分上有所偏颇（的确如此），那么他们也只需要在模型中为每个用户添加一个新的参数来"吸收"这些信息。这两个参数便构成了他们的基准模型。当一个团队还想假设电影的流行程度会随时间的推移而改变，用户的偏好也会随时间的推移而改变时，他们就会在模型中为这两种情况分别添加参数。

各支队伍在使用这些参数时所面临的主要风险在于，他们在模型中添加的灵活性是否超出了他们所拥有的数据量所能承载的范围？如果他们添加了太多的参数，就会有"过度拟合"数据集的风险。过度拟合意味着他们在预测评分方面的出色表现可能只是海市蜃楼。他们可能认为自己预测的评分很准，因为他们预测的误差看上去很小，而实际上这是因为他们要处理的参数太多——本质上是有太多旋钮要调，这使其模型看起来比实际情况要好。如果过度拟合数据集，那么他们表面上很准确的预测可能无法移植到网飞用来评估参赛者的秘密数据集上。例如，"贝尔科"队可以在其模型中为其数据集中的每个"用户—电影"匹配添加一个参数，让模型可以精确地解释电影数据集中的评分。[21]但是，这对于预测他们以前从未见过的"用户—电影"匹配的评分毫无用处。幸运的是，参赛者很容易注意到自己是否过度拟合，因为他们可以保留自己数据集的一小部分（网飞为此提供了一个样本），并对其进行测试，以确保自己没有过度拟合。当我们在接下来的几章中讨论神经网络时，会看到更多处理过度拟合的方法。

模型混合

网飞奖的进展和第一年的结局让参赛者们瞠目结舌。"贝尔科"队在社区上发表了他们的工作成果后，同行们仔细研究了报告，阅读了他们的基准模型、矩阵分解模型以及使用的神经网络。他们还了解了"贝尔科"队把各种不同版本的模型混合在一起的方法。其他参赛者并不会因"贝尔科"队一直在混合模型而感到奇怪，这并不是什么秘密，而且混合模型已经在网络论坛上被讨论过了。但是现在他们根据"贝尔科"队的论文可以肯定的是，混合模型是有效的。此外，当"地心引力"队和"恐龙星球"队合并时，他们将两个独立模型组合在一起，把模型的平均分提交给排行榜，此时就隐含地使用了模型混合。

当"贝尔科"队研究如何预测评分时，他们需要做出许多关于模型中应该包含哪些内容的决定。他们在拟合矩阵分解模型的时候需要回答一些问题，例如，应该用多少种类型来总结每部电影？是否应该包含隐含的评分信息？当他们为电影拟合类似电影的模型时，他们需要决定两部电影类似意味着什么。他们可以尝试一些有根据的猜测，并用数据验证猜测，但是他们要做出很多不同的决定。如果他们试图调整所有参数，为所有猜测找到完美设置，那么很可能会过度拟合。

相反，"贝尔科"队创建了许多具有不同参数设置的模型，然后对它们进行平均。为了赢得第一个进步奖，他们对 107 个不同的模型做了平均。"贝尔科"队需要把百余个不同的模型结合起来吗？或许不需要。他们注意到，使用这么多模型在某种程度上是为了方便。他们已经从早期的实验中得到了这些模型，而且把它们保留在最终的混合模型中并没有什么坏处，所以为什么不用呢？但是他们发现，只需大约 50 种模型，他们就能得到同样好或更好的结果。[22]

一名参赛者在网飞奖论坛上向"贝尔科"队问道，为什么模型混合有效？他们的 107 个模型中哪一个最好？团队成员之一耶胡达·科伦（Yehuda Koren）列举了一些优点：

> 模型混合可以让我们把注意力集中在相对简单的、易于编程和运行的模型上。其结果对于避免编程错误和过度拟合也更加有效……
>
> 我不会只推荐其中某一个预测因子。你至少希望在多个尺度（本地+区域）上解释数据。[23]

换言之，混合模型对实用性和建模都有好处。使用许多简单模型的平均分是实用的，因为简单模型易于编程且不易出错。如果使用很多不同的模型，那么你可以在不同的"粒度"下捕捉数据集里的不确定性。例如，如果你正在考虑在矩阵分解模型中使用 10 种还是 100 种电影类型，那么你可以简单地同时使用这两种方式。10 种电影类型的模型可以捕捉每个用户电影偏好的高层次要点，而 100 种电影类型的模型可以捕捉到用户偏好的细微差别。

这种模型平均的思想也得到了丰富的理论结果的支持，而且这种直觉很容易理解。假设你在股票市场投资，你正在决定是把所有的钱都投到平均年回报率为 12% 的股票A上，还是投资 100 只不同的股票，每只股票的平均年回报率为 12%。如果所有这些股票的收益结果都有同样的不确定性，那么你最好把资金平分给 100 只股票。[24] 为什么？因为你仍然可以期望平均每年获得 12%

的收益，但你对结果的不确定性会降低，一些回报率低于12%的股票将被回报率超过12%的股票抵消。[25]"贝尔科"队的107个模型每一个都经过了"训练"，可以对用户的电影评分做出不同的预测。因此，通过混合这107个模型，"贝尔科"队的新预测器仍然可以做出同样的预测，但不确定性更小。

但你可能会说，等等。我们看到，2008年和2009年的金融危机发生时，整个股市都下跌了。投资100只股票不会有多少保障，因此这种"不确定性更小"的说法并不正确。没错，这正是模型混合适用于何种场合的核心所在。大多数股票是相互关联的，当模型不相关时，模型混合效果很好。如果一个模型预测网飞的评分过高，那么其他模型应该有助于缓和这种结果，而不是加强这种结果。当模型不相关时，这种缓和效果更容易出现。

通过研究"提升"（boosting）算法，我们可以进一步了解模型混合的效果，"提升"算法是顶级团队在提交成果时用来混合模型的方法之一。"提升"算法背后的直觉是，通过组合许多弱模型（每个模型可能都不太好，但至少都有点好处），我们最终可以得到一个比所有原始模型都更加强大的模型。[26]

为了将"提升"算法应用到类似网飞奖这样的问题上，我们首先要训练一个非常简单的模型来预测电影的评分。它的预测不会很完美，所以我们选出模型的错误评分，并放大它们。也就是说，我们给予它们比其他评分更大的权重，因为我们希望分类器下次更多地关注它们。然后我们用这些调整后的权重拟合第二个模型。接下来，我们一次又一次地重复这个过程，放大错误的评分，每次都重新构造一个新模型。完成的时候，我们会很容易地训练出几十个、几百个，甚至几千个模型。如果我们用合适的权重对这些模型进行平均，结果将是一个混合的庞大模型，它的效果比任何一个模型都要好。

第二年

随着第二年的到来，其他几支队伍开始在排行榜上对"贝尔科"队造成威胁。"当引力和恐龙联合时"队一直紧随其后，但是在第一个夏天之后，来自"恐龙星球"队的三名普林斯顿大学的学生发现他们要忙于研究生学习和工作。[27]随着第二年的比赛临近结束，另一支名叫"大混沌"的团队开始逼近"贝尔科"队。

"大混沌"队对他们混合模型的方式开展了大量实验。第一年，他们简单地使用加权平均来组合模型。第二年，他们发现神经网络在组合模型时特别有用。与简单地采用平均值相比，神经网络可以学习一种更复杂的方法来组合简单的模型。[28]

但是，随着第二年的继续，所有顶级团队都很难取得更大的进步。网飞奖组织者开始怀疑参赛者是否能取得足够大的进步来赢得奖项。[29]随着第二个进步奖最后期限的临近，情况变得更加严峻。对任何一支想要获得第二个 5 万美元进步奖的团队而言，他们需要比前一年 8.43% 的进步高出整整 1 个百分点。"贝尔科"队和"大混沌"队位列前两名，但以他们的进步速度来看，可能需要一个多月的时间才能达到 9.43% 的目标。[30]

最后,"贝尔科"队和"大混沌"队引发了另一场混乱:他们合并成了一个团队。他们决定把合并后的团队命名为"大混沌中的贝尔科",其成果比Cinematch的推荐效率高出了9.44%。这已经微微越过了他们获得第二个进步奖的门槛,虽然距离10%的目标还相距甚远,但这足以让新团队赢得5万美元的奖金。

"大混沌中的贝尔科"队的5名成员终于可以停下来,集体松口气了,但他们不能休息太久。如果第三年还是没有团队能达到10%的目标,那么任何人都没有资格获得进步奖。比赛会就此结束吗?此时,空气中也弥漫着对另一个话题的猜测:接下来哪些团队会合并?比赛进入了一个新阶段,各支队伍的注意力开始从预测评分转向为团队寻找最佳的合并策略。

最后一年

最后一年里,"大混沌中的贝尔科"队继续名列榜首,而"当引力和恐龙联合时"队始终紧随其后。但到那时,另一支队伍开始出现在排行榜上,它就是"实用主义理论"队,即我们已经见过几次的那个自称"两个毫无头绪的家伙"的加拿大二人组。尽管最初对这个领域并不熟悉,但他们发现网飞社区非常适合学习,他们仔细研究了其他参赛者的方法。当"大混沌中的贝尔科"队发表研究结果时,"实用主义理论"队的成员立即下载并仔细研究论文。随着时间的推移,"实用主义理论"队孜孜不倦地工作,在官方排行榜上的名次不断攀升。[31]

如果说"贝尔科"队强调的是协同过滤理论，"大混沌"队强调的是模型混合，那么"实用主义理论"队的重点就是他们投入的大量努力和获得的成果。在他们发表的一篇关于其方法的论文中，我从他们的混合模型中统计出了707种不同的模型。虽然这对网飞想要实现的系统而言是不切实际的，但"实用主义理论"队对此并不关心。他们关心的是尽可能准确地预测评分。他们在一篇论文中概述了这一理念（加粗部分是作者标注的）：

> 本文中介绍的解决方案专门用于构建一个能够以最高的准确度预测用户评分的系统……该解决方案是基于大量的模型和预测器的，这些模型和预测器作为商业推荐系统的一部分并不实用。然而，这是竞赛的性质和目标导致的，这个目标就是：**不惜一切代价获得尽可能高的准确度，完全不考虑解决方案的复杂性和执行性能。**[32]

换言之，"实用主义理论"队之所以开发了一种实施起来不切实际的解决方案，正是因为他们务实。"大混沌中的贝尔科"队看到了他们的另一个特点。最初的"贝尔科"队成员克里斯·沃林斯基解释说，他和他的同事们一致用"无所畏惧"来形容"实用主义理论"队。但由于另一个原因，"实用主义理论"队也令"大混沌中的贝尔科"队感到担忧。

比赛后期，社区的焦点已经从优化和混合各队的模型转变成优化团队。由于每个团队在改进他们的模型时都面临着同样的困难，比赛的基调开始暗示这些团队将会继续合并，以达到10%的目标。

"大混沌中的贝尔科"队注意到，那个无所畏惧的加拿大二人组"实用主义理论"队是其余队伍的首要"合并目标"。如果另一支队伍选择了他们，那么这支新队伍很可能会成为一个严重的威胁。"大混沌中的贝尔科"队是否应该尝试与"实用主义理论"队合并？或许是的，"大混沌中的贝尔科"队也在与其他团队进行秘密讨论，或许还有更好的团队可以合并，比如"当引力和恐龙联合时"队，那个由刚从普林斯顿大学毕业、进入工业和研究生院的三个人与匈牙利研究生合并成的队伍。

"大混沌中的贝尔科"队需要采取行动，而且动作要快。大约在这个时候，"当引力和恐龙联合时"队成立了一个名为"大奖队"的新团队。这支新团队邀请任何人加入，他们愿意提供100万美元奖金的一小部分，比例取决于新来者对胜利所做出的贡献。这让"大混沌中的贝尔科"队感到了深深的恐惧，因为如果像"实用主义理论"队这样的团队加入了"大奖队"，那么他们的比赛可能很快就要结束了。

最后，"大混沌中的贝尔科"队决定与"实用主义理论"队合并，组成新的团队"贝尔科的实用主义混沌"队（你可以在图6.2中查看领先团队的合并过程）。在合并之前，"大混沌中的贝尔科"队曾与"实用主义理论"队以及其他团队秘密讨论过一段时间。当"贝尔科的实用主义混沌"队提交其组合模型时，他们领先Cinematch推荐效率的优势达到了10.05%，超过了10%的门槛。

但比赛还没有结束。网飞的规则规定，一旦有一支队伍率先突破 10% 的门槛，就会开始 30 天的"最后通牒"。当这段时间结束时，网飞会核查哪支队伍对比赛刚开始时预留的双重秘密数据集的预测误差最小，以此决定获胜者。对这个双重秘密数据集的预测分数将精确到小数点后第 4 位，如果出现平局，就根据提交时间的先后决定胜负。

剩下的队伍还有一个月的时间迎头赶上。团队的合并仿佛沸水翻腾的水泡，水泡溢出后变成了绝望的泡沫。包括"大奖队"在内的其他主要团队促成了一项交易，成立了一个名为"集成"队的大型联盟，由 30 多支队伍组成。机器学习中的"集成"就是混合不同模型的另一个说法。[33]

"集成"队的成员在内部讨论了他们最后一个月的策略：他们是否应该等到最后一分钟，然后提交他们的混合模型？还是应该尽早提交并且经常提交？迟交可以使他们的存在成为一个秘密，并让"贝尔科的实用主义混沌"队大吃一惊。但是，提前提交可以让他们避免所有最后一刻可能出现的致命失误。最终，他们投票决定将"集成"队的存在保密，并在截止日期的前一天作为一个团队提交了他们的第一次成果。当那一天到来的时候，他们以"集成"队的名义提交了模型，成绩为 10.09%，勉强击败了"贝尔科的实用主义混沌"队，当时后者的成绩是 10.08%。在最后期限前 24 分钟，"贝尔科的实用主义混沌"队再次提交成果，成绩也是 10.09%。然后，在最后期限前 4 分钟，"集成"队又提交了一个成绩达到 10.1% 的模型。比赛结束了，网飞需要在他们的双重保密数据集上评估这些模型。

在双重保密数据集上验证之后，"贝尔科的实用主义混沌"队和"集成"队的最终成绩在小数点后第4位仍然持平，根据网飞的规则，他们打成了平手，要根据提交时间决定胜负。"贝尔科的实用主义混沌"队早于"集成"队20分钟提交了模型，因此为期三年的比赛结束了。"贝尔科的实用主义混沌"队赢得了100万美元奖金。[34]

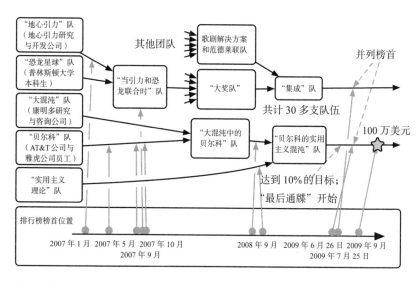

图6.2 这张图展示了各支队伍向网飞奖迈进的过程。最终赢得比赛的是"贝尔科的实用主义混沌"队

赛后

虽然决赛队伍的表现令人印象深刻，但网飞从未实施"贝尔科的实用主义混沌"队和"集成"队提交的最终模型。一些人显然对此感到不安，甚至称网飞奖是失败的。尽管网飞试图匿名化

他们的数据集，但一组研究人员指出，从理论上讲，这些数据集暴露了用户的隐私，而且这些说法被媒体广泛曲解。结果，网飞撤回了他们公布的数据集，并试图清除数据集的所有痕迹，一名参赛者称之为"该死的耻辱"。

除此之外，这次竞赛从很多方面看都是成功的。首先，网飞采纳了竞赛中的一些想法。他们发现，参赛队伍在第一年使用的两种方法——矩阵分解和"ML@UToronto"队开发的神经网络，对网飞自己的算法有显著的改进，仅这两项就使Cinematch的推荐效率提高了7.6%。网飞支付了两次5万美元的进步奖和100万美元的大奖，作为回报，他们得到了世界级专家们数千小时的前沿研究成果，同时也在紧张的人力资源市场中得到了接触这类人才的机会。[35]

或许最重要的是，网飞还得到了强有力的证据，证明精力的投入不应该超过某个限度。他们从参赛者身上看到自己应该从哪里开始期待回报递减。与此同时，他们也看到自己的业务更多地朝在线流媒体视频的方向发展，而远离DVD租赁。虽然推荐引擎仍将是其新产品的一个重要特征，但他们还有其他事情要考虑。[36]

网飞奖对研究型社区而言也是一次成功。虽然DARPA无人车挑战赛收到了数百个参赛成果，但网飞奖收到了数万个。[37] 在技术方面，竞赛根据经验将矩阵分解和模型平均确定为推荐系统的最佳方法。虽然这些思想已经存在了很长一段时间，但竞赛通过提供客观和公开的证据证明了它们的表现，并帮助宣传了这些思想。

7

用奖励教导计算机

为什么我们没有可以打扫房间或跟在孩子后面打扫卫生的机器人？这并不是因为我们没有机械能力，有些机器人可以做到这一点。但问题是每栋房子、每个厨房都是不同的。你无法预先对一台机器进行编程，所以它必须在自己所处的环境中学习。

杰米斯·哈萨比斯（Demis Hassabis）
DeepMind（深度思考）公司创始人 [1]

DeepMind玩雅达利游戏

2014年初，在谷歌的自动驾驶汽车项目如火如荼地进行之际，该公司掀起了一场收购狂潮，吞并了多家人工智能和机器人公司。在此期间，他们以超过5亿美元的价格收购了一家名为DeepMind的神秘小公司。当时，DeepMind只有大约50名员工。它的网站似乎只有一个网页，上面列出了公司的创始人和两个电子邮箱地址。

谷歌在每个周五都会召开一次名为"TGIF"的全员会议。公司的创始人和其他领导利用这个会议发布公告，分享公司各组织内部项目的细节。谷歌收购DeepMind几个月后，有关DeepMind将在该会议亮相的消息传遍了公司。终于，谷歌的每个人都能了解这个秘密部门在这段时间里的工作了。

DeepMind在会议上解释说，他们已经找到了让计算机程序自学玩各种雅达利游戏的方法，包括玩《太空入侵者》和《打砖块》这种经典游戏的方法。DeepMind让他们的程序玩了数百万局游戏之后，程序的游戏水平通常会比人类玩家优秀很多。

随后，DeepMind向观众展示了计算机程序玩《太空入侵者》

的一段视频，在这款游戏中，玩家必须移动屏幕底部的一艘宇宙飞船来射击外星人，阻止外星人降落到底部。图 7.1 分别是《太空入侵者》和《打砖块》的游戏截图，你或许认识。

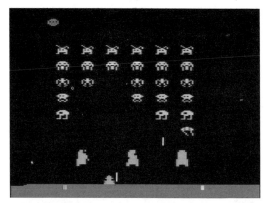

（a）《太空入侵者》

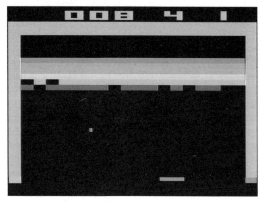

（b）《打砖块》

图 7.1 DeepMind 智能体玩的两款雅达利游戏：（a）《太空入侵者》和（b）《打砖块》

观众全神贯注地观看着计算机程序无可挑剔地玩着游戏。它发射的每一枚导弹都击中了目标。随着一局游戏接近尾声，只剩下了一个外星人。当外星人一步一步地远离导弹，向屏幕右侧移动时，计算机程序发射了一枚偏离轨道的导弹。房间里的人们稍微松了口气，或许这个人工智能终究还是威胁不到人类的生存。

然后，观众继续往下看，只见外星人从屏幕的一侧反弹回来，开始向屏幕中央移动。此时，程序的策略变得一目了然。外星人直接进入了刚刚射偏的导弹的轨道，然后被摧毁了。计算机完美地赢了一局游戏。房间里爆发出一阵欢呼。

为什么围观的谷歌工程师如此兴奋？IBM难道不是早在近20年前的1997年就创造了"深蓝"，击败了世界上最好的国际象棋棋手加里·卡斯帕罗夫吗？"沃森"难道不是在2011年就打败了《危险边缘》的冠军肯·詹宁斯吗？谷歌的工程师难道不知道他们的自动驾驶汽车已经在道路上行驶了近70万英里？如果连自动驾驶汽车都是可能的，那为什么所有人都对计算机攻克一款简单的电子游戏啧啧称奇？况且此时，计算机可以高水平地玩电子游戏也已经有多年历史了。

这个计算机程序之所以让人赞叹，是因为它学会了在没有人类指导的情况下玩游戏。而早期的突破需要相当大程度的人类判断力和对算法的调整。对于自动驾驶汽车，人类需要精心开发探测可行驶地形的功能，然后告诉汽车可以在哪种地形上行驶。人类需要在自动驾驶汽车的大富翁棋盘模块中手动创建有限状态机。自动驾驶汽车其实尚未在反复试错中学会如何自动行驶。

相比之下，程序员从来没有告诉过DeepMind程序向左轻拨操纵杆会让飞船向左移动，按下按钮会发射导弹，甚至也没告诉程序向外星人发射导弹会摧毁外星人并赢得积分。雅达利游戏智能体的唯一输入是屏幕上的原始像素，即它们的红、绿、蓝三色，以及当前的得分。[2]更令人赞叹的是，DeepMind使用相同的程序来学习全部49款雅达利游戏，无须任何手动调整。对其中大多数游戏，程序学过之后都玩得很好。程序所需要的只是练习每一款游戏的时间。DeepMind通过一种叫强化学习的思想实现了这一目标，强化学习是人工智能的一个领域，致力于赋予计算机程序从经验中学习的能力。

强化学习

在本章和下一章中，我将解释DeepMind如何使用强化学习来掌握这些雅达利游戏。[3]使用这种技术的计算机程序通过得到偶然的奖励或惩罚来学习做事情。因此，要训练它们，我们只需要对它们进行编程，让它们寻求这些激励。然后，当它们做出我们希望它们做的事情时，我们就给予它们这些激励。就像当你给宠物狗食物的时候它会学会听从命令一样，通过强化学习来学习的程序（在人工智能界，指代这种程序的术语是智能体）也会学会听从你的命令。

强化学习智能体似乎太智能了，不可能是自动机，但是，正如我们将在接下来的两章中看到的，它们仍然遵循确定性的程序。例如，经过训练的雅达利游戏智能体玩游戏时，只需要查看游戏最新的4张屏幕截图（见图7.2）。在看过这些屏幕截图后，它会计算一个数学函数来选择一个操纵杆动作。例如，向左、向右，或按"开火"按钮。然后，它一遍又一遍地重复这个过程，查看游戏最新的截图，根据看到的情况选择一个动作，直到游戏结束。然而，正如你可能猜到的那样，神奇之处并不在于它如何玩游戏——我刚才解释过，玩游戏很简单。真正的神奇之处在于它如何学会玩游戏，以及它如何感知屏幕上发生的事情。在本章中，我们将从第一个问题开始：一个智能体如何根据其过去的经验来学习应该采取哪些行动？

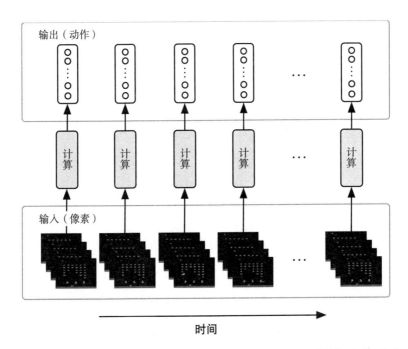

图7.2　DeepMind的雅达利游戏智能体持续运行。在任意给定时刻，它都会接收最新的4张屏幕截图，将像素作为输入，然后它会运行一个算法来决定下一个动作并输出动作

　　我将用一个虚拟的高尔夫球游戏来阐述强化学习的工作原理。我们在图7.3（a）所示的球场上进行游戏，智能体的目标是用尽

可能少的杆数将高尔夫球打进球洞。我们感兴趣的是设计一个智能体，当它在高尔夫球场的不同位置时，它能够学习应该朝哪个方向挥杆，应该瞄准东、南、西、北哪个方向，才能让球更接近球洞。为了教导智能体，我们要对它进行训练，直到它有足够的经验可以自己打高尔夫球。到那个时候，无论在球场的什么位置，它都能够自主选择应该朝哪个方向挥杆，让球向球洞前进。

我们是不是把事情搞得太复杂了？真的需要使用强化学习来告诉智能体在高尔夫球场上朝哪里挥杆吗？难道我们不能直接对智能体进行编程，让它直接朝球洞挥杆？正如你将在下一节中看到的，这个选择并不可行，因为路线上会有很多障碍。相反，智能体需要根据它在球场上的位置对挥杆进行细微的调整。强化学习不仅是做这项工作的工具，它还是做这项工作的唯一工具。

教导智能体

现在，假设你是智能体，你要在如图7.3（a）所示的球场上打高尔夫球。你可以瞄准任意主要方向（东、西、南、北）或其中间方向（东北、东南、西北、西南）挥杆。如果你击球成功，球就会沿着你瞄准的方向移动一个小方格，如图7.3（b）所示，你希望用尽可能少的击球次数把球打进球洞。还要注意的是，这个球场很大，所以可能需要大约150杆才能打满一局。

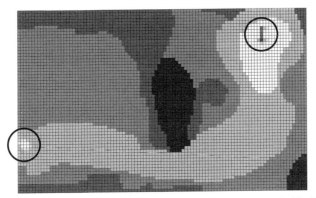

（a）　强化学习示例中的高尔夫球场。从浅灰色到深灰色的地形类型依次为：果岭（指球洞所在的
草坪，难度最小）、球道、长草、沙坑、水坑（难度最大）。起点在左侧，目标在右上角。

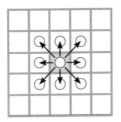

（b）　你的目标是用尽可能少的杆数将球从起始位置打进洞中，你每次击球只能让球移动一个小方
格（或原地不动）。

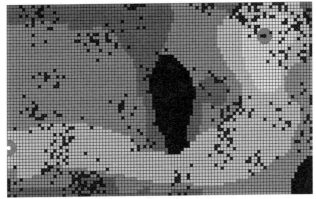

（c）　高尔夫球场上还有会爆炸的地雷，图中每颗地雷都用黑点标记。你必须避免碰到这些地雷

图 7.3

还有两件事会让这个高尔夫球游戏变得有趣。首先，也是最重要的是，球场上到处都有会爆炸的地雷，如图 7.3（c）所示。玩游戏的时候，你知道这些地雷的位置，而且每次玩的时候它们都是固定不动的，但是你必须不惜一切代价避免踩到它们。

如果你能完美地瞄准，地雷就不是问题，所以我要添加最后一个规则来增加游戏难度：球并不总是朝你瞄准的方向移动。有时它会停在旁边的另一个方格中，有时它可能会原地不动。你可以把它归因于你认为的任意因素，可能是风，也可能是一次糟糕的挥杆。当你挥杆时，你不知道球运动的细节，这其中包含了一些随机性，但你可能会怀疑，球在艰难的地形（比如长草区）比在容易的地形（比如果岭）上更难打，这些都是你需要从经验中学习的细节。地形类型从最容易到最困难依次是果岭、球道、长草、沙坑以及水坑。如果把球打到水坑里，你就浪费了一杆，此时你需要在球落水前的位置重新击球。你应该采用什么策略，用尽可能少的杆数把球打进球洞呢？无论在哪里，你都应该直接瞄准球洞吗？如果需要穿过沙坑呢？你应该尝试留在球道和果岭上，以此尽量保持对球的控制吗？为了安全，你应该和地雷保持多远的距离？

为智能体编写程序

这些问题的答案取决于很多因素，但即使智能体没有这些信息，我们仍然可以教给它好的策略，方法就是让它玩一段时间，并在适当的时候给予它奖励。我们该如何训练智能体？当它到达终点位置（高尔夫球场尽头的球洞）时，游戏结束，我们立即给它一块巧克力作为奖励（价值为 1）。如果智能体踩到地雷，我们会用电击惩罚它，相当于减去半块巧克力（价值为 -1/2）。如果智能体踏入其他方格，就既不奖励也不惩罚。

我们需要回答一个更有趣更具技术挑战性的问题：如何创建可以从这些奖励中进行学习的智能体？我们不能指望只给智能体巧克力就能让它做我们希望的事。我们还要让它知道巧克力是值得追求的。

有两个观察可以帮助我们回答这个问题。第一个观察涉及我们如何让智能体存储它的环境模型。模型必须能总结智能体的经验，使其可以用于未来的决策。我们让智能体把它的环境模型存储在一个巨大的数字立方体中，如图 7.4 所示。

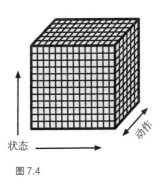

状态 动作

图 7.4

这个立方体中的每个小块都会存储一个数字，该数字会告诉智能体在球场不同位置执行特定动作时可以抱有的期望价值，即它应该得到多少块巧克力。每当智能体需要决定采取的动作时，它都会查看当前位置的所有 8 个可能动作，这些动作构成了贯穿立方体的一堆数值，然后它会选择数值最高的动作。在执行一次动作后，智能体会发现自己处于另一种状态（可能是它没有预料到的状态），然后它会重复同样的过程。如果立方体已经被填入了正确的数值，那么这个策略似乎是可行的，而且非常简单，我们甚至可以用物理设备对它进行编码，从而创建一台机械自动机。但这仍然回避了一个问题：我们如何确定在立方体的每个小块中应该填入什么数值？

为了回答这个问题，我们就需要另一个关键的观察了，这个观察是关于立方体中的数值应该代表什么的。请注意，如果智能体移动到不是最终目标的状态，那么它就不会得到巧克力。这是有问题的，因为缺乏奖励对智能体而言没有多少进步感。我们可以说，放眼一望，高尔夫球场上奖励的布局实在太平坦了。如果智能体在这种环境中盲目地追求奖励，那么它很难取得进步。这就引出了我们设计"强化学习智能体"所需要的最终观察结果：即使智能体没有因某个特定状态获得巧克力，它仍然有机会最终因那个状态得到巧克力。立方体中的数值至少应该直观地体现出这个机会。

在为智能体设计这种机会的概念时，我们想要的一个特性是：智能体应该倾向于尽早获得巧克力。这是直观的感觉，如果你的狗在房间的另一边，你伸出手喂它吃东西，它会立刻跳到你身边。如果你训练过你的狗做一些特技，它会跑过来打滚儿，甚至在你给它下命令之前就开始表演了。狗的这种行为会让它尽快得到奖励。如果狗可以选择是立即开始表演，还是等 30 秒之后再开始同样的表演来得到食物，它会尽一切努力现在就得到食物。无论我们如何定义这个机会的概念，都希望定义中要自然而然地表现出这种倾向于尽早得到巧克力的偏好。

我们可以将这个机会的概念形式化——再次重申，机会是我们希望由立方体的每个小块表示的价值。形式化的方法是将其定义为智能体可以期望得到的未来所有巧克力的总数，总数随着智能体得到这些巧克力所需要的时间而调整。遥远未来的巧克力应该比当前的巧克力价值更低。这种时间调整的效果很像你对金钱的估价。比方说，你把一张 10 美元的钞票塞进零钱机里换零钱。如果这台机器有一天的延迟，也就是说，你今天投入 10 美元，明天得到 10 美元零钱，你可能不会认为这是一笔好买卖，因为你已经放弃了在这段时间里花这些钱的权利，而且你明天是否能收回这笔钱还有一些不确定性。所以，或许你只愿意今天往机器里塞 8 美元，明天拿到 10 美元零钱。如果机器有两天的延迟，你今天就更不愿意投资了，或许你也会愿意投入，比如说，只投入6.4 美元。得到奖励需要等待的时间越长，通常分配给奖励的价值就越低。研究人员把这种想法称为"时间折扣"，但从现在起，我将其称为"时间调整"。

为了给智能体编程，让它去寻找得到巧克力的机会，我们需要开发一种方法，估算出智能体在采取行动时期望得到的巧克力总数，以此填充立方体的每个小块，并根据未来得到每份巧克力所需要的时间进行调整。[4]立方体中数值更高的动作表示有更大、更早、更频繁的巧克力回报，以及这三者的任意组合。而数值低的动作则意味着更小、更晚、更稀少的巧克力回报。例如，处于某种状态的智能体正面临着选择，一种动作提供 2.5 磅^①巧克力的时间调整奖励，另一种动作提供 1.5 磅巧克力的时间调整奖励，那么此时智能体应该选择前一种动作。

当智能体采取的大多数动作都得不到巧克力时，这种时间调整就给了它朝着球洞前进的机会。这就把智能体面对的平坦布局变成了丘陵布局，而奖励就在一座丘陵的顶上。智能体实际上并不做任何复杂的规划。在每一步中，它只需要"顺着梯度"努力到达顶端。

这种时间调整也给了我们一个旋钮来调节智能体。这个旋钮控制着一项权衡：或是让智能体寻求立即得到奖励的道路，或是让它走一条可能会推迟奖励的道路，寻求以后获得更大的奖励。通常，我们采用这种时间调整的方法是，将奖励乘以介于 0 和 1 之间的某个固定数值，这个数值代表智能体得到奖励需要等待的单位时间（例如，每小时、每秒钟或每天）。这个乘数改变了智能体看到的奖励布局，控制着智能体有多强的意志力：如果乘数接近 0，智能体会倾向于考虑尽可能快地得到它能得到的巧克力，即便这意味着放弃以后的巧克力。如果乘数接近 1，智能体会愿意放弃短期的巧克力，而倾向于以后得到更多的巧克力。[5]

智能体如何观察环境

除了不吃巧克力之外，狗和 DeepMind 的雅达利游戏智能体

---

① 1 磅≈0.453 6 千克。——编者注

之间的一个明显区别是，狗生活在现实世界中，而雅达利游戏智能体生活在模拟的虚拟环境中。雅达利游戏智能体不会像狗一样坐着或乞求食物，它的行动局限于游戏中可以使用的所有操纵杆动作。雅达利游戏智能体不是用它的眼睛、耳朵和鼻子来感知周围的环境，而是必须通过观察屏幕上的像素并品尝我们给它的虚拟美食来感知它的环境。当DeepMind设计智能体时，他们需要某种方法将游戏中发生的事情与智能体所感知到的事情联系起来。他们如何以一种简明、连贯的方式做到这一点，使智能体易于推理？

对DeepMind而言，幸运的是，阿尔伯塔大学的研究人员创建了一个名为"街机学习环境"（Arcade Learning Environment）的平台，这使DeepMind能够让智能体在雅达利游戏世界中畅游。这个环境建立在雅达利模拟器（即一个模拟雅达利游戏机行为的程序）之上，直接从运行游戏的计算机内存中提取信息。[6] 通过使用"街机学习环境"，DeepMind可以轻松地"查找"智能体的输入，即像素和当前得分，将它们作为感知输入呈现给智能体，并将智能体的命令解释为操纵杆动作发送给环境。于是，"街机学习环境"便可以正确处理模拟的雅达利游戏世界的繁杂细节了。

经验金块

到目前为止，我们仍然没有具体的方法来填充多维数据集（即数字立方体）中的数值。我们知道多维数据集中的每个数值都应该表示智能体在未来会得到的时间调整巧克力的数量，并且我们知道，要创建一个智能体来使用这些数值，就需要对智能体进行编程，让它无论处于什么状态都会选择数值最高的动作，但是我们还不清楚如何计算填入多维数据集的数值。

如果我们有关于这款游戏的完美信息，例如我们在球场的每个区域朝某个方向击球的可能性有多大，那么就可以使用强化学习领域的一些数学公式来计算整个多维数据集的数值，而无须让智能体玩游戏。但是这种完美信息是我们没有的奢侈品。高尔夫球游戏就像雅达利游戏一样，我们甚至不知道在完成一个动作后，高尔夫球会有多大可能落在一个不同的状态。

DeepMind解决这个问题的方法是，通过让智能体反复试错来学习多维数据集中的数值。起初，智能体选择完全随机的动作，以便从经验中了解哪种"状态—动作对"往往伴随着奖励。通过使用强化学习中的一种叫离线学习（off-policy learning）的技巧，智能体会学习到很好的游戏策略，即便它只是跌跌撞撞地随机乱走。然后，随着智能体获得经验，它会开始喜欢非随机的动作。

我们把离线学习算法应用到高尔夫球游戏中。首先，我们让智能体玩一局游戏，让它每次需要移动时都选择随机动作。这会生成一系列的"状态—动作对"，如图 7.5 的左侧框图所示。在智能体玩完一局游戏之后，我们需要使用智能体在游戏中的经验来更新多维数据集中的数值。

我们可以将智能体的经验分成几个组块来总结，每个组块都有若干信息：智能体在选择和执行一个动作时处于什么状态，选择哪个动作（北、东北、东等），在执行动作后最终处于哪种状态，以及它到达下一个状态时是否会得到或失去巧克力。你可以在图 7.5 的左侧框图中看到这样的一个组块。智能体将从这些经验金块中学习它所需要的一切。

我们需要一些方法来更新多维数据集中的数值，以便把这些经验金块具体化。如果智能体在经历了一些"状态—动作对"之后，最终到达了它的目的地（即球洞），那么我们就把多维数据集中的"状态—动作对"的数值稍微向奖励 1 推进一点。我们并不把它设置为 1，只是把它向 1 稍微推进一点。如果一个"状态—动作对"通向球场上有地雷的位置，我们就把"状态—动作对"的数值向-1/2 稍微推进一点。否则，我们就让"状态—动作对"的数值向 0 接近。我使用"推进"这个词时很随意，但是强化学习提供了一种精确的数学方法来调整这些值，它与这个词的直观含义非常吻合。

这足以让智能体了解在动作之后立即看到的奖励。但是请记住：我们希望多维数据集中的数值表示出未来所有的时间调整奖励流，因为我们希望智能体选择朝奖励移动的动作，即使它此时距离奖励很远。我们需要一些方法来估计这次动作后智能体看到的奖励流。训练智能体的秘密就在于此。因为我们已经从经验金块中了解了智能体在选择某个动作后最终会处于什么状态，所以恰恰可以在多维数据集本身中查看这个信息！

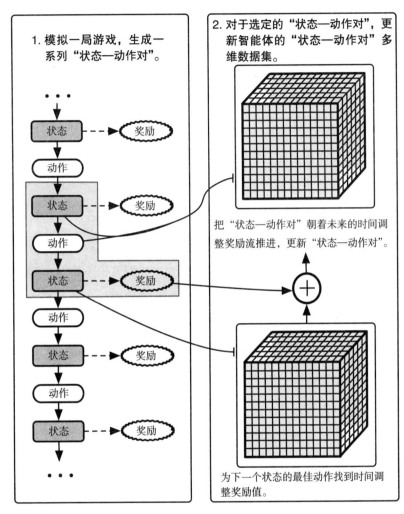

图 7.5 训练强化学习智能体的一种方法是模拟。首先，智能体通过游戏生成一系列"状态—动作对"和奖励，如左侧框图所示。接下来，如右侧框图所示，我们利用智能体经历过的"状态—动作对"来更新智能体在给定状态下采取不同行动得到的未来奖励的估值。这种特别的方法有时被称为时序差分学习（temporal difference learning）

更确切地讲，既然我们已经知道智能体的策略是为它所处的状态选择最佳动作，那我们就可以确切地知道聪明的智能体在拥有了经验金块之后会采取哪些动作。因为根据定义我们可以知道，多维数据集存储了智能体的下一次动作会得到的时间调整奖励的数量，所以我们可以使用该信息更新当前的"状态—动作对"。

因为这个动作（和它的奖励）是迈向未来的一步，所以对智能体的未来动作将会得到的奖励数量，我们将进行时间调整，然后把原来的"状态—动作对"朝着这个时间调整奖励的数值推进。为了训练智能体，我们将对智能体在游戏期间访问的状态重复这个过程，然后在许多局游戏中重复这个过程。

这种自我参照的把戏可能会在你的脑海中敲响警钟。当我们第一次开始训练智能体时，多维数据集中的数值是毫无意义的。再加上智能体从选择随机动作开始，我们很难相信它能够学习到好的策略。无用的输入难道不等于无用的输出吗？的确，多维数据集中的数值最初会非常糟糕，我们最初对多维数据集所做的更改也不会有太大帮助。但是随着时间的推移，学习的质量会逐渐提高。

在描述智能体如何填充和使用多维数据集时，我对其中隐藏的环境做了一个重要的假设。此处的假设是：在预测智能体的未来时，唯一相关的状态是智能体的当前状态。这并不意味着它过去的状态和动作无关紧要，它们对于使智能体来到当前状态非常重要。但是，一旦我们知道了智能体的当前状态，就可以忘记此前的一切，因为我们假设智能体的当前状态捕捉到了与预测其未来相关的所有历史。这个假设通常被称为马尔可夫假设（Markovian assumption）。虽然很简单，但马尔可夫假设使我们能够用连接过去和未来的经验金块来更新多维数据集，这样多维数据集中的数值本身就可以连接过去和未来。这就是为什么智能体每玩一局游戏，多维数据集中的数值就会变得更准确。多维数据集中的组块会在良性循环中得到改善，它们从"坏"到"好"，进而走向"完美"。

在每一局高尔夫球游戏中，智能体访问的状态序列都会在高尔夫球场上形成一条"轨迹"。你可以在图 7.6 中看到其中一些轨迹。如图 7.6（a）所示，最开始，智能体完全随机移动，需要很多杆才能到达最后的球洞。玩过几局游戏之后，智能体就可以跌跌撞撞地向球场末端的球洞移动了。然而，一旦玩过几千局游戏，它就会精确地绕着地雷移动。如图 7.6（b）所示，你可以看到，智能体甚至在离地雷很远时就预测到地雷，并转向避开了它。在智能体学会完美的策略之后，它仍然存在一些问题，比如它无法避免每次挥杆时所面临的随机性。但是，智能体用了一种不同的方式来优化自己，学会了在离地雷很远时就预测到地雷。

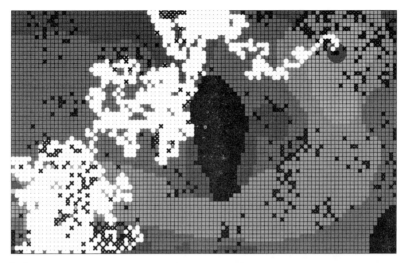

（a）

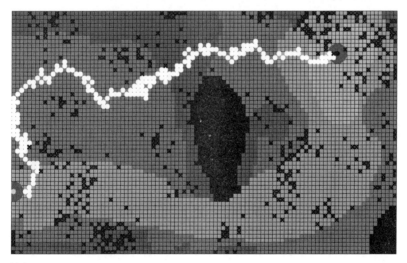

（b）

图 7.6　高尔夫球游戏智能体的移动轨迹（白色路径）。（a）智能体玩过 10 局游戏后的移动轨迹。
　　（b）智能体玩过 3 070 局游戏后的移动轨迹

用强化学习玩雅达利游戏

我在本章中描述的方法是在实践中最常用的强化学习方法之一。在这种方法中，智能体通过选择不同的动作从一个状态移动到另一个状态，当智能体做了我们认可的事情时，我们就给它巧克力作为奖励。当需要执行一个动作时，智能体会参考它的多维数据集。它查找可以执行的动作，选择时间调整奖励流最高的动作，然后执行这个动作，从而移动到不同的状态，并可能因此获得另一个奖励。当想要训练智能体时，我们可以让它玩很多局游戏，然后使用它的经验金块来更新它的多维数据集。

用这个多维数据集玩高尔夫球游戏是可行的，因为高尔夫球场中有 $60 \times 100 = 6\,000$ 个状态，而多维数据集中有 $6\,000 \times 8 = 48\,000$ 个单元。单元的数量虽说不少，但也没有多到无法通过让智能体随机移动一段时间来准确估计这个多维数据集中的数值。

不幸的是，如果想要得到一个可以玩雅达利游戏的智能体，那么我刚才描述的方法就行不通了。问题在于，对玩雅达利游戏的智能体而言，它的多维数据集要比我们玩高尔夫球游戏的智能体大很多个数量级。

正如我们在本章开头看到的，DeepMind 认为雅达利游戏中的状态是过去 4 张屏幕截图中的屏幕像素的排列。[7] 对于《太空入侵者》这样的游戏，多维数据集需要记录数万亿个状态。[8] 我们用来估计高尔夫球游戏多维数据集中数值的方法——通过随机选择动作来学习，行不通了，因为我们需要玩太多局游戏才能用合理的数值填好多维数据集。

这听起来可能只是一个技术问题，但它是一个非常实际的限制。[9] 即使我们有足够的时间填充多维数据集，或者即使我们只需要填充多维数据集的一小部分，它的大小也会超出计算机内存的限制。大多数雅达利游戏的多维数据集都太过庞大。

DeepMind需要一些其他方式来表示我们放入多维数据集中的信息。他们求助的工具是神经网络。

8

如何用神经网络攻克雅达利游戏

神经信息处理系统

早在 2014 年谷歌收购 DeepMind 之前，关于这家新锐研究公司的消息就已悄然传开。例如，在 2012 年底的一次机器学习会议上，DeepMind 一直在与脸书和谷歌等公司激烈竞争，招募机器学习领域的人才。[1] 与会者了解到，这家神秘公司的创始人是杰米斯·哈萨比斯，一位沉静寡言、才华横溢、雄心勃勃的神经科学家。

在这场名为"神经信息处理系统"（NIPS）的会议上，人工神经网络是讨论的主要议题之一。人们的兴奋感异常明显：在过去几年里，这一领域的突破迅速出现。更好的硬件、庞大的数据集以及训练这些网络的新方法的融合，突然间让研究人员能够创建出高水平的神经网络架构，实现几十年前的人们梦寐以求的壮举。特别是 2018 年，多伦多大学的研究人员创建了一个神经网络，让计算机拥有了一种神奇的能力来感知照片中的物体。

近似，而非完美

要创建玩雅达利游戏的智能体，我们需要一些方法，总结智能体在每个可能的状态应该采取的动作。在第 7 章中，我们了解了"状态—动作对"如何记录这些数值。如果没有太多的状态和动作，这种方法非常有效。但是，当我们有海量的状态（就像雅达利游戏那样）时，多维数据集就会变得非常庞大，我们无法在合理的时间内填好这个多维数据集的数值。

另一种考虑多维数据集的方法是将这些数值视为定义一个数学函数：

时间调整奖励 = q（当前状态，操纵杆动作）

与多维数据集一样，这个函数会告诉智能体它在执行某一动作时所期待的时间调整奖励流，前提是假设智能体此后总是选择最好的动作。如果智能体知道这个函数，那么它只需要针对它正在考虑的每个动作和它所处的状态计算这个函数，然后选择函数值最高的动作。在强化学习中，这个函数被称为动作值函数，或简称为 q 函数。

q 函数的问题是，如果我们想让它完美地表示多维数据集，想在计算机上编码这个函数，那么我们仍然需要大量的磁盘空间来存储程序。我们会遇到与最初的多维数据集相同的问题。

让 q 函数易于处理的关键是认识到它无须完美。多维数据集中的数值有很多相关性，就像网飞的评分矩阵中的数值有很多相关性一样。与矩阵分解一样，我们可以用这种相关性来简洁地描述函数。例如，如果你位于高尔夫球场西部，你通常需要往东走；

如果你位于球场南部，你通常需要往北走。我们无须尝试把整个多维数据集填到函数中，而是可以用一个简单得多的、利用状态和动作特点的函数来得到近似 q 函数的值。这个想法是创建一个分类器，它与我们曾经用来制作《世界最佳儿童食谱》的分类器完全相同。只是我们不是对食谱进行分类，而是对"状态—动作对"进行分类。

对于儿童食谱，我们选择了直观且易于计算的特征。具体指定对雅达利游戏智能体有用的特征很困难，因为这些特征可能因游戏而异。但是在更高的层次上，我们希望这些特征能够简化原始状态空间，同时仍然能够捕捉对玩游戏有用的重要信息。

对于 q 函数，我们需要一些比简单的分类器更复杂的东西。q 函数的形式需要足够灵活，以便可以很好地近似于真正的多维数据集，这意味着它应该能够表示各种各样的函数。与此同时，我们必须能够用我们从模拟中搜集的经验金块来"训练" q 函数。

神经网络拥有我们所寻求的特性。更好的是，它们提供了一种自动生成特征的方法，因此我们无须担心为 50 款不同的游戏手工设定特征。

用作数学函数的神经网络

神经网络是一种受生物学启发的数学函数，由相互作用的人工神经元组成。（我要指出的是，许多神经网络研究人员认为，仅仅因为一种方法受到生物学的启发就赞成这种方法，这种赞成可能"充满危险"。)

当研究人员解释神经网络的结构时，他们通常会画一幅类似于图 8.1 的图。

在这幅神经网络示意图中，每个圆代表一个神经元，神经元之间的箭头代表神经元之间关系的权重。你可以把网络中的每个神经元视为一个小灯泡，它的亮灭取决于它是否被激活。如果它被激活，便可以取一系列数值。它可能会发出微弱的光芒，也可能格外明亮。如果它没被激活，就不会发光。每个神经元小灯泡是开还是关？如果是开，那么它发的光有多亮？这全都取决于其上游神经元的亮度，以及上游神经元和这个神经元之间的连接的权重。

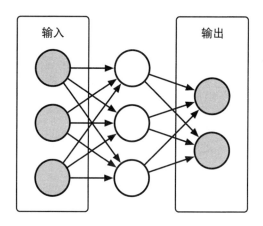

图 8.1　一个简单的神经网络

一对神经元之间的权重越大，上游神经元对下游神经元的影响就越大。如果神经元之间的权重为负，那么明亮发光的神经元便会抑制它指向的神经元的亮度。

你可以在图 8.2 中看到，一个神经元的值如何依赖于上游神经元的值。你可能会立即意识到这张图让人感觉很熟悉：每个神经元只是一个简单的加权平均分类器，它拥有一个能以某种方式压缩分类器的输出的函数。换言之，整个神经网络就是一堆连接在一起的小分类器。

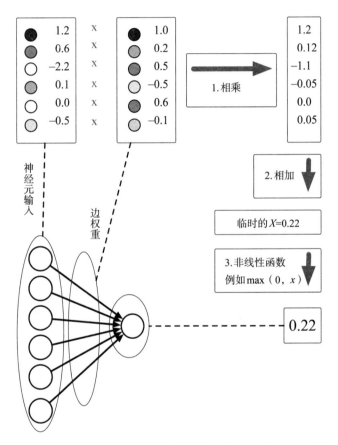

图 8.2　通过神经网络传播数值。在神经网络中，一个神经元的值要么由外部数据决定（也就是说，它是一个输入神经元），要么由充当它的输入的其他上游神经元的函数决定。当神经元的值由其他神经元决定时，上游神经元的值通过与边权重相乘、求和，并通过一个非线性函数，例如 max（x，0）、tanh（X）或 S 型函数而得出

为了使用神经网络，我们通常将输入神经元设置为特定值，例如让它匹配图像中的像素颜色，每个像素用三个介于 0 到 1 之间的数字表示，然后我们运行网络。当我们运行网络时，第一层神经元的亮度会决定下一层神经元的亮度，下一层的亮度会决定再下一层的亮度，以此类推，信息流经网络，最终到达输出层。当输出神经元被激活时，它们的值有望被用于某些用途。在雅达利游戏智能体的案例中，这些神经元会告诉我们智能体应该采取什么动作。

尽管神经网络受到了生物学的启发，但它们并没有什么神秘之处。输入神经元的亮度会准确无误地决定网络中其他神经元的亮度。神经网络只是用来计算一系列数学公式的复杂的计算器。神经元之间的连接决定了那些公式的形式，如图 8.2 所示。只要我们知道神经元之间所有连接的权重以及输入神经元是如何设置的，就没有不确定性、随机性，也不存在能决定网络中各个神经元是否会发光的魔法。神经网络就相当于一台计算机，因此它是自动机的主要构件。

我们上面讨论的网络叫前馈神经网络，因为信息从输入到输出是单向通过网络的。一般而言，神经网络的每一层中可能有不同数量的神经元，它的层数可能也会不同，甚至可能还没有组织成层，但是这种前馈结构仍然很常见，而且 DeepMind 正是用它来玩雅达利游戏的。

不过，让我们先回过头想想，为什么要劳神费力地使用神经网络呢？我们是不是把事情搞得太复杂了？我们能否设计一个更简单的近似于 q 函数的东西，也许只用一个简单的分类器？

如果我们的目标是设计一个只玩某一款特定游戏的智能体,答案或许是肯定的。我们可以精心地手工设计一些游戏特征,并将它们与加权平均分类器结合起来。但这样做无法让我们朝着可以执行各种任务的自动机迈进,而开发这样的自动机才是DeepMind最初设计雅达利游戏智能体的目标之一。请回想:DeepMind的智能体可以玩大约50种不同的雅达利游戏,其中很多(但不是全部)它都玩得很好,而DeepMind没有对这些游戏进行自定义调整,它只是让智能体把每款游戏都玩一段时间,它需要一个足够灵活的q函数来玩各种各样的游戏。

事实证明,神经网络恰恰提供了我们所需要的灵活性,甚至像上面那样简单的网络也不例外。神经网络的一条重要定理——万能近似定理(universal approximation theorem)指出,如果使用像图8.2那样输入层和输出层之间夹着一个中间层的网络,那么我们就能够以任意精度给出近似于从输入到输出的任意函数。[2]这是一条深刻的定理。它告诉我们,假设我们精心选择神经网络的权重,神经网络就可以在给定屏幕像素的情况下指出在雅达利游戏中可能采取的最佳动作。我们只需要创建一个结构正确的网络,然后找出这些权重的数值即可。这就给我们带来了神经网络的另一个主要优点:它们的权重很容易通过数据被学习。

我在图8.3中展示了万能近似定理。首先,请看图8.3(a)中的笑脸图片。这是我们想用神经网络"预测"的目标。图8.3中的其余图片显示了几个有中间层的神经网络近似笑脸目标的效果。输入和输出之间的层有时被称为隐藏层,因为我们不直接观察它们的值。每个网络的输入层是两个神经元，它们被设置为图像中每个像素的x坐标和y坐标。每个网络的输出是一个神经元，它描述了这些坐标处的像素的明暗程度：0 代表黑色，1 代表白色。当我们在网络的中间层（即网络的隐藏层）添加更多的神经元时，它就能越来越好地近似笑脸目标。图 8.3（c）是有 200 个隐藏神经元的神经网络效果，我们可以看到它有一点像笑脸，而图 8.3（d）是有 2 000 个隐藏神经元的神经网络效果，我们可以看到它非常像笑脸。

这种有一个隐藏的中间层的网络，是我们可以用来表示从输入神经元到输出神经元的任意映射的最"浅"的网络。如果我们去掉中间层，将输入神经元直接连接到输出神经元，那么网络的表现力就不会那么强。此时我们近似出的笑脸形如一个灰色的方框，在某个方向上从浅灰色渐变到深灰色。我们既看不到眼睛也看不到嘴巴。因此，输入层和输出层之间至少需要一个隐藏层。

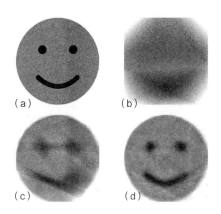

图 8.3　通过几个经过训练的神经网络（b、c、d）来表现目标图像（a）的效果。该神经网络以
图像中每个像素的x坐标、y坐标作为输入，预测每个像素在 0 到 1 范围内的亮度

万能近似定理也没有说明网络的中间层必须有多大，才能像我们希望的那样近似笑脸。我们可能需要亿万个隐藏的神经元，来表现超出人类感知极限的面孔，就像我们可能需要类似网络的隐藏层中有数百万个神经元来玩雅达利游戏一样。这个观察结果对于我们构建雅达利游戏智能体的目标非常重要，因为这样的网络可能太过庞大，无法被存储在磁盘上，或是无法训练数据，就像最初的多维数据集一样。这就是我们试图把所有这些信息都放进一个隐藏层中所付出的代价，但这并不意味着我们无法设计一个更简单的网络，用其他方式玩雅达利游戏，例如，使用更多的层，每层的神经元更少。

在我们为雅达利智能体构建网络之前，我们需要回答两个问题：我们应该选择哪种结构的神经网络？我们如何选择它的权重？在本章的余下部分，我将回答这些问题，我们将再次使用高尔夫球游戏来构建网络。

雅达利游戏神经网络的结构

在图 8.4 中，我展示了一个专门为玩高尔夫球游戏设计的神经网络。它有一个输入层获取智能体的当前位置，一个输出层预测智能体应该瞄准 8 个方向中的哪一个，还有一个庞大的隐藏层。

在这个网络中，我们把输入神经元的值设置为高尔夫球当前的位置坐标。当我们运行网络时，输入神经元会激活中间隐藏层的神经元，然后隐藏层的神经元会激活输出神经元。我们希望用网络的输出值近似我们在上一章看到的多维数据集中的值。给定球的位置，网络的输出值应该等于智能体在选择某个动作时期望得到的未来的时间调整奖励，即未来的巧克力数量。一旦我们计算出这个网络的权重，智能体就能根据它在球场上的位置来设置网络的输入神经元，然后计算网络以生成其 8 个动作的值，选择权重最高的动作并执行这个动作，然后重复这个过程，以此来选择它的移动。

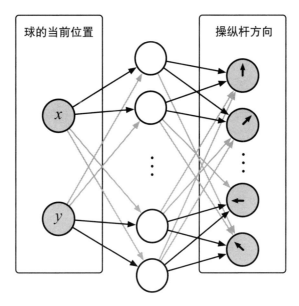

图 8.4

和以前一样，我们只需要让智能体胡乱摸索一段时间，这样我们就可以利用它的经验金块，在适当的时候给智能体奖励巧克力或用电击惩罚它。我将在下一章中解释如何用数据"训练"神经网络，但是现在你只需要知道这是可能的。因为万能近似定理告诉我们，神经网络的架构是奏效的，我们已经在图 8.3 中笑脸的例子里看到了它的效果。因为我们从坐标开始，所以网络不需要太庞大；它只需要储存表示智能体移动方向的 8 个不同的映射，每个映射对应一个输出方向。

但是，雅达利游戏智能体不是使用原始像素值代替了坐标作为输入吗？我在这里作弊了，把球在球场上的坐标作为神经网络输入，而没有使用表示球场的像素。这很容易解决：我们可以通过在网络的开始添加更多的层来把原始像素转换成球在球场上的坐标。这将是我们创建可以玩雅达利游戏的神经网络的最后一次飞跃。

我在图 8.5 中完成了这个过程。这个网络的右边两层执行我们在上图中看到的完全相同的功能，将当前位置转换为预测巧克力奖励的输出值。因此我们只需要让自己相信，左边两层可以将图像转换为高尔夫球的坐标。

这两层是怎么做到的？一种方法是使用卷积层作为第一个隐藏层。神经网络的卷积层包含识别原始输入图像中的物体（比如球或球洞）的分类器。每个分类器（在本例中，我们在技术上只需要一个分类器来识别球的位置）都要被应用到输入图像中每 8×8 的像素块上。这一层的输出包含每个分类器的一个图像。每个输出图像的每个像素都是将分类器应用于输入层中相应像素块上的结果。如果与分类器不匹配，结果则为黑色，反之则为白色。

在图 8.6 中，你可以看到一个分类器的工作原理，它显示了一个使用 3×3 像素块而不是 8×8 像素块的卷积。在图中，分类器预测原始图像中的每个像素块是否与某个模式匹配。卷积层生

成与输入图像对齐的图像,并描述这个图像的哪一部分与过滤器
正在查找的图像匹配。

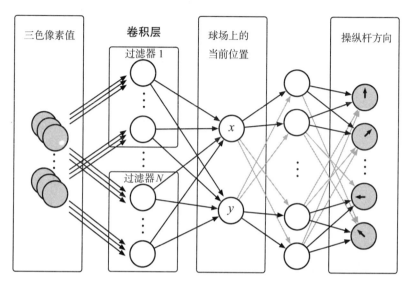

图 8.5　为高尔夫球游戏设计的神经网络。右边两层,即从"球场上的当前位置"到"操纵杆方向",
　　　　根据球和目标的当前位置决定智能体应该瞄准哪里;左边两层将屏幕的像素转换成坐标

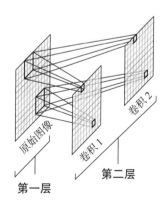

图 8.6　有两个过滤器的卷积层。每个过滤器扫描图像并生成一个结果图像,图像中每个像素都对
　　　　应于通过该过滤器的输入图像的一个像素块

这些分类器是如何工作的？每个分类器只是一个加权平均分类器，类似于我们在《世界最佳儿童食谱》中使用的分类器，后面可能还有一个压缩函数（在接下来的几页，我会详细介绍这个函数）。请记住，这只是神经网络中的一个神经元而已。卷积层输出的每个像素都是一个神经元，其权重对应于分类器的权重。

为了更形象地解释这个过程，我们假设高尔夫球场是一个灰度图像，我们使用上一章中的球洞和球的初始位置。图 8.7（a）和图 8.7（b）分别显示了区分图 7.3（a）中高尔夫球场上的旗杆和球的分类器的权重。当这些过滤器恰好分别位于旗杆或球的正上方时，它们就会激活，即生成数值 1，否则它们会生成数值 0。如果你稍微细看一下，就会发现图 8.7（a）中的过滤器显然有点像旗杆，图 8.7（b）中用于区分球的过滤器则不太直观。被深色像素包围的浅色像素，这才是球的定义特征。

这些卷积过滤器的输出是两幅图像，每幅图像都是对原始图像应用其中一个分类器的结果，如图 8.8 所示。输出的图像大部分是黑色的，但两个图像中各有一个神经元发光，这代表过滤器在此处从输入图像中找到了它的模式。

从第二层到第三层，我们只需要将黑白图像中的所有像素映射到白色像素的坐标上。网络并不知道图像中某一位置的像素周围是什么，它只是把每幅图像看作一大串数字。然而，网络可以看足够多的数据，并将每个神经元的坐标编码到权重中，以此来学习从每个像素到其位置的映射，如图 8.9 所示。

现在事实证明，最后一步，也就是将卷积层的输出转换成坐标，对于解释网络中发生的事情大有用处，但这并不是网络工作必须要有的步骤。因为在把球的位置转换成坐标后，我们没有压缩神经元的值，所以从数学上讲，把卷积层的输出完全连接到输出前的最后一层隐藏层，并设置权重来解释这一点是可能的。这样我们就可以跳过中间层，而中间层完整地存储了球的坐标。

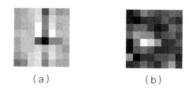

（a）   （b）

图 8.7   区分（a）球洞中插的旗杆和（b）高尔夫球的卷积过滤器

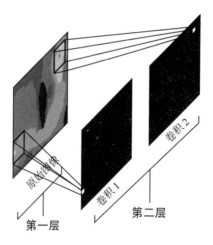

图 8.8   有两个过滤器的卷积层。过滤器是扫描输入图像以寻找特定模式的分类器。每个过滤器的
          输出都是一组神经元，它们被组织成一幅图像，当原始图像中的像素块与过滤器匹配时，
          这些神经元就会发光

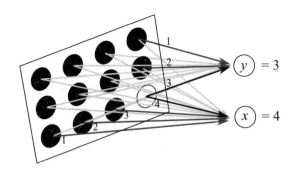

图 8.9　将卷积层中的白色像素转换为坐标的层。此图中，像素与给出 x 坐标的神经元之间的权重
等于该像素的 x 坐标，而像素与给出 y 坐标的神经元之间的权重等于该像素的 y 坐标。如果
左边层中在坐标（4，3）处的神经元亮起，值为 1，并且所有其他神经元都是暗的，那么
这一层的输出值将反映这一点：输出结果为 $x=4$ 和 $y=3$

　　由此，我们构建了一个本质上与玩雅达利游戏的神经网络类似的网络。第一层是卷积层，它查找屏幕上的物体，把结果压缩到 0 和 1 之间。然后，这一层完全连接到具有 32 个单元的隐藏层，然后是另一个压缩函数，它的结果完全连接到输出层，输出层的值表示智能体在执行不同动作时预期得到的时间调整奖励流。

　　这个网络和雅达利游戏智能体使用的网络有一些不同。在高尔夫球游戏中，我们使用了两个过滤器（我们只需要使用一个），但是雅达利游戏智能体在它的第一个卷积层中使用了 32 个独立的过滤器。第一层的输出随后被放置到 32 个独立的图像中，只要原始图像与相应的过滤器匹配，那个地方的图像就会发光。由于它有 32 个过滤器，它可以搜索各种各样的物体，从《乒乓球》游戏中的球拍到《太空入侵者》中的外星人和宇宙飞船。你可以在图 8.10 中看到如何使用几个过滤器应用这种方法的示例。

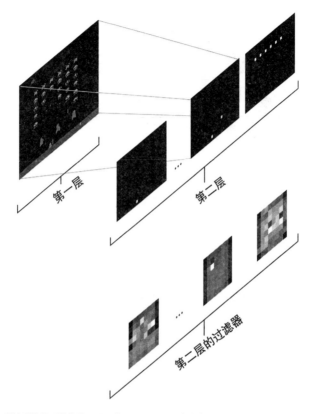

图 8.10　雅达利神经网络的卷积层。第一层显示了网络的输入：游戏的屏幕截图（雅达利网络实际上使用了最新的 4 张屏幕截图）。第二层是卷积层，使用 32 个过滤器在第一层中搜索 32 种不同的像素模式。应用每个过滤器之后的结果是 32 幅图像，除了屏幕截图中与过滤器匹配的部分之外，图像的其他部分都接近于 0

　　此外，雅达利游戏网络还比高尔夫球游戏网络拥有更多的卷积层。这些层堆叠在一起，所以一层的输出就是下一层的输入。较新版本的网络有三个卷积层，之后是两个相同的全连接层[①]。通

①　全连接层是指每个节点都与相邻层的其他节点连接的层。——译者注

过使用三个卷积层，他们的网络可以找出更复杂的输入图像模式。在下一章中，当研究深度神经网络如何准确解释照片的内容时，我们会更加直观地了解为什么这种方法会奏效。

这个智能体的架构有点像斯坦利和 Boss。你可以把图 8.11 的雅达利游戏智能体的架构与图 4.2 的 Boss 的架构进行比较。二者的一个重要部分都是将组件划分为感知层和推理层。雅达利游戏智能体的感知部分是神经网络，它把屏幕上的原始像素转换为游戏环境中的有用特征。雅达利游戏智能体的推理部分不过是一个程序，它不断查看神经网络的输出值，选择输出值最高的动作。你甚至可以把这种动作选择循环解释为一种非常简单的"搜索"算法，它的目标是从 8 个动作中搜索出最佳动作。

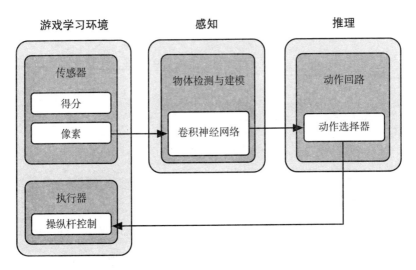

图 8.11　雅达利游戏智能体的架构

深入研究神经网络

在很多方面，雅达利游戏都是DeepMind展示神经网络优势的完美试验台。雅达利游戏为智能体提供了明确的目标函数——游戏得分，同时为DeepMind提供了几乎无限的数据来训练它的网络。由于阿尔伯塔大学的研究人员开发了"街机学习环境"，DeepMind才可以专注于开发一种能玩多款游戏的智能体，而这正是"街机学习环境"创建者的愿望。正如我们将在第9章看到的，数据量是我们训练复杂神经网络的最重要因素之一。

我们至少已经在高层次上看到了神经网络在玩雅达利游戏时的情况。但许多问题仍未得到解答。例如，雅达利游戏智能体什么时候表现不佳？虽然智能体使用相同的神经网络结构，即三个卷积层后面接着两个全连接层，但是对于每一款游戏，它都会学习不同的网络权重。经过训练后，它在29款游戏中比专业人类玩家玩得更好。

与人类相比，神经网络在雅达利的《弹球》游戏中表现最好。在《弹球》游戏中，智能体最重要的任务是对游戏中的一个相对较小的部分（即挡板击球的位置）做出反应。当球接近屏幕底部时，神经网络只需快速准确地做出反应即可。该游戏还允许玩家向任意方向倾斜弹球机，将球推到一个更好的位置。当球接近屏幕底部时，智能体可以使用这种倾斜操作完美地定位球的位置。因为这个网络可以学习运动，而且能以机器的精度做出反应，所以它在游戏中的得分比专业人类玩家高出20倍。[3]

而在游戏《蒙特祖玛的复仇》中，智能体则表现糟糕。[4]在这个游戏中，玩家需要探索迷宫般的地下阿兹特克金字塔（想想带梯子的《超级马里奥兄弟》）。玩家在不同房间中穿梭，一边躲避敌人，一边寻找宝石。对智能体而言，第二困难的游戏是《私家侦探》，玩家必须在整座城市中寻找线索和物品。

这两款游戏都涉及探索，这需要玩家在游戏中始终注意环境。玩家必须记住已经做了什么、没做什么、去了哪里、接下来要去什么地方。雅达利游戏智能体无法做到这些，因为它没有记忆。它无法记录访问过哪些房间、没访问过哪些房间、做过什么、没做过什么。

它玩不好这些游戏还有另一个相关的原因。还记得吗，智能体最初是通过选择完全随机的动作进行自我训练的。而采取随机动作无法让智能体在需要探索的游戏中取得很大进展。在《蒙特祖玛的复仇》中，智能体只是在房间里走来走去，很少能穿过迷宫的第一个房间。由于无法在探索中取得很大进展，它无法获得足够的分数来学习有用的东西。稍后我们将看到智能体记录游戏状态的一些方法，但我现在要提醒你，我们不会得到我们需要的所有答案。这仍然是一个开放的问题，也是强化学习研究人员的一个活跃的研究领域。

雅达利游戏智能体最成功的部分之一是，它能通过卷积神经网络感知世界。与此同时，相对较新的深度卷积网络在过去几年迅速发展成熟，以致计算机分类照片中物体的能力已经超过了人类。在接下来的几章中，我们将深入研究其中一些网络，以便更好地理解它们如何做到这一点。

9

人工神经网络的世界观

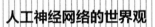

人工智能的奥秘

2016 年，彭博新闻社的一位记者写道，几家初创公司已经开始销售智能聊天机器人作为私人助理。[1] 其中有一款机器人名叫埃米·英格拉姆（Amy Ingram），她的公司推销她是"能为你安排会议的私人助理"。你只需要把电子邮件抄送给埃米，她就会开始其神奇的表演。埃米"酷似人类的语调"和"能说会道的不凡谈吐"深受她的用户喜欢。一名用户说她"的确比人类更能胜任这项工作"。有些男人甚至想和她约会。[2]

在深入了解埃米的工作原理之前，我们先回顾一下在她亮相之前机器学习的发展趋势。在 2006 年之后的大约 10 年里，计算机识别图像和其他媒体内容的能力得到了显著提高，这得益于一种被称为"深度神经网络"的技术。深度神经网络就像是我们在上一章中看到的网络，但它有很多层。从某种程度上讲，深度神经网络如今在识别照片中的物体方面比人类更胜一筹，而且它们已经拥有了艺术才能，例如用画笔把照片绘制成"画作"，反之，对于一幅绘画，它们还能创造出相片般逼真的渲染效果。这些突破是许多因素，包括更多的数据、更好的硬件、更好的神经网络结构，以及训练这些网络的更好的方法带来的。

在上一章中，我们学习了将神经网络视作一种映射，它接受一些输入（图像中的像素）并产生一些输出（执行操纵杆动作的数值）。这与神经网络可以成为自动机组成部分的事实是一致的，重要的是，从输入到输出的映射是固定的，神经网络没有什么不可思议的，也没有什么不可预测的。恰恰相反，它们完全可以被预测。神经网络是确定性函数[①]，是由网络中的人工神经元进行的简单操作组成的，只要我们仔细观察神经网络，就会发现它们其实是分类器。

我们还了解到，输入和输出之间有一个隐藏层的网络可以无限精确地表示任意函数，只要这个隐藏层足够大。[3] 找到这个函数只需要像调节旋钮一样调整网络的权重，直到我们无论给网络什么输入，它都能得出我们想要的输出。正如我在上一章中提到的，通过数据训练神经网络，它就可以自动拟合这些权重。

这时，我们可能会停下来问自己，这两个事实是否足以说明我们对神经网络的理解已经足够充分，可以转向下一话题？我们知道，从理论上讲，有一个隐藏层的神经网络可以表示任意函数；我们还知道，通过给网络提供足够多的数据来训练它是可能的。然而，这就足够了吗？

我将在下面的例子中说明答案是断然否定的。知道可以通过训练神经网络来识别我们想要的东西仍然无法揭示重要的细节，

---

① 确定性函数（deterministic functions），表示输出值完全由输入值决定的函数。——译者注

例如神经网络在了解世界时的内部表示是什么样的，网络如何对照片中的物体进行分类，以及什么时候网络效果不佳？如果我们想要了解神经网络和它们构建的自动机的能力和局限，那么了解这些细节对我们而言至关重要。让我们暂时把话题转向一个著名的自动机，来获得一些更具体的经验教训，说明为什么这是真的。

国际象棋自动机"土耳其人"

在沃康松发明长笛演奏者的几十年后，1770 年，有人发明了一个神秘的机械装置。和长笛演奏者一样，这个装置是一台自动机，它的外形和动作都酷似真人。只见它坐在一张书桌旁，被旁边两个烛台的烟包围着。尽管这个装置是机械的，但它可以在棋盘上表演令人赞叹的绝技"骑士之旅"。它用戴着手套的手拿棋子，手被固定在木制的手臂和躯干上，它可以用符合国际象棋规则的棋步让"马"从任意一个方格开始移动，不重复地逐一跳过棋盘的 64 个方格。

更令人啧啧称奇的是，这个奇怪的装置还是个国际象棋高手，它在对局中战胜了绝大多数人类棋手。[4]

公众对这个装置的着迷程度甚至超过了长笛演奏者。他们慢慢地了解到，这个装置是国际象棋自动机，人们有时简单地称它为"土耳其人"，这得名于它的头饰和服装。[5] 装置的主人把它带到欧洲各地，甚至美洲新大陆的部分地区，进行公开演示，越来越多的观众敬畏地盯着它，对它的机械秘密感到疑惑不解。它甚至在巴黎和拿破仑、本杰明·富兰克林进行了传奇般的对局。

它是如何工作的呢？怀疑者猜测里面藏着一个小孩，但是装置的主人总是在演示前向观众展示它的内部结构。随着操作员一个接一个地打开各种抽屉，观众把"土耳其人"的工作台内部看得一清二楚，他们看到了为装置提供动力的很多类似钟表结构的复杂齿轮，甚至听到了这些齿轮急速旋转的声音。这一切都是一位机械天才设计的，他甚至还有一些模糊的想法，想要制造蒸汽机和复制人类语言的装置。当操作者掀开"土耳其人"的长袍，露出它的后背时，观众看到的只是木头和齿轮。这个木人肯定不是穿着戏服的真人。[6]更让人困惑的是，装置的第一任主人展示了一个棺材似的小盒，声称这是装置正常运行所必需的，他不时地往里面窥视。人们怀疑这个小盒是否有魔力。

随着《无生命的理性》[①]这种解读此类现象的图书出版，人们对"土耳其人"的猜测众说纷纭。与沃康松同法国科学院分享其装置的工作原理不同，这台国际象棋自动机的历任主人始终对它的工作原理讳莫如深。

"土耳其人"最终在其被创造出来的84年后被一场大火吞噬。尽管经历过多年的猜测，这台自动机的秘密在它的一生中从未被完全揭开。两代人以来，它一直是个未解之谜。

"土耳其人"被毁后，它的最后一任主人的儿子意识到再没有

---

① 《无生命的理性》(*Inanimate Reason*)，由卡尔·戈特利布·冯·温迪施（Karl Gottlieb von Windisch）写于1784年。书中写道："一位老太太忘不了年轻时听到的故事……躲在窗户旁边的座位下，离那邪气缭绕的机器远远的。"——译者注

理由保守秘密，所以他在一系列文章中描述了这台机器。"土耳其人"由一位藏在工作台里的专业人类棋手操作。[7]它只是一个巨大的木偶而已，利用误导和一些巧妙的机械结构欺骗观众，让观众误认为没有人操纵它。装置里有磁铁，可以把棋盘上的信息传递给藏在工作台里的木偶操纵者，里面还有一个滑动座椅，当机械师在对局前打开各种抽屉时，滑动座椅可以把棋手移出观众的视线。对局时，棋手在黑暗的书桌里借助烛光下棋，而蜡烛的烟恰好又被烛台的烟所掩盖。神秘的棺材似的盒子和齿轮发条除了分散观众的注意力之外毫无用处。这完全是误导，一个让"土耳其人"看起来像是被其他力量驱使的诡计。

神经网络中的误导

拥有神秘机械结构的"土耳其人"的例子表明，我们不应该接受"它因为使用了神经网络而可以工作"这样的回答，因为正是这种想法让人们相信了"土耳其人"。这会让我们陷入关于人工智能的一些毫无根据的炒作之中，而我们的注意力完全可以更好地集中在更有前景的突破上。更糟糕的是，这种粗心大意的想法可能会让我们轻信自己每天仍在看到的骗局，像"土耳其人"那样的骗局。例如，我在本章开头描述的人工智能聊天机器人埃米·英格拉姆就是一个这样的骗局。然而，如果你看一下她公司广告中的细则，便可能推断出，人类可以随时介入。你可能会称之为"甜蜜营销"，而不会称之为骗局。销售这些机器人的几家公司利用全天在幕后工作的人控制机器人。例如，埃米就是由各种各样的人控制的，其中还包括一个名叫威利·卡尔文（Willie Calvin）的 24 岁的小伙子。[8]

确保我们不会落入骗局和"甜蜜营销"陷阱的方法之一是仔细研究这些装置（正如我们将在接下来的几章中所做的那样），并坚持要求它们的创造者明确阐述其工作原理。期望每个人都详细了解这些事情是不现实的，人们都很忙，而新旧自动机都很复杂，它们背后的技术也在快速变化。然而，在这种情况下，我们仍然可以坚持要求科学或工程组织对这些装置进行仔细审查，就像法国科学院审查（然后接受）沃康松提交的论文一样。在其他情况下，例如，当公司为了合理的利益而保护他们的知识产权时，你就可以更好地做好自己判断的准备。

基于上述原因，我们将在本章的余下部分着重深入探讨人工神经网络，尤其是深度神经网络工作原理中的一些细节。我们将从创建一个可以识别狗的照片的神经网络开始。接下来的几章会涉及一些细节，但我们会从中受益匪浅，因为这些细节可以让我们更好地理解神经网络能做什么，理解它们如何以及何时可以做某些事情。

识别图像中的物体

我们想象一下，你已经设计好了你的神经网络，准备训练它识别狗的照片。训练神经网络的过程就像强化学习一样，会让人联想到用食物训练宠物。首先，我们选择我们想让网络理解的图片。这个"训练样例"便是一张我们希望神经网络记住的照片，上面可能有狗，也可能没有狗。为了让网络理解这个训练样例，我们首先需要对样例进行数字编码。这样，我们便可以用数字表示出图片中每个像素的颜色，以此描述图片。因为每个像素有三种原色（红、绿、蓝），所以 300×200 的图片要用 180 000（$300 \times 200 \times 3$）个数字表示。

一旦我们把网络的输入神经元设置成这些数字，就可以运行网络，让神经元通过网络传播信息。它们会一层一层地激活（或者不激活），直到在末端产生一个输出。

在上一章中，我们把神经网络中的神经元想象成关闭或打开的小灯泡，当它们的激活水平更高时，小灯泡会变得更亮。一旦网络运行，网络中的一些神经元就会变暗，而另一些则会发光，有些可能会非常明亮地发光。通常，我们最关心的是网络输出层的神经元有多亮，因为这些神经元代表了我们想要预测的东西。由于我们正在训练网络识别狗的图片，于是假设输出层恰好只有一个神经元，我们称之为"狗神经元"。如果这个神经元明亮发光，我们就说网络认为图片中有狗，而如果神经元是暗的，那么网络则认为图片中没有狗。如果它介于二者之间，虽然发光但不明亮，那么网络认为图片中可能有狗，但不太确定。

一旦运行网络来预测图片中是否有狗，我们就要将输出神经元的亮度与我们的训练样例标签进行比较，样例的标签告诉了我们照片中是否真的有狗。接下来，我们对训练样例标签进行数字编码：如果图片中有狗，则为 1；如果没有，则为 0。因此，如果末端的神经元明亮发光并且标签是 1，或者神经元是暗的并且标签是 0，那么网络就是正确的，否则就不正确。然后，我们创建一条新消息，描述网络预测的误差有多大，并通过网络反向传播这条消息，就像调节小旋钮一样调整神经元之间的权重，以便网络下一次的响应可以稍微好一点。当网络完全正确或大部分正确时，我们仍然会返回信息并调节旋钮，但不会进行太大的调整。

起初，网络通常是错误的。它会随机猜测。但随着时间的推移，网络会变得越来越准确。在训练网络很长一段时间后，我们会越来越少地调整它的权重，这就像你的收音机接近你想要的音量的时候，你只需微调音量旋钮。

简而言之，这就是许多标准神经网络的训练方式。这种方法虽然简单，但直到 20 世纪七八十年代才被人们发现并充分理解，而神经网络此前已经存在了几十年。[9] 很显然，"我们"在这里没做太多工作。计算机为我们完成了所有艰苦的工作，我们只需要为网络提供尽可能多的训练样例。[10] 如果我们拟合网络对图像进行分类，就要用一个接一个的图像重复这个过程，直到网络不再改进。[11] 只要有足够多的数据和足够大的网络，我们就可以训练神经网络去识别任何我们想让它识别的东西。

如果你尝试只用几张家中宠物狗的照片和你去苏格兰旅行的照片训练你的神经网络，效果就不会很好。更有可能的是，网络会学到一个简单的规则，例如看到你房间的颜色就会预测出照片中有狗，而看到图像中有大片的绿色就会预测出照片中没有狗。

原因就在于上一段中提到的一句至关重要的话：只要有足够多的数据和足够大的网络。一切都取决于此。

过度拟合

拟合神经网络最大的挑战之一是，如果网络过于灵活，或者没有足够多的数据来训练模型，那么我们可能会训练出这样一个模型，它可以很好地解释训练样例，但不能解释其他未见过的样例。我们在第 6 章 "网飞公司的百万美元大奖" 的例子中就看到了同样的问题，这种风险被称为过度拟合。过度拟合在实践中又是什么样呢？

在图 9.1（a）中，我展示了一小部分数据样本。此时，它们只是坐标系中的一个个点（显示输入、输出）。假设我们想为这些点建立一个模型，即给定输入值，产生预估的输出值。这正是拟合神经网络时所做的事情：拟合一个模型来预测不同输入值的输出值。图 9.1（b）是我拟合出的这些点的模型。模型是一条曲线，它穿过或接近许多点。根据这个曲线模型，你可以看到模型对每个输入值的预测，包括对我们在训练中看到的输入值和许多在训练中没看到的数值。

但是这个模型存在一个问题：尽管它很好地匹配了训练数据，但它不太可能很好地解释新数据。该模型太复杂了。它对数据做了太多的假设，所以它曲曲折折、上下起伏。过度拟合会产生问题，因为它可能对数据做出不合理的假设，例如 "照片中有大片

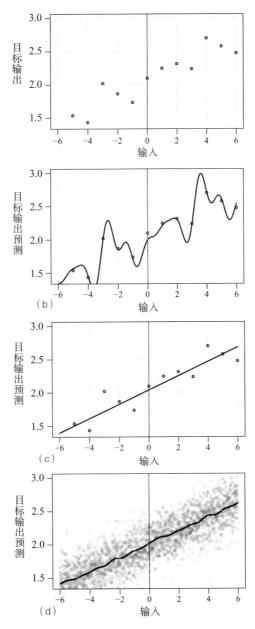

图 9.1 图解过度拟合：（a）我们想要建立的模型的样本点（显示输入、输出）；（b）这些点的复杂的过度拟合模型（曲线）；（c）这些点的线性模型（直线）；（d）这些点的虽复杂却不过度拟合的模型（略微弯曲的线）

的绿色意味着照片中没有狗"。我们还没有证据表明更简单的模型不会更好，也没有足够多的数据来适应复杂的模型。如果我们不遵循奥卡姆剃刀原则，那就是我们的疏忽大意。奥卡姆剃刀原则告诉我们，应该青睐最简单的模型，因为我们的数据没有令人信服的证据支持更复杂的模型。（我的一位语言学教授曾简洁地把奥卡姆剃刀原则解释为"保持简单，保持愚蠢"。）

避免过度拟合问题，最常见的方法有两种：一是使用更简单的模型，即使用可调旋钮较少的模型，如图 9.1（c）所示；二是把更多的数据用于复杂模型，如图 9.1（d）所示。上述两种方法的结合也是可以的。正如你所看到的，当有很多数据的时候，我们发现的模型看起来更像一条直线，这证实了我们的预感，曲线模型确实过度拟合了数据。

神经网络特别容易出现这种过度拟合问题，因为网络中的神经元之间可能有数十亿个连接，因此就有数十亿个可调的旋钮。[12] 如果没有大量的照片训练网络找到狗的照片，那么你很可能会过度拟合神经网络。研究人员通常把上文提到的两种方法结合起来解决这个问题：使用可调旋钮较少的网络，并使用尽可能多的数据。现在，我们开始探索这两种方法，先从获取大量数据开始。

ImageNet

训练神经网络的常见照片来源之一是网络，但不幸的是，网络上的大多数照片都没有被明确标注过。使用这样的数据训练神经网络是可能的，但是一般而言，被明确标注过的图片更好。

我们首先了解一下李飞飞。李飞飞是斯坦福大学的一位精力充沛的、专注于机器学习和计算机视觉的教授（她还曾加入谷歌，领导谷歌云的人工智能工作）。李飞飞之所以出名，在一定程度上是因为她制作了大量标注良好的图片集，这些图片集可以用来训练计算机理解图片，并评估计算机理解图片的能力。她开始这项工作时，正在开发一种算法。为了训练和评估这个算法，她和她的同事翻阅词典，寻找附有插图的条目来搜集图片。她和她的同事找到了可以作为物体类别的 101 个不同的条目，此时他们使用谷歌图片搜索从每个类别中寻找尽可能多的图片。最后他们搜集到大约 9 000 张图片，研究人员可以用这些图片来训练和评估自己的算法。[13]

认识到这些数据的巨大用处后，李飞飞和她的学生在接下来的 10 年里开始了一个更加雄心勃勃的项目：ImageNet（意为"图片网"）。她和她的同事再次使用谷歌图片搜索搜集了各种类别的图片，他们不断调整查询，并用不同的语言发起查询，以获得更多种类的图片。[14] 在此之后，她和她的研究团队得到了数以百万计的图片，但有些图片与预期的类别并不匹配。例如，如果我在谷歌图片搜索中搜索"皮艇"（kayak），其中一个结果是旅游网站Kayak.com的商标，而我想要的是用于沿河旅行的小船的图片。为了过滤掉这些图片，李飞飞和她的团队转而求助于"亚马逊土耳其机器人"（Amazon Mechanical Turk）。[15]

亚马逊土耳其机器人是自动机历史上一个相对较新的里程碑。

它是亚马逊公司提供的一个网站，允许用户将简单的小任务分派给执行这些任务的计算机。用户必须向网站提供简单的说明，解释如何完成这些任务，然后为每个任务支付一小笔费用。李飞飞和她的团队给亚马逊土耳其机器人提供了精确的指示，要求计算机"告诉我们这张图片里是否有皮艇"或者"告诉我们这张图片里是否有暹罗猫"。[16] 一旦这样的任务被上传到网站，计算机就会按照指示处理这些任务。

亚马逊土耳其机器人之所以得名，是因为它与上文描述的下国际象棋的"土耳其人"一样，它的"计算机"并不是真正的自动机——他们是真人，通常坐在自己家的电脑前。网站把服务背后的人"抽象化"，让人感觉这些任务是由计算机自动执行的。网站并不隐瞒人类执行这些任务的秘密，而且你仍然可以通过有限的方式与处理你的任务的人进行交互。

李飞飞从谷歌图片搜索中下载图片，使用亚马逊土耳其机器人整理它们的标签，这些工作的结果是，ImageNet增长到拥有超过1 400万张高分辨率的图片，标注的类别超过2.2万个。[17] 与当时的其他基准数据集相比，ImageNet提供了多出一个数量级的标注图片。虽然其他数据集可能有猫或狗的类别，但ImageNet对某些类别还有细粒度标签。例如，在给狗标注的120个不同的标签中，有达尔马提亚犬、荷兰毛狮犬和迷你雪纳瑞犬等。[18]

2010年，李飞飞组织了一场比赛，名为"ImageNet大规模视觉识别挑战赛"，数据集中共有来自1 000个类别的140万张图片。竞赛的一部分是要求研究人员使用算法识别出1 000个类别中的哪些物体出现在图片中，这些类别的范围很广，大白鲨、母鸡、沙漏等都包含在其中。[19]

比赛在头两年取得了一定的进展，识别错误率从 2010 年的 28% 下降到 2011 年的 26%。就像网飞奖第二年的情况一样，计算机视觉领域的研究人员多年来已经摘取了所有容易摘到的果实。每年，该领域都只能通过添加越来越多的手工特征来获取小幅提升。但是，2012 年发生了一次思考模式的转变，一份不被看好的提交成果成为 ImageNet 挑战赛无可争议的赢家。这份提交成果是一个深度神经网络，它的错误率为 16%，远低于前一年的 26%。[20]

卷积神经网络

2012 年，这个转变了思考模式的网络被称为 AlexNet（意为"亚历克斯网"），它是以论文第一作者的名字命名的。AlexNet 比它的竞争对手做得更好有几个原因，其中两个原因我在上文提到过：它是用大量的数据进行训练的，而且它的构建方式使它没有太多的权重需要调整。研究人员设计的网络结构使旋钮的数量和位置有效地利用了他们的数据。事实上，按照我们现在的标准衡量，AlexNet 很难算得上准确高效，我很快就会解释这一点。

让我们回到我们的目标，使用 AlexNet 建立一个可以检测狗的图片的神经网络。与玩雅达利游戏的网络一样，AlexNet 也是一个卷积神经网络，它使用一系列卷积层，然后是一系列全连接层

（如图 9.2 所示，卷积层有 5 层，全连接层有 3 层）。[21]

这种卷积层后面接着全连接层的模式，在用于图片识别的网络中非常常见。这种架构究竟有什么特别之处，使它能够在各种应用中获得成功？

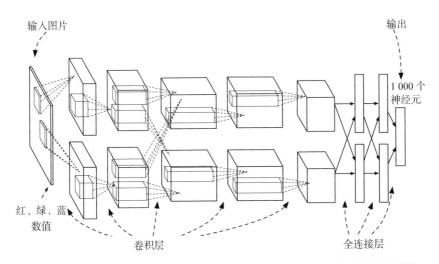

图 9.2 AlexNet 是赢得 2012 年 ImageNet 挑战赛冠军的人工神经网络，它的架构为图像分类的进一步改进奠定了基础。AlexNet 有 5 个卷积层，然后是 3 个全连接层。网络的大部分是在两个不同的处理器上进行训练的，因此有些层不会处理另一个处理器处理的任何输入。输入层代表图片的红、绿、蓝数值，输出层有 1 000 个神经元，对应于网络预测的每种类别

请回忆上一章，卷积层通过在图片中查找物体来转换图片。每个卷积层都有一组过滤器，用于在前一层的图片（或多张图片）中查找不同的模式。卷积层用每个过滤器滑过前一层中的一个个神经元。你可以将其想象成在海滩上用一堆神奇的"物体探测器"寻找不同的物品。"物体探测器"就是过滤器。一个过滤器可能会

在海滩上寻找漂亮的贝壳，而另一个过滤器可能会寻找海滩游客遗落的手表。卷积层的输出是海滩映射的集合，每个过滤器对应一个映射。如果贝壳过滤器没有在图片的任何小块中找到与其模式匹配的贝壳，那么这个过滤器的映射在所有地方都是暗的；相反，它在发现贝壳的地方就会有一个亮点。这同样适用于手表探测器。正如我们在上一章看到的，如果过滤器在卷积输入的某个位置发现强匹配，那么卷积输出层中这个位置的神经元就会非常明亮。

在上一章中，我讨论了查找游戏中外星人和球拍的过滤器。但对识别自然图像的网络的第一个卷积层的过滤器而言，这有些理想化且不切实际（或许对玩雅达利游戏的网络而言也是如此）。卷积层中的任何一个过滤器都不可能识别出这样的复杂物体，部分原因是第一层的过滤器通常非常小。例如，在AlexNet中，第一层的过滤器在 11×11 的像素块中查找模式。

如果这些过滤器无法从像素中识别出外星人和宇宙飞船，又怎么能识别有狗的照片？更不用说识别不同品种的狗了。请记住，AlexNet有 5 层卷积。直到最后一层，网络才能识别出像狗和宇宙飞船这样的复杂物体。在理解它们如何做到这一点之前，让我们首先回顾一下第一层。AlexNet的第一层卷积使用了大约 100 个过滤器，这意味着它有 100 个神奇的"物体探测器"。

我展示了一组过滤器，类似于AlexNet卷积神经网络中的过滤器，如图 9.3（a）所示。图中的每个方块都显示了一个像素块，它会点亮第一个卷积层中的一个过滤器。虽然你无法在这些黑白图像中看到，但是这些过滤器同样匹配不同的颜色；一些过滤器倾向于匹配蓝色和白色，另一些匹配黄色和红色，以此类推。许多研究人员将这些过滤器称为"边缘探测器"，因为它们匹配输入图片中的边缘或其他简单模式。这些像素块看起来可能没有什么意义，但是当它们与网络中更深层次的其他"边缘探测器"结合起来时，就变得有意义了。换言之，它们是网络中的下游层次使用的构件。这就是卷积神经网络的神奇之处真正开始展现的地方。

AlexNet剩下的4个卷积层中每层都有几百个过滤器。[22] 每个连续的卷积层都使用其前一层的过滤器作为构件，将它们组合成更复杂的模式。第二个卷积层不考虑像素，它考虑的是第一层的过滤器，即图片中的边缘，然后构建这些边缘的模式来进行搜索。你可以在图9.3（b）中看到其中的一些模式。图中的每个方块表示输入图像中的哪些像素会明亮地点亮第二层输出中的过滤器。这些图案仍然不是完整的物体，但很明显它们开始变得更有趣了：有些看起来有点像毛皮（这对识别狗很有用），而有些看起来像弯曲的弓形（这对于识别蛇、嘴唇或其他弯曲的物体很有用）。

随着我们继续深入网络，卷积过滤器捕捉的成分变得越来越复杂。你可以在图9.3（c）和图9.3（d）中看到第三个和第四个卷积层的过滤器。和之前一样，每个方块代表一个像素块，这些像素块可以高度激活该层中的某个过滤器。此处，你可以开始辨认出物体的连贯部分：一些像素块似乎是动物的眼睛，而有些像素块似乎是较大块的毛皮，还有一些似乎是动物的其他更大的部分，有一个甚至看起来有点像一张脸！随着我们深入AlexNet的卷积层，这种不断增加的抽象过程仍在继续。

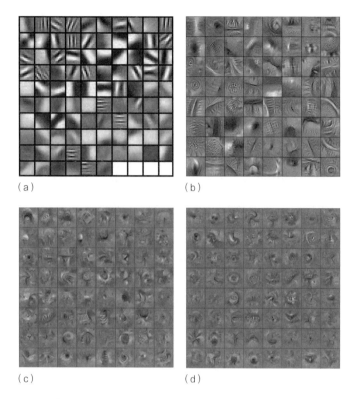

（a）   （b）

（c）   （d）

图 9.3　AlexNet 各层卷积层中的过滤器激活的像素模式，第一个、第二个、第三个、第四个卷积层分别对应（a）（b）（c）（d）。这些过滤器可以搜索明暗模式（它们还搜索特定的颜色，但你无法在这张图片中看到）

　　一旦穿过第 5 个卷积层，我们就会发现 3 个全连接层。网络的输出有 1 000 个不同的神经元，分别对应 ImageNet 挑战中的每一个类别。经过训练的 AlexNet 遇到包含这些类别的图片时，相应的输出神经元就会亮起来。如果出现大白鲨的图像，那么代表大白鲨的神经元就会亮起来。如果出现沙漏图像，那么代表沙漏的神经元就会亮起来。否则这些神经元应该就会保持黑暗。

　　在图 9.4 所示的 4 张图中，你可以看到一组图像块示例，它们可以点亮该网络最终输出层中的一些神经元。不出所料，点亮其中一类神经元的图像块往往符合我们的直觉：点亮大白鲨神经元的图像块中似乎有大白鲨，点亮沙漏神经元的图像块中似乎有沙漏。令人惊讶的是，这些图像中的物体并非来自任何一张图片：这些图像块是由网络自身生成，以精确地反映每个神经元"寻找"的内容的。

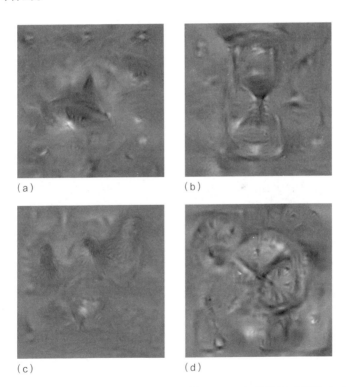

(a)　　　　　　　　　　(b)

(c)　　　　　　　　　　(d)

图 9.4　激活网络输出层神经元的图像块。神经元对应于 ImageNet 挑战赛中的类别。（a）大白鲨；（b）沙漏；（c）母鸡；（d）挂钟

ImageNet挑战赛的图片类型偏向动物，在总共 1 000 个类别中，仅家养犬就有 120 个不同的类别。这意味着，要创建识别你的宠物狗的网络，我们可能只需要对AlexNet稍加修改：我们只需删除（或忽略）所有输出神经元，除了那些与你的爱犬最匹配的神经元。但一般而言，我们可能希望保留其他输出神经元，因为这有助于了解图片是否与其他物体匹配，比如不同种类的狗，甚至是猫。

为什么是深度神经网络?

是什么让深度神经网络，尤其是AlexNet，能够在ImageNet挑战赛中发挥得如此出色？网络的架构有帮助吗？例如，网络需要那么深吗？我们已经知道，只有一个隐藏层的神经网络可以表示任意复杂的函数，因此，至少从理论上讲，只有一个隐藏层的网络应该可以完成ImageNet挑战赛。

只有一个隐藏层的问题在于，我们无法保证隐藏层无须变得非常庞大就能表示我们想要的函数。如果隐藏层变得过于庞大，也就是太宽，那么我们就需要学习太多的权重，如果没有大量的数据，很可能会过度拟合。另一方面，有理论证据表明，通过让隐藏层更深而不是更宽，我们可以更有效地表示复杂函数，也就是说，神经元要少得多，因此我们需要学习的权重也要少得多。[23]

为什么是深度而不是宽度让网络更有效？如果你曾经玩过任天堂Wii游戏机，那么你很有可能创建了一个Mii。Mii是一个卡通人物，代表玩家角色，也就是你。它是你在某些任天堂Wii游戏中的化身。为了创建你的Mii，你需要选择眼睛、鼻子、皮肤颜色、头发以及其他各种面部和身体特征，以此创建一个看起来像你自己的角色。对于每个特征，你都有一些选项可以选择，比如说5到10种选择。虽然最终的结果往往更卡通化，而不像真实的照片，但它仍然与你本人或你塑造的其他人有着惊人的（和幽默的）相似之处。通过使用少量的构件，眼睛、鼻子、头发、嘴巴以及Mii角色的其他所有共享的特征，你可以创建各种各样的Mii角色，这些角色可以忠实地代表你想象的任何人。

现在让我们回顾一下卷积层的优点。神经网络的研究人员认为，卷积层之所以强大，是因为它们使用分布式表示来处理图像。它们可以让你在不同的神经元之间重复使用组件。如果你的神经网络能够识别120种不同品种的狗，那么前几层就可以专注于识别我们用来描述狗的最基本的特征：它们可能拥有的不同类型的毛皮、耳朵以及颜色。然后，更深的层次可以专注于以各种方式组合这些不同的"基本元素"。正如你可以使用各种被明确地定义且可重复使用的面部和身体特征构建Mii一样，更高层次的卷积层也可以用早期卷积层中发现的特征构建物体，比如狗。这个过程可以在每一层重复，使每一层所能代表的物体呈指数级增长。可以想象，在网络能够识别狗和人的那一层后面的层次上，可能会出现可以解释整个场景的神经元。例如，你可能有识别休闲公园的神经元（利用网络中早期识别狗、人和游乐场设备的神经元），或者可能有识别城市环境的神经元（利用识别汽车、街道和商业店面的神经元）。在下一章中，我们将研究可以为这样的场景生成字幕的神经网络。AlexNet的创建者也从经验上看到了使用多层网络的好处。如果他们删掉了任何一个卷积层，那么网络的性能就会下降。[24] ImageNet挑战赛的参赛者在AlexNet问世之后的几年中也注意到了这一点：随着他们继续构建越来越深的网络，他们在挑战赛上的表现不断改善。

2012年之后，许多在ImageNet挑战赛中提交的成果都遵循了AlexNet的思想，使用了深度神经网络。尽管AlexNet在2012年遥遥领先，但2013年，其他一些团队击败了AlexNet，当时所有顶级团队都使用了深度学习。在一个以往每年都收效甚微的研究领域，随着研究人员继续改进他们最心爱的新玩具，错误率在接下来的几年里直线下降。2014年，谷歌推出的网络在某些指标上的准确性超过了人类。

2018年，就在我写这本书的时候，这个研究领域仍然非常活跃，而且硕果累累，因为研究人员正在发现将各个层连接起来的新方法。ImageNet挑战赛中表现最好的网络目前的错误率为2.3%，与AlexNet 16%的错误率相比令人吃惊。[25] 正如谷歌大脑项目计算机体系结构研究员、加州大学伯克利分校前教授戴夫·帕特森（Dave Patterson）指出的那样，即使是这个领域的先驱也感到震惊，这些深度学习的方法居然如此卓有成效。

留意网络深度是有帮助的，ImageNet挑战赛中的选手把他们的网络变得越来越深，达到了看似荒谬的程度。例如，谷歌设计了一个22层的网络，名为"盗梦空间网络"（Inception Network），这个名字引用了 2010 年的电影《盗梦空间》（*Inception*）和网络热点"我们需要更深"（We need to go deep）。[26] 但是添加更多层会增加我们需要调整的参数数量，谷歌的研究人员如何做到如此深度而又不过度拟合呢？一种方法是认识到其卷积层中的神经元可能过于简单（毕竟，它们只是加权平均分类器）。所以他们用可以找到更复杂模式的微型网络取而代之。然而重要的是，他们这样做的方式是每层使用较少的参数（例如，两个 3×3 过滤器和一个 1×1 过滤器，以及将它们组合起来的 3 个权重，总共需要 22 个参数，而一个笨拙的 5×5 过滤器有 25 个参数）。像"盗梦空间网络"这样的深度不再被认为是极端的；现在，一个网络有 10 到 20 层深，有数十亿个权重需要调整，这样的网络屡见不鲜。有些网络已经深达数千层。[27]

除了深度，研究人员还发现了其他改善网络的方法。例如，他们发现，如果在不相邻的卷积层之间添加连接，允许信息"绕过"某些层，网络的性能会更好。他们还找到了一种方法，让神经元在一层内相互加强，这个过程被称为激发（excitation）。例如，当卷积层的一部分识别出猫的毛皮时，激发的作用便体现了出来：这是一个信号，它会告诉该层的其他部分注意寻找相关的项目，如猫的眼睛和猫的舌头。

数据瓶颈

AlexNet 的网络架构很重要，但它成功的另一个因素是研究人

员用来训练网络的数据具有庞大的规模。他们使用了 120 万张来
自比赛的图片，训练他们的网络，但是，他们观察到"物体的特
征不随光照强度和颜色的变化而改变"，于是他们通过水平翻转图
像、平移图像和调整颜色平衡来增加训练数据。[28] 最终，他们得
到的训练数据量是最初的 2 000 倍，即大约 20 亿张用来训练网络
的图片。如果没有像这样增加训练数据，他们就只能使用一个小
得多的、表达能力差得多的网络。[29]

对于如此海量的用于训练的图片，他们的瓶颈并不在于能将
多少图片输入网络中，而在于能够以多快的速度输入这些图片。
正如 AlexNet 的创建者所言：

> 最后，网络的大小主要取决于当前（处理器）可用的内
> 存量，以及我们容许的训练时间。我们的网络需要 5~6 天
> 时间进行训练……我们所有的实验都表明，只要等来更快的
> （处理器）和更大的数据集，我们的结果就可以得到改进。[30]

方便的是，最适合训练这些网络的硬件从那时起一直在不断
改进。训练神经网络涉及执行许多矩阵运算。计算机游戏必须执
行完全相同类型的操作才能呈现高质量的图形，在过去几十年中，
显卡已经得到了优化，以支持这些操作。于是，深度学习研究人
员开始使用显卡，因为显卡可以将训练网络所需的时间缩短至原
来的 1/50~1/10。在深度学习依赖于计算机显卡之前，执行这些操
作的计算机显卡市场就已经变得很大，而且竞争激烈，这迫使显

卡的价格变得低廉，直到过去几年对显卡的需求回升。[31] 英伟达是显卡的主要制造商之一，它一直像印报纸一样生产显卡，像卖烤饼一样销售显卡；英伟达还开始为自动驾驶汽车生产更专业的硬件。这些事实并没有被它的投资者忽视，他们愿意在 2018 年以每股 242 美元的价格购买英伟达的宝贵股票，而英伟达 2015 年时的股价仅为每股 20 美元。与此同时，谷歌推出了专用芯片，这些芯片的速度似乎比显卡的速度又提高了一个数量级。[32]

到目前为止，我们主要关注的是神经网络如何让计算机感知图像内容的高级技术细节。我们研究了神经网络的层次组织方式、训练方式，以及在如此高水平上的改进如何推动了计算机感知能力的边界。然而，当研究人员一直在寻找从宏观层面构建这些网络的有效方法的时候，他们也一直在寻找从微观层面，即单个神经元层面，改善这些网络的方法。根据神经元的输入，改变网络中神经元的发光方式，可能会对神经网络保留我们用来训练它们的信息的能力产生惊人的影响。在下一章中，我们将更仔细地研究为什么会出现这种情况。

10

深入了解深度神经网络的内部秘密

计算机生成图片

2015 年 6 月 10 日，一张奇怪而神秘的图片出现在了互联网上，它被匿名发布在了 Imgur.com 网站上。乍一看，这张图片中像有一两只松鼠在窗台上休息。但相似之处仅此而已，当你更仔细地观察时，你可以在各个尺度上发现奇怪的细节和物体。互联网上的这张图片亦真亦幻，就像分形一样，松鼠脸上长着狗鼻子，这里有一座神秘的宝塔，那里有一个人的躯干，还有一个半鸟半长颈鹿的生物，它们无缝地嵌入这张图片的细节。每个角落和缝隙里都有诡异的眼睛向外张望。看着这张照片感觉就像在云雾中寻找物体，只不过这不是你的幻想。或者真的就是幻想？你必须再看一遍才能看个真切。

很明显，这张图片不是人类创造的。它太离奇了，不可能是照片，它的细节太精细了，不可能是插图。在 Imgur.com 上发布这张图片的匿名用户只写了一句话来描述它：

> 这张图片是计算机自己生成的（来自一位从事人工智能工作的朋友）。[1]

随着这张图片开始传播，网民试图理解它的含义。谷歌的工程师开始生成更多像这样的图片，并相互分享。一周后，他们发表了一篇博文，解释了这张图片。这张图片确实是人工智能（具体地说是人工神经网络）生成的。这个人工智能被称为"深梦"（Deep Dream）。随着这些图片的出现，人们开始问一些隐藏在表面之下的令人不安的问题。这些图片真的是机器人之梦吗？我们是否了解这些神经网络？研究人员是否在重建人类思维方面做得太过了？

随着现代实业家埃隆·马斯克（Elon Musk）等人表达了各自的担忧，人们对智能机器的关注被进一步激起。据报道，马斯克投资 DeepMind 是为了关注人工智能的发展，他担心他的好友、谷歌创始人之一拉里·佩奇（Larry Page）可能"意外制造出邪恶的东西"，更确切地讲，这些东西还包括"一批能够摧毁人类的人工智能增强型机器人"。[2]

这些图片出现的时候，我们已经知道神经网络在玩雅达利游戏和理解图像内容方面非常有用。图片确实引发了一些令人不安的问题，但正如我们将要看到的，神经网络能够很好地玩雅达利游戏的原因和它们能够产生迷幻梦境的原因实际上是密切相关的。尽管这些梦境起初让深度神经网络变得更加神秘，但事实证明，这些梦境也可以让它们变得不那么神秘。

压缩函数

在神经网络的历史中，有一段时间研究人员回避了深度架构。

他们有万能近似定理，这表明他们可能不需要那么深的网络，而且他们在实践中也知道深度网络很难训练。但是深度网络之所以难以训练，是因为研究人员还没有发现让网络中的神经元发光的最佳方法。

还记得吗，在神经网络中，每个神经元都是一个简单的分类器。神经元对其输入进行加权求和，并用某种方式压缩这个加权求和的值，以产生输出，如图8.2所示。这个压缩函数看上去无关紧要，但事实证明它对我们训练深度网络非常重要。在很长一段时间里，研究人员最喜欢的神经网络压缩函数都遵循我在图10.1（a）中所示的S型曲线。[3]这条S型曲线取前一层神经元亮度的加权和，并将其压缩至0~1的范围内。如果神经元输入的加权和非常小，神经元的输出就接近于0；如果非常大，神经元的输出就非常接近1。

使用S型曲线的好处是，神经元的输出值都"表现良好"：任何神经元都不会输出高得离谱或低得离谱的值，而且输入和输出之间的关系函数图形是平滑的。当你训练或使用网络时，这些都是很好的特性，否则当你使用网络时，边权重可能会膨胀到无穷大。具有一个平滑的函数图形意味着，如果你稍微调整网络的输入或输出，你总是知道应该调整多少网络权重。研究人员还喜欢指出，这个函数是受生物学启发的，但还记得吗，使用某种东西仅仅因为它受到了生物学启发，这个理由有时会"充满危险"。

使用S型曲线的问题是，它往往会"稀释"通过网络传递的消息。如果输入到神经元的加权和很大，那么神经元不关心输入是大还是特别大，无论哪种情况，它都输出数字1。在另一个极端也是如此：无论神经元的输入是负数还是特别小的负数，神经元都输出数字0。当我们运行网络时，这可能不是问题，但是当我们试图训练网络时，这就可能成为问题。我们通过网络向后发送用来调整权重的信息，而它在通过网络时会被稀释。我们最初认为的好处之一（我们知道在训练网络时需要调整多少权重）其实并没有多大好处，因为当权重实际上应该变动很大的时候，训练算法可能认为根本不需要调整权重。这个问题有时被称为"梯度消失"。梯度是神经网络中的权重为了从训练数据样本中学习而必须移动的方向。如果梯度消失（即当网络未完成训练时，梯度几乎为零），这意味着网络无法从它的训练样例中学习：它会忽略训练样例，即使该样例是有用的。由于这个问题，研究人员只好继续研究其他激活函数。[4]

在另一个极端，如果我们完全不压缩神经元的输出，而是使用图10.1（b）中的激活函数，将每个神经元计算出的加权和直接作为该神经元的输出传递出去，会如何？这样就不存在梯度消失问题了，事实上，如果我们使用这个压缩函数，更新网络权重就会非常容易。但这带来了另一个问题：如果我们对网络中的所有神经元使用这个压缩函数，那么整个网络将在数学上坍缩成单层网络的等价物，我们认为的从深度网络中获得的所有好处都会消失。假设我们想要从多层网络中获益（我们确实这样希望），这同样行不通。

ReLU 激活函数

大约从 2010 年开始，我们就已经看到了更好的结果，出现了一个介于这两个极端之间的激活函数，如图 10.1（c）所示。这个激活函数被称为线性整流函数，简称"ReLU"，最初由 AlexNet 在

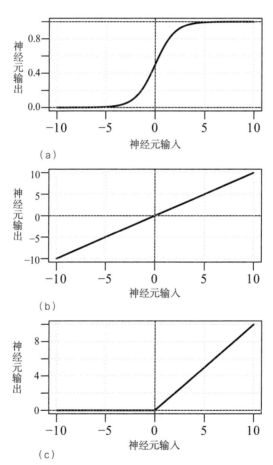

图 10.1　神经网络的激活函数。(a)S型曲线（正式名称为S型函数）被使用了很长时间，但（c）
ReLU 激活函数已经变得很流行了，因为它使深度神经网络的训练变得更容易

2012 年使用，此后用于各种其他网络。[5] 如果神经元的输入总和小于 0，则输出等于 0，如果输入的总和大于 0，则输出等于输入的总和。有一段时间，研究人员担心这会产生与 S 型曲线相同的问题，即网络会稀释通过许多层传递的信息。但这种情况在实践中似乎并没有发生。[6]

相反，ReLU 激活函数似乎有一些非常好的特性。对于任意固定的输入，网络神经元的某些部分会是暗的，而其他部分会被点亮。如果你在任意方向上稍微改变输入，原本"开启"或"关闭"的神经元集合通常不会改变。当你改变一小部分输入时，"开启"的神经元的亮度会发生变化，但"开启"的神经元仍会保持"开启"，"关闭"的神经元仍会保持"关闭"。但更重要的是，网络在这个输入附近的小范围内表现得像单层网络，也就是说，像一堆加权平均分类器。

当你继续改变网络的输入，让它更加远离最初的输入时，"开启"的神经元集合就会开始发生变化。当你平滑地改变输入时，输出仍然会平滑地变化，也就是说，只要你不突然改变输入，输出就永远不会出现突变。[7] 但是，输入和输出之间的关系会改变。你可以将整个网络看作将单层网络拼凑在一起而形成的，它们之所以被拼凑在一起，是为了符合训练数据。哪个单层网络处理输入，取决于哪些神经元被该输入"开启"或"关闭"。事实上，整个网络中编码的单层网络的数量可能是指数级的。[8]

当我说这是一个指数级数量的网络时，我不是随意说的。我指的是数学意义上的指数。隐藏在整个网络中的可能的单层网络数量，是通过网络中的神经元"开启"或"关闭"的所有可能方式来描述的。对于一个只有 60 个神经元的 ReLU 网络，它的神经元的"开/关"状态组合的数量（即我们可以隐藏在其中的单层网络的数量），大约是世界上所有海滩和沙漠上的沙粒的数量。[9] 一个有 270 个神经元的网络可能拥有与已知宇宙中的原子数目一样多的组合。[10] 还记得吗，现代神经网络可以轻易拥有数百万个神经元。如果网络只需要使用一个简单的函数来表示它的输入，那么它可以做到；如果网络需要使用一个更复杂的函数（就像拼接单层网络那样），那么就要考虑其他方法了。[11]

既然 ReLU 的函数图形大部分也是平滑的，那么为什么 ReLU 没有出现和 S 型曲线一样的问题？假设你有一个希望网络学习的训练样例。虽然对于一个典型输入，许多神经元会关闭，但是只要从网络的输入到输出至少存在点亮的神经元的路径，那么网络就可以调整这条路径上的权重，以此学习训练样例。当来自这个样例的信息通过这些点亮的神经元传播时，这条路径上的权重会为了训练样例把功劳或责任揽到自己身上。[12] 随后，当网络看到一个与训练时看到的样例类似的输入时，它就会点亮一些或所有在训练中看到类似样例时点亮的神经元，以此"想起"那些训练样例。

ReLU 的这种优点类似于另一种训练深度神经网络的流行技巧，即在训练过程中暂时"抑制"神经元。每当使用一个训练样例来训练网络时，随机的一部分神经元（比如 50% 的神经元）会被暂时抑制，方法是将它们的输出暂时设置为 0。[13] 然后使用这个训练样例更新剩余的神经元的权重,仿佛被抑制的神经元根本不存在一样。与ReLU一样,被抑制的神经元的组合数量是指数级的,因此,实际上有无限多的网络需要训练。

当使用训练出的网络进行预测时,每个神经元的输出都被缩小了,这样每个神经元的输入变成了许多独立训练模型的平均值。整个网络实际上变成了由大量经过训练的网络组成的庞大混合体,这让人想起了在网飞奖上取得成功的模型平均技术。[14]

这些训练神经网络的技巧,包括使用ReLU激活函数、在训练期间随机抑制神经元,以及拥有大量数据、用深度代替宽度、使用卷积层。把它们结合起来使用,是创建能够像人类一样或更好地对图片进行分类的网络的部分主要因素。

从技术上讲,神经网络在识别图像中的物体方面比人类做得更好,我们对这个事实需要标一个大大的星号。至少有一个网络确实超过了人类辨识细粒度类别的能力,但网络的优势在于,它是针对狭窄的、特定类别的物体进行训练的,例如训练数据中的120个犬种。在许多情况下,网络可以正确识别狭窄类型的物品,如褐翅鸦鹃、匈牙利牧羊犬、皇后杓兰,而人类一般只能根据它们的大类来识别,例如布谷鸟、牧羊犬和兰花,甚至可能只识别出鸟、狗和花。与计算机相比,人类有机会研究这些类别,ImageNet挑战赛背后的研究人员发现,人类研究得越多,表现就越好,但事实仍然是:人类是不完美的。[15]

神经网络也有自身的弱点。打败人类的算法仍然会在识别图片中的物体时出错,而人类在识别这些物体时不会有任何困难。[16]

我们甚至可以为神经网络制造视错觉来"欺骗"它们，让它们确信自己看到了实际上并不存在的物体，而对人类而言，视错觉就像是抽象艺术。在一个案例中，有 5 列红色缝线的白色背景可以诱使神经网络认为它看到了棒球；再如，黑色、灰色和橙色的涟漪状图案会让神经网络确信它看到了帝企鹅；又如，一组精心放置的矩形网格会让神经网络确信它看到了遥控器。同样，我们也可以制造一种视错觉，在人类看来它像某个物体，而在神经网络看来它就像完全不同的物体。[17] 这种现象的原因在于神经网络解释图片的独特方式。

机器人之梦

假设我们给你的宠物狗拍了一张照片，就像我们在上一章中用于训练的照片那样，然后我们通过卷积神经网络传递这张照片。只要我们知道网络的权重，网络就会按照预期逐层激活。在每一层中，当神经元对图片中的不同模式做出反应时，有些神经元会保持黑暗，而有些则会亮起来。由于我们把宠物狗的照片传到了神经网络中，那么当我们观察网络的深层次（比如，第 4 层或第 5 层）时，神经元就会表现出我们或许可以辨识的物体部分。那些对毛皮和部分狗脸做出反应的神经元会明亮地发光。如果我们看最后一层，"狗神经元"将会发光，而剩下的大部分神经元都是暗的。

这便是有趣之处。在上一章中，当我们第一次训练网络时，我忽略了一些关于如何为每个训练样例调整网络权重的细节。请记住，训练网络的算法会根据网络末端的"狗神经元"的"不正确程度"来调整权重。它使用了一个数学函数来衡量网络输出与训练样本标签的接近程度。这个标签只是 1 或 0，用来描述图片中是否有狗。然后，训练网络的算法会利用初级的微积分知识计算出应该朝哪个方向调整网络的权重，以便网络下一次可以更准确地预测输出值。

如果不是调整网络的权重使其更符合图片，而是调整图片使其更符合网络，会如何？换言之，我们对网络进行了训练，如果保持网络的权重不变，调整输入图片，比如一张云朵的照片，使"狗神经元"更明亮，而其他神经元保持黑暗，会如何？

如果这样调整图片，每次调整少许像素，然后重复，那么我们实际上会逐渐在照片中看到狗，即便一开始根本没有狗！[18] 事实上，上一章中的一些图片就是这样生成的：一组深度学习的研究人员采用了一个类似 AlexNet 的网络，调整输入图像，使某些神经元（例如代表大白鲨或沙漏的神经元）变得明亮，而其他神经元仍保持黑暗。[19] 谷歌的研究人员使用了类似的方法来分析他们的神经网络。当写到如何做到这一点时，他们举了几个例子。在其中一个例子中，他们观察了一个可以识别哑铃（你可以在健身房看到这种东西）的神经元生成的图片。他们发现图片中确实有哑铃，但也有握着哑铃的肌肉发达的手臂。显然，他们观察到，网络识别哑铃的重要的区别性特征不仅仅是哑铃本身，还包括哑铃的使用环境。[20]

谷歌用类似的方式创建了自己的"深梦"图片，只是他们没有强迫网络生成狗或其他特定物体的图片，而是让网络创造更多它在图片中看到的东西。正如"深梦"的工程师在谷歌的研究博客上写的那样：

> 我们同样可以让网络做出决定，而不是精确地规定我们希望网络放大哪些特征。在这种情况下，我们只需向网络提供任意图像或照片，并让它分析图片。然后，我们选择一个层，并要求网络增强它检测到的内容。网络的每一层都在不同的抽象层次上处理特征，因此我们生成的特征的复杂度取决于我们选择增强哪一层。例如，较低的层倾向于产生笔画或简单的装饰状图案，因为这些层对诸如边缘及其方向这样的基本特征很敏感。

> 如果我们选择可以识别图片中更复杂特征的更高级别的层，就会出现复杂的特征甚至整个物体。又一次，我们从现有的图片开始，把它交给我们的神经网络。我们告诉网络："无论你在图片里看到什么，我都想要更多！"这就形成了一个反馈循环：如果云朵看起来有点像鸟，那么网络就会让它看起来更像鸟。这反过来又会使网络在下一次图片通过时更加强烈地识别出鸟，以此类推，直到有一只非常细致的鸟仿佛从天而降一样出现。[21]

Imgur.com网站上的神秘图片就是这样被创造出来的。在图10.2（b）中，你可以看到"深梦"生成的图片，这是把一张小猫的照片喂给类似的算法所产生的结果。

谷歌的博客文章发表后不久，其他研究人员开始使用类似的想法重新构想艺术风格。他们创造了一些工具，使任何人都可以把艺术家的绘画风格迁移到完全不同的图片上。如果你想让你家人的照片看起来像文森特·梵高画的一样，你只需要让你的照片通过其中一个程序。

在这些程序中，风格图像（梵高的画）通过网络传递，让神经元像往常一样亮起来。发光的神经元包括前几层的一些低级"边缘探测器"以及较深层次的高级"物体探测器"。然后，风格转换算法检测每个层中的过滤器如何在整张图片中相互关联。这种关联正是这些算法定义艺术家风格的方式。如果某些过滤器倾向于在图片的不同部分让神经元彼此一致亮起，根据推理，这就表明艺术家的风格中有一些重要的特点。如果艺术家倾向于只使用几种简单的颜色和许多小点，那么解释这些小点的神经元往往会彼此一致亮起。如果艺术家倾向于使用锐利的笔触，那么捕捉到这些锐利笔触的神经元无论在什么位置都会一致亮起。

然后，"内容"图像（比如你的全家福照片）将通过同一网络的另一个副本传递，我们选择网络的一个特定层来捕捉图像内容的精华。一旦我们选择了这一层，算法就会调整全家福照片，使每一层中的神经元按照与风格图像相同的方式相互关联，但算法不允许我们所选择的层中的神经元偏离它们的原始值太远。只要我们的假设是正确的，即每一层的过滤器表达的相关性可以捕捉一个艺术家的风格，那么这就会使新图片呈现出第一张图片的风

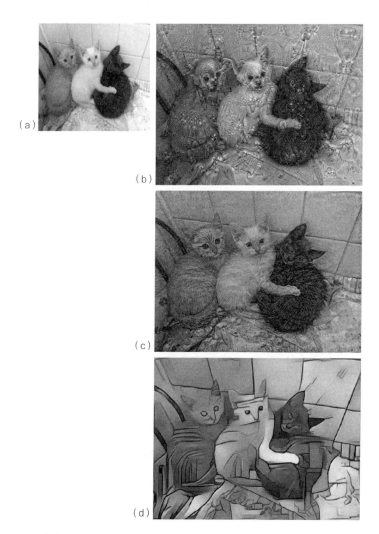

图 10.2 （a）一张寄养小猫的照片。（b）带着对照片的重新诠释，基于"深梦"算法多次迭代
后，网络所看到的图片。（c）（d）使用了风格转换算法的图片。（c）使用了文森特·梵
高的绘画风格，（d）使用了《辛普森一家》的创作风格。除（a）外，所有图片都是通
过 https://deepdreamgenerator.com 生成的

格。在实践中，这似乎是一个合理的假设，因为算法的结果与我们的直觉相符：当算法运行完毕时，你的全家福照片将被"重新想象"成梵高的画作，或者是你用于风格图像的任何其他绘画风格！[22] 在图 10.2（c）和 10.2（d）中，我对这三只小猫的照片使用了相同的方法。正如你所看到的，由此产生的图片捕捉到了我们在不同艺术风格中所期待的直观感觉：其中一幅图具有强烈的笔触效果，会让我们联想到梵高的一些最著名的作品，比如他的自画像；而另一幅图的风格让人联想到卡通形象，这种风格被称为"辛普森风格"。

当这个算法"重新想象"你的全家福照片时，请记住此时没有真正的"想象"发生。网络只是处理风格图像和内容图像，其神经元分别以可预测的方式对二者发光，然后算法调整内容图像以优化一个明确定义的数学函数，使网络中激活的神经元按照与风格图像一致的方式相互关联。对一个计算机程序而言，最终的结果可能看起来很壮观，但这主要是因为这些网络使用抽象来执行它们的操作，而这种抽象比我们通常对计算机程序的抽象期望层次要高。直到最近，我们才开始期望计算机能够在非常原始的水平上对图像进行操作，因为这是它们所能做的一切。你的家庭照片编辑软件里就有工具，可以让你调整照片的色彩平衡或对照片进行柔化。但现在，这些操作都可以用卷积神经网络的最低级别来实现。但是，我在本章中描述的算法在更抽象的层次上对图像进行操作，通过使用网络深处的几层神经元来解释和调整图像。这是这些网络的主要优势，也是它们可以被应用于许多独特的、非直观的应用的原因之一。

　　在过去的几章中，我们已经对深度神经网络如何使计算机以非常"人性化"的方式解释和处理图像有了一些直观的认识。但到目前为止，我们的重点一直集中在使用深度神经网络来解释视觉信息上。是否有可能使用深度神经网络来更好地解释和处理其他类型的媒体，如音频和书面文本？你将在下一章看到，答案是肯定的。深度神经网络在这些领域效果不错，部分原因是我们在这些领域同样拥有大量的数据。但是你很快就会看到，我们需要开发一些新的神经网络工具来处理这些不同类型的数据，新工具类似于卷积过滤器，但是可以被用于时间序列数据。

能听、能说、能记忆的神经网络

对机器而言，"理解"意味着什么？

在过去的几章中，我们大部分时间都在研究深度神经网络如何识别图像中的物体。我之所以关注这些网络，很大程度上是因为本书中的许多机器都使用某种形式的视觉来感知周围的世界。但是，如果我们希望机器有其他方式与世界互动，比如生成英语句子，或者理解人类的语言，该怎么办？卷积神经网络在这方面还会有用吗？还有其他神经网络的"基本元素"会有帮助吗？更进一步讲，使用神经网络来完成理解语言这样的任务有意义吗？

问题的答案都是肯定的。在本章中，我们将简要介绍如何做这些事情。然而，在我们讨论这些细节之前，让我先明确一下我所说的能够"理解"人类语言的计算机程序是什么意思。我们距离拥有能像人类那样理解人类语言的机器还有很长的路要走。然而，我们已经知道如何创建可以把一个人的讲话录音转换成书面文字的计算机程序，这项任务通常被称为语音识别。这些算法处理录音的方式与AlexNet处理图片的方式是一样的：它们对录音进行分类，用人类可解释的标签——单词，来标记。正如检测图片中物体的算法可以与人类的准确性相媲美一样，我们的语音识别算法现在也能与人类识别语音的能力相媲美。

深度语音识别系统

请想象，假设你被分配了一个任务，任务要求你设计一个可以转录人类语言的神经网络。你会从何下手？网络的输入会是什么样子，它的输出是什么？你会使用多少层，如何将这些层连接起来？要回答这些问题，我们可以看看网络搜索巨头百度构建的语音识别系统。百度的网络转录语音的能力可以媲美人类，它之所以能做到这一点，与谷歌的网络在图片分类方面能媲美人类的原因一样：从大量数据开始。百度用了 11 940 个小时，即超过一整年时间的英语口语来训练他们最好的语音网络之一。就像 AlexNet 的创建者通过变换 ImageNet 中的图片来增加训练数据一样，百度也通过变换样本来扩充语音数据集：他们拉长录音，改变录音的频率，增加噪声，这样他们拥有的数据量就比开始时增加了许多倍。[1] 无论哪种情况，他们都没有改变语音的内容，他们只是改变了说话的方式。但是，拥有大量的训练数据本身并不足以建立一个能够准确转录语音的网络，他们还需要选择正确的网络架构。

我们想要的神经网络可以把录音作为输入，然后生成字母序列（即录音的书面转录）作为输出。对于语音网络的输入，我们可以使用录音的声谱图。声谱图通过描述录音中的不同频率随时间变化的强度来总结录音。你可以把声谱图视为黑白图像：x 轴表示时间，y轴表示频率，每个像素的黑暗程度代表录音中某一时刻某一频率处的声音强度。高频音调的声谱图由横跨声谱图顶部的一条暗线组成，而低频音调的声谱图则由横跨声谱图底部的一条暗线组成。几个声音脉冲会在图像中显示为从左到右穿过白色背景的灰度斑点。正如你可以将录音转换成声谱图一样，用声谱图也可以重建原始录音。声谱图可以对录音进行编码，这意味着我们可以单独将声谱图作为输入传递给神经网络。

既然我们知道录音可以转换成图像，我们可能会问自己，网络是否应该有一些卷积层？答案是肯定的，这就是百度的网络所使用的：百度网络的前几层确实是卷积层。但我们需要的不仅仅是卷积层。我们需要一种明确的方法让神经网络处理时间。

循环神经网络

与时间序列数据（或任何顺序数据）相互作用的最常见的神经网络类型是循环神经网络（recurrent neural network，下文简称为RNN）。RNN是由相同的神经元单元组成的神经网络，它们在一个系列中相互馈送，如图11.1所示。这些单元共享相同的权重，就像卷积过滤器共享相同的权重一样。唯一的区别在于，共享相同权重的卷积过滤器通常不会相互馈送。另一方面，RNN的本质是，每个RNN单元将其输出直接馈送到下一个RNN单元，根据定义，下一个RNN单元的权重与上一个单元相同。并且每个RNN单元接受其输入并以各种方式对其进行变换，然后再输出结果。这就是RNN的神奇之处：它们操作数据和相互传递数据的方式使它们能够记录状态。

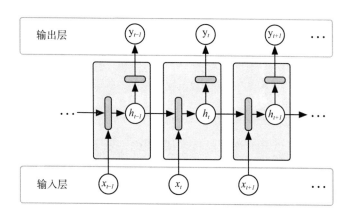

图 11.1　RNN单元在时间上展开。每个单元都有一个状态变量h，它逐个单元地转变。转变由输入x和前一个单元的状态决定。每个单元还生成一个输出y，用于与网络的其余部分共享关于状态的信息

　　我们简要回顾一下，是什么让自动驾驶汽车能够表现出复杂的行为？它们理解环境的能力，即它们的感知能力，无疑是至关重要的。但是像Boss这样在城市环境中行驶的汽车在遇到复杂情况时需要一些方法来做出明智的决策。在Boss的推理层中间是一个有限状态机（即它的大富翁棋盘），用来跟踪执行任务的进度。随着Boss在其任务上取得进展，它在大富翁棋盘上移动一枚虚拟的棋子来跟踪它的状态：它现在在哪里，下一步可以去哪里，以及应该如何决定下一步该去哪里。

　　RNN为神经网络提供的服务与大富翁棋盘为Boss提供的服务相同。每个循环单元都会查看它的当前状态，对这个状态做（或

不做）一些处理，有时还要根据它在环境中的感知改变状态。你可以把RNN的角色想象成在大富翁棋盘上移动棋子的人。

当然，这与Boss的大富翁棋盘有一些区别。毫无疑问，Boss的有限状态机具有有限数量的状态。RNN的状态通常用浮点数向量进行编码，因此RNN中状态的概念更加灵活：它是高维空间中的一个点，它在这个空间中的位置定义了状态的语义。另一个区别在于，像Boss这样的自动驾驶汽车中的有限状态机是人工制作的，有一些简单的规则，Boss将遵循这些规则从一个状态转变到另一个状态。

另一方面，RNN中的状态和转变基于编码到其神经元权重中的规则，而这些权重是从数据中学习到的。也就是说，每个RNN单元仍然非常简单：它只需要跟踪和更新状态就可以了。它只是一个状态更新器。为了让网络能够对状态做一些有趣的事情，RNN单元通常会将关于状态的消息输出到网络的其他部分。对于我们的语音网络，这些单元将各自的消息输出到更深层的网络中。正如你想象的那样，有了足够的数据，语音网络中的一系列循环单元就会学习那些有助于总结人类语音录音的频谱图的状态。他们会了解到某些声音是常见的，而某些声音往往跟随着其他声音。

既然我们有了RNN，便可以在语音网络的不同位置使用它们。正如我们可以构建指向时间向前的RNN一样，我们也可以构建指向时间向后的RNN，以便它们学习以不同方式总结声谱图的状态和转变。我们还可以将RNN序列彼此堆叠在一起，不是在时间维度上首尾连接，而是放在彼此的顶部，以便它们在时间维度

上对齐，如图 11.2 所示。以这种方式堆叠 RNN 与拥有多个卷积层
有同样的好处：随着我们逐步深入，每个 RNN 层通过发现上一层
中最显著的趋势来总结上一层，从而建立起越来越高的抽象级别
来推理网络的输入。一旦将几层 RNN 堆叠在一起，并将它们堆叠
在一些卷积层的顶部，我们就可以在顶部添加一个全连接层。

因此，语音网络将声谱图作为输入，并使用一个看起来酷似
AlexNet 的网络来处理它，只是这个网络在卷积层和全连接层之间
夹着一些 RNN 层，这使网络能够模拟不同声音之间的转变。在这
一点上，我们只需要一种方法来预测网络输出层的转录。

网络的输出层是神经元网格，网格的一个方向表示时间，另
一个方向表示英文"Alphabet"中的字母（以及字母之间的空
格）。运行时，网络会预测每个字母在转录过程中的任意给定时刻
出现的可能性。这个预测被编码在输出值中：如果字母（在给定
时刻）更有可能出现，输出值就更高；反之输出值就更低。但是
这给从录音序列中预测转录带来了一个挑战：我们需要把输出层
中的神经元与实际的转录对齐。如果我们做最简单的事情，在任
意给定时刻提取最可能出现的字母，那么我们最终会得到许多重
复的字母，如下所示：

wwwhhhaattt iissss tthhe wwweeeaatthheerrrr lllikke iiinnn
bboostinn rrrightt nnowww.

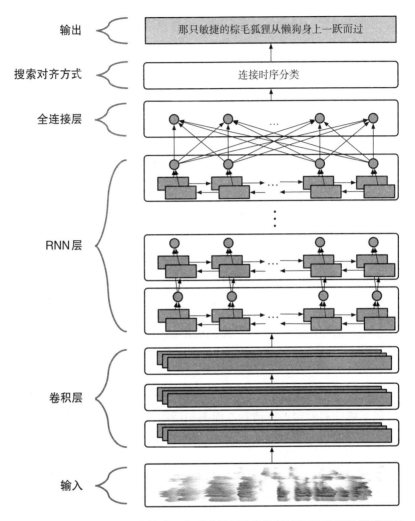

图 11.2　百度深度语音识别系统的架构。该网络使用人类语音录音的书面转录和所谓"连接时序
　　　　分类"（connectionist temporal classification，CTC）的概念进行训练，这一概念搜
　　　　索标签和全连接层之间的对齐

　　解决这一问题（至少是预测字母序列的任务）的一种方法是简
单地在每个时刻提取最有可能的字符串，然后删除重复的字母。[2]

这通常会得到一种看似合理但或许稍有错误的转录：

what is the weather like in bostin right now?[3]

（翻译为：bostin现在的天气怎么样？）

请注意，"Boston"（波士顿）这个词显然被拼错了，但发音是正确的。有时候，转录在语音上大体正确，但看上去更像是胡言乱语，例如下面这个转录：

arther n tickets for the game.[4]

这句话应该被转录成："Are there any tickets for the game?"（翻译为：有这场比赛的票吗？）

我们可以用英语单词序列的统计数据来修正这些转录。为了直观了解这有何帮助，请看下面两句话哪一句听起来更自然？

· People he about spilled thing the fun secret most of the the was blender.

· He spilled the secret of the blender was the most fun thing about people.

这两句话的单词完全相同，而且它们在语义上都毫无意义，但是你可能会认为第二句听起来更自然。如果你更仔细地观察这句话，并从中任意选取三个连续的单词，这些单词就像你在普通句子中找到的一样流畅，而第一句就并非如此。百度的研究人员也采用了同样的想法，根据单词在英文文本中出现的频率，记录哪些单词集合（最长可包括5个单词）听起来最自然。[5] 正如你可以想象的那样，使用这种单词序列的统计数据可以大大缩小可能的转录范围。作为另一个练习，你可以看看你是否可以预测这个单词序列中接下来的词：

rain fell from the _____.
（翻译为：雨从 _____ 落下。）

显然，这句话能以"天空"或"云彩"这样的词结尾。因此，即使这段录音客观上听起来更像是"rain fell from this guy"（翻译为：雨从这家伙身上落下），百度的语音识别系统也会使用语言统计数据选择一个更像"rain fell from the sky"（翻译为：雨从天上落下）的转录。

接下来，百度的语音系统使用一种搜索算法，根据语音网络的输出层和来自其他地方的单词序列统计信息，找到最匹配的字母序列。这个搜索算法与Boss在停车场停车的路径搜索算法非常类似，不同的是，语音系统不是寻找一种组合小段路径的方法，而是搜索字母序列；语音系统并不在其成本函数中使用时间和风险等因素，而是试图最大限度地提高不同字母和单词出现在其转录中的可能性，参考的是网络的预测和这些词在"五词语言模型"中的统计数据。

为图像生成字幕

虽然上面这样的语音识别系统可以准确地转录录音，但它们并不能理解录音的内容。我们还远远没有能够理解语言的网络，但研究人员已经找到了让RNN网络看起来似乎能够理解语言的方法。最近的一项突破是，网络可以创造出听起来很自然的短语字幕，以此描述图像内容。

这些图像字幕算法的惊人之处在于，从理解图像到生成一系列单词来描述图像，一切都是通过神经网络完成的（除了另一种搜索算法，我们稍后会看到）。为了了解这些算法，让我们快速浏览一下它们的"前辈"，这些"前辈"把算法在图像中检测到的物体的名称填到模板中。这些算法的输出就像是你能指望计算机程序说出来的典型的"儿语"：

There are one cow and one sky. The golden cow is by the blue sky.[6]

（翻译为：有一头牛和一片天空。金牛在蓝天旁边。）

下面是另一个例子：

This is a photograph of one sky, one road and one bus. The blue sky is above the gray road. The gray road is near the shiny bus. The shiny bus is near the blue sky.[7]

（翻译为：这是一张有一片天空、一条路和一辆公共汽车的照片。蓝天在灰色的道路上方。灰色的道路靠近闪闪发亮的公共汽车。闪闪发亮的公共汽车靠近蓝天。）

虽然这些算法确实阐述了场景，但它们也很奇怪：照片中闪闪发亮的公共汽车确实靠近蓝天，但从语义上讲，公共汽车靠近天空就很奇怪了。然而，我们能指望计算机说出来的话正是这样的。你希望你的图像处理软件可以对图像执行低级的图像操作，例如调整色彩平衡、模糊像素，但并不指望更复杂的操作。我们同样不能指望计算机以复杂的方式使用语言。

另一方面，生成字幕的神经网络方法可以创建如下描述：

A group of people shopping at an outdoor market

A group of people sitting in a boat in the water

and

A giraffe standing in a forest with trees in the background.[8]

（翻译为：一群人在露天市场购物，一群人坐在水里的一条船上，还有一只长颈鹿站在森林里，背景是树木。）

生成这种字幕的神经网络使用一系列变换，将照片转换成一系列的单词。在第一个变换中，它们使用卷积神经网络来处理图像。这与AlexNet处理图像的方式非常相似，只是网络不是预测图像中是否有不同的物体，而是将图像编码成庞大的数字矢量，从而为网络的其余部分提供关于场景的简洁描述。一旦算法得到图像的矢量摘要，那么由一系列RNN单元组成的网络的其余部分就会生成它的字幕。和之前一样，RNN单元由它们的状态连接起来，链中的每个单元分别输出字幕的一个单词，如图11.3所示。[9]

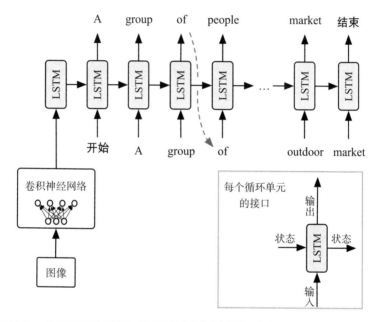

图 11.3　一种图像字幕神经网络。每个RNN单元的状态总结已生成的字幕的数量。每个单元的输出是单词的概率分布；每个单元的输入是先前生成的单词。第一个单元的输入是卷积神经网络的输出

这样一个简单的网络如何产生连贯的英文字幕？请回忆循环单元的关键特性：它们使神经网络能够记录状态。随着我们在这条链上走得更远，状态就会发生变化，这样网络就能记录已经说过和没有说过的内容。当每个单元检查其当前状态并输出一个新单词时，它会更新其内部状态，以便下一个循环单元可以完成它

的工作。为了帮助每个单元更新状态，每个循环单元的输入就是前一个循环单元输出的单词。

我们可以将搜索算法附加到网络顶部，以此改进网络生成字幕的方式，就像百度对其语音识别系统所做的那样，你可能对此不会感到惊讶。从技术上讲，神经网络的输出层对应于每个时间步、每个单词都有一个神经元；它的输出值可以组合起来，以预测每个单词作为序列中的下一个单词出现的可能性。根据我在几页前展示的例子，你可能会猜到，无论图像中有什么，第一个单词很可能是"a"（一个）。如果图像中有一只猫，那么下一个单词很可能就是"cat"（猫），等等。

搜索算法不是只运行一次模型并在每次面临选择时选择最可能的单词，而是多次运行模型以生成多个单词序列。每当它需要选择一个单词时，它都会选择在模型下很可能出现的单词，但搜索算法会在最有希望的"候选字幕"中进行严格搜索：在某些迭代中，它可能选择"furry"（毛皮）而不是"cat"，等等。一旦算法多次运行模型以生成许多可能的短语，它就会根据成本函数来评估每个短语，这个成本函数会根据网络衡量每个单词序列的可能性，从而在众多短语中找到最好的字幕。[10]

长短时记忆网络

由于RNN有相互馈送的单元，我们可以把它们看作在时间上展开的深度网络。[11] 在很长一段时间里，RNN不能被构建得太深，因为我们在训练期间需要通过这些单元链发送信息，而信息在通过链的过程中会衰减。越是深入循环单元的链，信息就越容易被遗忘。研究社区解决这一问题的一种方法是使用控制神经元来调整循环单元解释和修改其状态的方式，如图 11.4 所示。[12] 你可以把这些控制神经元想象成特殊的导线，它们可以改变神经元的行为方式。这些控制线就像数字时钟上的"设置"按钮，可以让你设置时间。如果你按下设置按钮，时钟会进入一个特殊的模式，此时你按下其他按钮便可以修改时间。修改完成后，你可以将时钟恢复到正常模式，即一秒一秒地往前走。[13] 在这些RNN上设置了控制线后，它们的状态就可以像时钟一样更新，否则，它们会根据其正常规则变换状态。谷歌的图像字幕网络以及其他场合使用的这些特殊单元，被称为长短时记忆单元，简称LSTM（见图 11.4）。

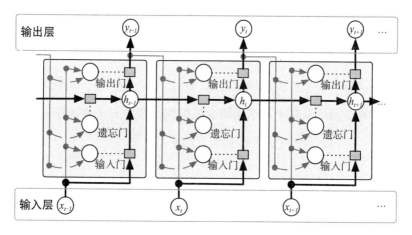

图 11.4　RNN中的LSTM。这个特殊的LSTM是谷歌用于其图像字幕生成器的LSTM。与普通RNN一样，其状态可以根据在网络中观察到的情况随后续单元的变化而变化。这样的LSTM使用"门"来修改每个单元的输入、输出和状态，通常只需要乘法运算即可

对抗数据

虽然这些算法让自动机更接近于理解人类自然语言，但它们仍然非常原始，从某种意义上讲，它们很容易出错，特别是如果你有意提供一些旨在欺骗它们的输入。例如，我们在上一章中看到，我们可以创造视错觉，诱使神经网络认为它们看到了实际上并不存在的东西。同样，把这样的图像传递给生成字幕的网络，也很容易让网络出错。机器学习领域的研究人员会把这样的输入称为对抗数据，即旨在欺骗机器学习模型的数据。

利用对抗数据来欺骗神经网络的想法很重要，因为通过了解什么样的图像可以欺骗这些网络，我们还可以了解如何使它们更强大。最近在深度学习领域的一些很有前景的工作采用了这种思想，以此训练能够生成逼真图像的网络。[14] 系统的一部分尽力生成与你关心的某类别图像类似的图像，例如猫脸的图片，而系统的另一部分则尽力弄清楚生成的图像是否来自这个类别。这些"生成对抗网络"（GAN）的两方都在不断改进，直到系统的生成部分非常擅长创建逼真的数据。这是一场猫捉老鼠的游戏，一场敌对的军备竞赛，双方都竭尽全力与对方竞争。

这似乎不能让你一目了然地看出"生成对抗网络"的作用：我们为什么要关注两个相互竞争的网络？当我们想要为某种目的创建数据时，这些网络非常有用。例如，我们可能想要一个能生成马、鸟或人的逼真图片的网络。此时我们就可以用马和斑马的图片来训练其中一个网络，例如创建一个"生成对抗网络"，把马的照片转换成以假乱真的斑马图片；再如，我们还可以训练一个网络，根据梵高画作的风格生成逼真的场景。[15] 正如我在上文提到的，这些网络还可以用于生成非图像数据，比如声音或逼真的英语句子。

在这一点上，让我们回到构建理解人类语言的程序时所遇到的困难。到目前为止，我们所讨论的程序仍然远远不能理解人类语言。它们可以生成简短的句子来描述图像，但是当你仔细观察这些算法时，你很快就会发现它们的局限。

在本书的第一章中，我提到了IBM的"沃森"，它在美国游戏节目《危险边缘》中击败了冠军肯·詹宁斯和布拉德·鲁特。那么你可能会想，如果我们还远远没有设计出能理解人类自然语言的机器，那么"沃森"怎么能在一个似乎需要参赛者理解英语语言细微差别的游戏中表现得如此出色？当然，在这个项目中有一些巧妙的设计，但是我们将在第12章中看到，"沃森"并不是为了理解问题而设计的，而是为了回答问题而设计的。

12

理解自然语言

———

"沃森"不会怯场、不会骄傲、不会沮丧。它总是冷冰冰地、不动声色地玩游戏，一旦找到有把握的答案，它的抢答器就会在第一时间嗡嗡响起。

———

肯·詹宁斯

《危险边缘》节目人类冠军[1]

———

是宣传噱头，还是人工智能研究的福音？

2006年，塞巴斯蒂安·特龙在一次人工智能会议上介绍了他和他的同事为第二次DARPA无人车挑战赛开发的自动驾驶汽车斯坦利。观众们颇为震惊。得克萨斯大学奥斯汀分校的研究生詹姆斯·法恩（James Fan）也在观众之列，他那时正在研究问答系统，这是计算机科学的一个冷门领域，致力于开发能够回答书面问题的计算机程序。詹姆斯看着塞巴斯蒂安的演讲，陷入了沉思。

后来，他对一群同事说道："如果出现一个由亚历克斯·特里贝克（Alex Trebek）主持的问答挑战赛，那岂不是太棒了？"[2]特里贝克是美国流行游戏节目《危险边缘》的主持人，在这档节目中，参赛者必须具备百科全书式的琐碎知识，从古代史到生物学，再到电影，无所不包。在节目中，特里贝克会根据答案向参赛者提供线索，参赛者必须根据这些线索推断出答案，同时以问题的形式表述出来。[3]

詹姆斯的同事对他的想法一笑置之。特里贝克是个大名人，政府的薪酬计划和研究拨款根本不足以支付他的出场费。他们认为，这对问答系统领域可能是很好的宣传，但这是在挥霍纳税人的钱。

IBM的"沃森"

将近5年之后，在2011年1月的两个寒冷的日子里，《危险边缘》历史上最成功的两位人类选手肯·詹宁斯和布拉德·鲁特在节目中与"沃森"对决。"沃森"是IBM的一组研究人员开发的计算机程序。[4]这场比赛是在IBM的一座研究大楼里举行的，"沃森"在隔壁数据中心的计算机机架上运行，被完全切断了互联网。在寒冷的数据中心里，轰鸣的风扇呼啸着吹过数千个CPU（中央处理器）。[5]

临时演播室比数据中心和室外寒冷的冬日要温暖得多。IBM邀请了亚历克斯·特里贝克来主持这场比赛；参赛者在题板上选定主题类别后，特里贝克会为他们提供线索。参赛者想出答案后会抢答。当"沃森"知道答案时，它也会通过电子机械系统抢答，它的电磁阀拇指会第一时间按下抢答器。[6]

"这里不需要凭票入场，它是黑洞的边界，任何物质都不能从那里逃脱。"特里贝克说道。

"沃森"立即准确无误地给出了答案，只见它的屏幕闪烁着，一个柔和的机械声音（一位记者将其形容为"流畅、温和的男性语调"）响起[7]："事件视界①是什么？"

比赛远未结束，詹宁斯和鲁特就意识到他们毫无机会了。这场比赛对他们而言堪称耻辱。当为期两天的挑战赛结束时，詹宁

---

① 事件视界，是一种时空的曲隔界线，视界中的任何事件都无法对视界外的观察者产生影响。——译者注

斯赢得了 24 000 美元，鲁特赢得了 21 600 美元，而"沃森"最终赢得了 77 147 美元，它遥遥领先于两位人类对手。⁸詹宁斯在回答比赛的最后一个问题时，在下面写了一份认输声明："我，作为一个人，欢迎我们新的机器人霸主。"

攻克《危险边缘》所遇到的挑战

"沃森"遥遥领先于回答琐碎问题的第二优秀的计算机程序。为了了解为什么"沃森"会取得如此重大的突破，让我们来看看"沃森"需要回答的几条线索。下面是《危险边缘》中关于 2008 年奥运会的一个例子：

米洛拉德·查维奇（Milorad Čavić）差点儿破坏了这个人完美的 2008 年奥运会，仅以百分之一秒的劣势输给了他。

下面是另一条线索：

被通缉的罪犯；最近一次在巴拉多塔出现；这是一只巨眼，伙计们，你们会找到它的。

下面还有一条线索，属于"主要蔬菜"类别：

凉拌菜丝。

花点时间考虑一下计算机会如何给出这些线索对应的问题：它必须知道哪些信息，如何存储这些信息，以及如何处理问题来查找这些信息。而且别忘了，IBM 的研究人员不能仅仅编程"沃森"去阅读问题，理解问题，然后根据它阅读的内容想到答案。它的程序员需要为"沃森"提供明确的操作序列，让它可以按照这些操作序列来回答每条线索。

IBM 的"沃森"无法像人类一样理解每个单词的含义，更不用说一组单词了。尽管如此，它还是成功地击败了两位人类冠军。在下文中，我们将更深入地研究"沃森"是如何做到这一点的。现在，我们将从谜题的第一部分开始："沃森"如何理解线索到底在问什么。

浩如烟海的知识

从表面上看，有些《危险边缘》的问题对计算机而言可能很容易回答：《危险边缘》是一个智力竞赛节目，而智力竞赛节目是关于知识的。"沃森"有 4TB（太字节）硬盘来存储知识数据库。[9]这应该能让我们找到构建"沃森"的大部分方法，对吧？

例如，请看下面这条《危险边缘》的线索，该线索出现在"作者是谁"的类别下。[10]

一场名为"惧恨拉斯维加斯"的"野蛮之旅"。

下面是另一个例子，在"作者的中间名"类别下。

爱伦，从 1849 年 10 月 7 日开始"永不复还"。

想要回答这些问题，"沃森"需要知道亨特·S. 汤普森（Hunter S.Thompson）写出了《惧恨拉斯维加斯》，埃德加·爱伦·坡（Edgar Allan Poe）逝世于 1849 年 10 月 7 日，或是至少知道这位作家与短语"永不复还"或中间名"爱伦"有关。[11]

诸如此类的知识可以被存储在数据库中，而"沃森"在任何时候都会存储这样的知识。这些知识被称为关系。关系是人、地方和事物之间的联系。其中一种关系是作者和作品的关系，它可以给出上述第一条线索的答案：

表 12.1

查尔斯·狄更斯	作品	《圣诞颂歌》
亨特·S. 汤普森	作品	《惧恨拉斯维加斯》
J. K. 罗琳	作品	《哈利·波特与魔法石》
……	……	……

对上文中的第二条线索有帮助的另外一种关系，即人与其逝世时间的关系：

表 12.2

埃德加·爱伦·坡	逝世时间	1849 年 10 月 7 日
亚伯拉罕·林肯	逝世时间	1865 年 4 月 15 日
成吉思汗	逝世时间	1227 年 8 月 18 日
……	……	……

可以想象，可能的关系是无穷无尽的，"沃森"存储了数百万种关系，用于记录日期、电影、书籍、人物、地点等。

但是，仅凭数以百万计的关系，"沃森"仍然无法回答《危险边缘》的问题。以我上文提到的"沃森"参赛时遇到的线索为例：

> 被通缉的罪犯；最近一次在巴拉多塔出现；这是一只巨眼，伙计们，你们会找到它的。

虽然"沃森"给出了正确的答案"索伦是谁？"，但"沃森"不太可能有"巨眼"的关系，更不用说"谁长着巨眼"的关系。[12]除了索伦是《指环王》中的一个角色，《指环王》的作者是托尔金（J. R. R. Tolkien）之外，"沃森"的结构化数据库中不太可能有任何关于索伦的东西。就像自动驾驶汽车无法预见一位坐在电动轮椅上的妇女在马路中间追赶一只鸭子这样的罕见情况（我们知道这是自动驾驶汽车遇到的真实情况）一样，"沃森"背后的研究人员也不可能预见到所有可能出现在线索中的关系。

"沃森"面临的另一个挑战是，《危险边缘》的线索表述方式多种多样。以上文中埃德加·爱伦·坡的线索为例，他在 1849 年"永不复还"了。"沃森"需要一些方法来认识到一个人"永不复还"是"死亡"的同义词。"沃森"使用了字典和主题词表，但典型的主题词表不会将"永不复还"列为"死亡"的同义词。同义词只有在这个语境中才有意义，因为"永不复还"是埃德加·爱伦·坡一首诗中的著名诗句。虽然关系使"沃森"能够简单地在数据库中"查找"答案，但只有 1/4 的问题是从这些关系开始的。更糟糕的是，"沃森"能简单地"查找"到答案的线索只有 2%。[13]

那么，"沃森"如何回答剩下的 98% 的线索呢？它通过系统地分析线索，仔细梳理关键信息来做到这一点。

《危险边缘》挑战赛的诞生

就在"沃森"对决詹宁斯和鲁特前不久，斯蒂芬·贝克（Stephen Baker）出版了一本畅销书《危险边缘总决赛》（*Final Jeopardy*）。这本书最初出版的是电子版，书的最后一章直到比赛在电视上播出后才发布，读者需要等待才能阅读，而且这一章是在节目播出后以电子版发布的（并包含在随后的印刷版中）。除此之外，书中还描述了 IBM 的团队如何决定开发一个玩《危险边缘》的程序，这个故事我在下文会娓娓道来。[14]

在 21 世纪初，IBM 一直在寻找一项挑战赛，公开展示公司的技术实力。对 IBM 而言，找到这样的挑战很重要，因为 IBM 拥有利润丰厚的咨询业务，而这项业务依赖于客户对公司在大数据和大规模计算等领域处于领先地位的信心。1997 年，IBM 凭借"深蓝"击败了国际象棋冠军加里·卡斯帕罗夫，这便是一个成功案例。因此，每个人心中都有再挑战一次的想法。[15]

我们很难准确地追溯挑战《危险边缘》最初的想法是始于何处，IBM 员工的描述各不相同。有一种说法是，2004 年的一个秋日，IBM 的一位高级经理在一家牛排餐厅里产生了这个想法。他注意到其他顾客全都抛下了他们未动过的饭菜，来到餐厅的另一个区域。他们聚集在电视机周围，足足围了三层，观看詹宁斯著名的连胜表演。连续赢了 50 多场比赛后，詹宁斯还会继续赢下去吗？ IBM 的经理想知道，如果公众对这个比赛如此着迷，那么他们对人类和计算机之间的比赛会同样感兴趣吗？ [16]

然而，IBM 挑战《危险边缘》的想法实际上已经开始了（至少公司的另一名员工认为他有这个想法，而我们在本章开始时看到的詹姆斯·法恩也有这个想法），一旦这些想法合流，就会遇到很多内部阻力。有些人认为挑战《危险边缘》只是个宣传噱头，可能会浪费金钱和研究人员时间，更糟糕的是，这可能会危及公司的信誉。虽然存在这样的阻力，但 IBM 的 3 000 人研究部门的负责人还是向他的一些研究人员推荐了这个项目，其中一位研究人员就是戴维·费鲁奇（David Ferucci）。[17]

费鲁奇熟悉他们可能面临的问题，因为他管理的一个研究团队已经在一个问答系统上耕耘了数年之久。他们的问答系统是世界上最好的问答系统之一，而且在比赛中一直表现出色。但费鲁奇和他的团队也知道，这些系统目前还远远不能挑战《危险边缘》。尽管如此，他还是把问题交给了他的团队。团队中只有一个人对这个想法持乐观态度，这个人便是詹姆斯·法恩，他刚刚获得博士学位，加入了这个团队。[18] 但是团队得出的结论是，这个领域还没有准备好，项目将会非常艰难。费鲁奇也告诉研究负责人，最好不要继续这个项目。[19]

不久，研究负责人又回来问起《危险边缘》的项目，费鲁奇和他的团队又一次回到会议室进行头脑风暴。在讨论这个项目时，他们的结论大致相同：能够回答《危险边缘》问题的系统需要比他们目前的系统快得多；它需要回答更广泛的问题；而且，最困难的是，它需要更准确地回答这些问题。有太多开放的研究问题需要解决，项目似乎毫无希望。但最终，在成功的可能性和一些关于如何继续下去的预感的鼓舞下，他们心软了，于是，"沃森"诞生了。[20]

DeepQA

费鲁奇的团队刚开始研究"沃森"的时候，已经有了一个在当时的标准看来很不错的问答系统。IBM已经为此投入了大量资源，一个4人团队花费了6年时间开发了这个系统。但是他们现有的系统并不适用于《危险边缘》，因此费鲁奇的团队花了大约一个月时间来改造它。

费鲁奇的团队还需要一种方法来评估他们的系统。幸运的是，他们在互联网上发现了《危险边缘》的线索和答案的宝库。《危险边缘》的热心"粉丝"创建了一个网站，其中包含了《危险边缘》节目中所有的问题和答案，他们还用详细的信息对问题做了注解。[21]

IBM团队利用这个网站搜集了《危险边缘》以往获胜者的表现统计数据：《危险边缘》的获胜者抢答的概率是多少？他们抢答后给出正确答案的概率是多少？费鲁奇的团队创建了这两组数据的散点图，这堆数据点说明了《危险边缘》以往获胜者回答问题的准确率高低和得分多少。他们称这个图为"优胜者云",并用它作为衡量"沃森"水准的标杆。[22] 如果他们能把"沃森"移到点云中,那么"沃森"就能与人类优胜者相媲美。如果他们能把"沃森"移过点云,那么"沃森"就能战胜这些人类优胜者。

在团队花了一个月的时间将以前的系统改造为挑战《危险边缘》的系统之后,他们采用一些指标对其进行了评估。但他们改造后的系统表现糟糕:如果"沃森"回答了它最有信心的62%的问题——这与肯·詹宁斯回答问题的平均百分比相同,那么它只能答对13%的问题。而要与詹宁斯竞争,"沃森"需要答对92%以上的问题。[23] 他们很清楚自己需要使用大不相同的方法。

他们现有系统的失败实际上是费鲁奇的一种策略:团队需要认识到,他们目前的系统和传统的方法已经失败了。通过失败,他们可以从头开始,用全新的方式看待事物。[24]

于是,费鲁奇和他的团队进行了实验,采用了学术文献中最先进的方法。经过几个月的实验,团队终于找到了一种貌似可行的架构,他们称之为 DeepQA(深度问答)。[25] DeepQA 背后的方法很简单。像许多其他问答系统一样,DeepQA 只需执行几个具体步骤即可得出答案,如图 12.1 所示:分析问题,用搜索引擎找到候选答案,研究这些答案,并根据为它们找到的证据对这些答案进行评分。在本章的余下部分中,我们将重点关注此流程的第一阶段:"沃森"的问题分析阶段。

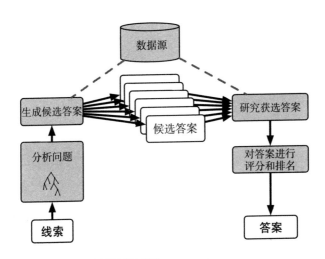

图 12.1 非常复杂的DeepQA流程的基本概述

问题分析

"沃森"的问题分析阶段的目标是将一个问题分解成多个信息片段，这些信息片段对于在后续的流程中查找和评估答案是非常有用的。与"沃森"的大多数组成部分一样，问题分析阶段在很大程度上依赖于自然语言处理（NLP）。自然语言处理让"沃森"能够用构成线索的单词做一些有意义的事情："沃森"用它们找到线索中单词的词性，在线索中搜索人名和地名，并创建线索的句型图。[26]

在问题分析阶段，"沃森"最重要的任务是在线索中找到可以概括出线索具体要求的词组。以下面这条线索为例：

B型肝脏炎症是通过某些个人接触传播的。

概括出这条线索具体要求的词组是"肝脏炎症"。"沃森"的研究人员称这个词组为重点。重点是线索的一部分,如果用答案取代它,线索就会变成事实陈述。[27] 如果我们用答案"肝炎"取代线索的重点,它就会变成:

> B型肝炎是通过某些个人接触传播的。

现在它变成了一条事实陈述。下面是另一个例子:

> 2005 年,这对无敌搭档调查了"兔怪的诅咒"。

在这条线索中,重点是"这对无敌搭档"。用答案代替重点,我们会得到:

> 2005 年,华莱士和格罗米特①调查了"兔怪的诅咒"。

这同样是一条事实陈述。通过找到重点,"沃森"可以利用这些信息生成可能的答案并对答案进行评分。现在我们将其应用到上文中那条关于 2008 年奥运会的线索,它的重点是"这个人":

> 米洛拉德·查维奇差点儿破坏了这个人完美的 2008 年奥

---

① 华莱士和格罗米特是卡通片《兔怪的诅咒》中的角色,被称为无敌搭档。——译者注

运会，仅以百分之一秒的劣势输给了他。

"沃森"从问题中提取的另一类信息是描述答案类型的单词或词组。[28] 线索要求的是一位总统？一座城市？像肝炎那样的炎症？或是像生菜那样的食材？同样，"沃森"利用这些信息提出候选答案，并在后续的流程中对其进行评分。我将在下一章详细描述"沃森"如何使用这些信息；现在，你只需要知道"沃森"在这个阶段存储了这些信息，这样它就可以在后续阶段中选择并缩小可能的答案范围。例如，如果问题问的是一种疾病，那么"沃森"就可以给那些实际是疾病的候选答案更高的权重，而给诸如疾病症状这样的候选答案较低的权重，从而在后续阶段缩小候选答案范围。答案类型通常是重点的一部分，因此如果"沃森"能够找到重点，那么它很有可能找到答案类型。在我们那条关于 2008 年奥运会的线索中，答案类型是人。因此，"沃森"会在后续的流程中使用这一信息，把候选答案的范围缩小到人。

有时，"沃森"的线索中只有几个名词或动词可以用于搜索。我们在上文看到的一条线索中只有一个词：凉拌菜丝。[29] 当"沃森"在这种情况下找不到答案类型时，它会在线索的类别中搜索答案类型。(《危险边缘》中的每个问题都被分配到一个类别中，选手看到问题时都可以看到这个类别。)线索"凉拌菜丝"的类别是"常见蔬菜"，所以在这种情况下，"沃森"可以将答案类别设置为蔬菜，这会帮助它找到正确答案：卷心菜。[30]

"沃森"还在线索中寻找专有名词、日期和关系。通过寻找专有名词,"沃森"可以在随后寻找候选答案时更加专注。在关于 2008 年奥运会的线索中,它会找到"米洛拉德·查维奇"这个名字和"2008 年奥运会"这个词组。它还会意识到 2008 年是线索中的一个日期。

于是,"沃森"继续剖析线索,从中梳理出一些有用的信息。对于其中一些信息,"沃森"使用了简单的模式匹配。例如,通过让沃森搜索以 1 或 2 开头的 4 位数序列,我们可以很容易地让它搜索日期。但"沃森"要从线索中提取其他信息,比如线索的重点和答案类型,就需要一套更复杂的工具了。

"沃森"如何解读句子?

现代自动机与世界交互的最重要方式之一是感知。我们已经看到了自动驾驶汽车如何感知周围的环境:它使用激光扫描仪、摄像机和加速度计来创建环境模型。"沃森"没有激光扫描仪或加速度计,也没有用来阅读屏幕的摄像机和用来听亚历克斯·特里贝克讲话的传声器。线索被以电子文本文件的形式传递给"沃森"。当"沃森"查看文本文件时,它看到的不过是一串有序的字母序列,因此它使用了自然语言处理领域的技巧来理解它们。

"沃森"理解这些字符的第一种方式是将线索解释为单词序列,而不是字母序列。一旦"沃森"将一条线索解释为一系列单词,它就可以使用一些更有趣的技巧来处理线索。这些技巧中最重要的是用句型图绘制出线索的结构,就像你在小学时做的那样。

计算机在一个叫"句法分析"的过程中创建句型图，生成的句型图通常被称为解析树。你可以在图 12.2 中看到有关 2008 年奥运会那条线索的解析树。在这条线索中，主语是专有名词"米洛拉德·查维奇"，动词是"破坏"，句子的其余部分修饰动词短语。（这不是"沃森"解析句子的确切方式，但基本思路是这样的。）

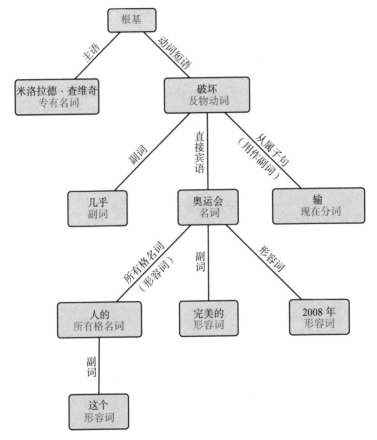

图 12.2　"米洛拉德·查维奇差点儿破坏了这个人完美的 2008 年奥运会，仅以百分之一秒的劣势输给了他。"这句话的解析树。这个解析树属于传统的"句法分析"，很像你小学时学过的东西。"沃森"并不是完全像这样分析句子，但基本思路是这样的

一旦"沃森"有了句子的句型图，它就可以用句型图对问题进行更有趣的分析，我们很快就会谈到这个问题。但首先，让我们简要地看一下像"沃森"这样的程序如何创建解析树。

计算机可以使用搜索算法创建解析树，这很像Boss在城市环境中规划路径的方式。"沃森"的解析器不是像Boss那样在地图上搜索最佳路径，而是从符合语法规则的句子里众多的单词中寻找最好的方法来创建解析树。现代解析器使用关于单词和词性之间关系的统计信息来查找最有可能的解析树。

你可能还记得，在你上学的时候，英语句子可以分解成主语短语和动词短语，而且每一种短语都可以进一步分解。例如，动词短语或名词短语可以分解为两部分：

> 动词短语＝副词＋动词短语
> 名词短语＝形容词＋名词

我们可以继续应用这样的规则，直到一个句子被分解成小块，每个小块都是单一的词性。一些句子分析器就是利用这一点。为了解析一个句子，这些解析器使用这些规则来寻找拆分句子的最佳方法，直到不能把句子拆分成更多的小块为止。

有时句子会产生有歧义的解析树。以下是传闻中出现在报纸头条中的一些句子：[31]

Juvenile Court to Try Shooting Defendant.（翻译为：少年

法庭审讯枪击被告人。/少年法庭尝试射杀被告人。）

Hospitals Are Sued by 7 Foot Doctors.（翻译为：医院被 7 名足部医生起诉。/医院被 7 英尺高的医生起诉。）

你可能认为这些例子是捏造出来的。这只是极少数例外，对吗？实际上，这种模棱两可的情况随时都可能发生。它们总是潜伏在我们语言的表面之下，但我们大部分时间都没有注意到它们，因为我们的头脑很快就能解决它们的歧义。看看你能否在我们在本章前面看到的一条线索中找到歧义：

It's the B form of this inflammation of the liver that's spread by some kinds of personal contact.（翻译为：B 型肝脏炎症是通过某些个人接触传播的。/B 型炎症的肝脏是通过某些个人接触传播的。）

在这条线索中，歧义之处在于，是炎症通过某些个人接触传播，还是肝脏通过某些个人接触传播。虽然对我们人类而言很明显，肝脏不能通过个人接触传播，但这对于"沃森"的句子解析器来说并不明显。这种解析没有任何语法错误，即便它在语义上很奇怪。

下面是另一个例子，是"沃森"在对决肯·詹宁斯和布拉德·鲁特时遇到的。

丹尼尔·凯斯1959年的短篇小说，小说讲述了查理·戈登和一只比普通老鼠更聪明的实验室老鼠，获得了雨果奖。

在这个例子中，歧义之处在于，是一篇写查理·戈登和一只比普通老鼠聪明的实验室老鼠的短篇小说获得了雨果奖（正确的分析），还是查理·戈登的短篇小说和一只比普通老鼠聪明的实验室老鼠都获得了雨果奖。（雨果奖是授予科幻小说和奇幻小说的奖项。）第二种解析没有任何语法或语义上的错误，但是如果你知道雨果奖，就会知道到雨果奖通常不会颁给聪明的老鼠。顺便提一下，"沃森"正确地给出了这条线索的答案：《献给阿尔吉侬的花束》。

计算机无法确定上述语句的哪个解析树是正确的，除非有更多相关情况的上下文；正如我先前提到的，现代解析器使用的统计数据是关于单词、词性以及它们组合成句子的方式的。通常，这些足以使计算机找到正确的解析树。

尽管"沃森"可以创建这些句型图，但它仍然不知道句子的意思。对"沃森"而言，这些句型图不过是在计算机内存中流动的数据结构，其中一些还指向其他数据结构。幸运的是，"沃森"不需要理解这些句型图。句型图仅仅是程序员用来解释问题的有用工具。但程序员如何能在不看问题的情况下解释问题呢？

还记得自动驾驶汽车的大富翁棋盘吗？大富翁棋盘编码了人们在面对汽车可能遇到的情况时所需的知识，比如交通卡口处的优先规则。就像Boss的创建者手工制定规则让它在研究人员不在的时候穿越拥挤的十字路口一样，"沃森"的开发者也手工制定了规则，这样，研究人员不在的时候，"沃森"就可以遍览它的句型图，从线索中提取有意义的信息。

从问题分析阶段开始，"沃森"使用这些规则沿着 DeepQA 流程检索解析树。解析树的用处之一是找到线索的重点。记住，重点是线索中准确抓住了要问的东西的词组，比如这个人或这种炎症。为了找到重点，"沃森"使用了一些简单的规则，比如搜索由"这个"或"这些"描述的名词短语。[32]"沃森"还在它的解析树中寻找其他信息，包括是否有嵌入其他线索中的线索，是否有"或"这样的连词连接成对的线索。"沃森"还在解析树中搜索与线索的重点有关的关系信息。

在图 12.3 中，你可以看到"沃森"如何分析那条关于奥运会的线索。"沃森"使用许多规则系统地剖析这条线索，使用解析树作为检查线索的镜头。在问题分析阶段，"沃森"仿佛一个患有强迫症的组织者，仔细评估它在句子中发现的内容，并将一些信息放入精心标记的方框中。但它仍然没能更接近线索要问的东西。"沃森"漫无目的地处理它的线索，以便它的 DeepQA 流程的后几个阶段可以完成它们的工作。

当"沃森"完成这个标记过程时，它的工作还远未结束：它仍然面临着为线索找到正确答案的艰巨任务。为此，它使用了一些你可能会想到的典型数据源：字典、地理知识和电影数据库，甚至维基百科。但是，正如我们将在第 13 章中看到的，"沃森"使用它们的方式和人类截然不同。

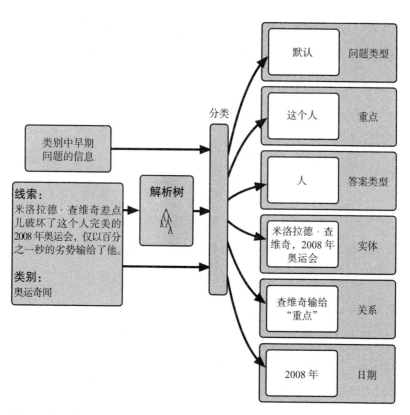

图 12.3 "沃森" 在问题分析阶段从线索中寻找的一些最重要的信息

13

挖掘《危险边缘》的最佳答案

地下室基准

当戴维·费鲁奇开始规划IBM的《危险边缘》挑战之路时，他想要一些证据来证明这个项目不会太难。正如《危险边缘总决赛》的作者斯蒂芬·贝克所指出的那样，IBM的内部阻力太大，如果没有成功的机会，那么投入大量的人力和时间会存在商业政治风险。[1] 与此同时，他也开始担心，造一台计算机来玩《危险边缘》可能太容易了。如果IBM在这个项目上进行了多年的研究，并在营销上花费了数百万美元，结果却被一个在地下室里工作了一个月的黑客揭穿了真相该怎么办？对公司而言，这会极为难堪，更不用说浪费时间了。[2]

费鲁奇和他的团队提出了一种简单的测试方法，叫"地下室基准"。当费鲁奇团队的大部分成员花费一个月的时间把他们现有的问答系统改造成玩《危险边缘》的系统时，费鲁奇要求团队中最热衷于这项工作的詹姆斯·法恩在那个月里独自在他二楼的办公室里工作，用他能找到的一切工具拼凑出一个系统。在此期间，除了吃午饭和开会以外，詹姆斯·法恩不与团队的其他成员一起工作。相反，他必须想出自己的方法。然后，法恩的系统将与其他成员改造的系统进行比赛。如果詹姆斯·法恩的系统表现更好，那么费鲁奇和他的团队就需要找到解决办法。[3] 如果他们不能在这段时间里展示出足够的新想法，那么也会证明这个问题太过困难。[4]

经过一个月的努力，两个团队——常规研究团队和詹姆斯·法恩一个人的团队，都发现把地下室基准作为基准是可行的，地下室基准在某些指标上几乎与改造后的系统一样好，但它玩《危险边缘》的水平仍然无法接近人类玩家。与此同时，詹姆斯·法恩在工作中发现了一些有潜力的想法。[5] 团队现在有证据表明，他们的问题有一定的难度，这让人松了口气。他们不太可能轻易让自己感到难堪，但他们已经了解到，可以运用一些优秀的老式蛮力的方法，并在问题上投入一些额外的人力来改进现有的方法。[6]

然而，正如我们在上一章中看到的，他们面临着另一个问题：他们改造过的玩《危险边缘》的系统仍然没有达到打败人类玩家所需要的水平。[7] 他们没有试图优化现有的系统，而是抛弃了原来的假设，从零开始。经过数月的实验，他们把注意力集中到了一个名为 DeepQA 的系统上。

他们的 DeepQA 系统从我们在上一章看到的问题分析阶段开始。问题分析阶段的目标是从线索中提取最突出的信息，找到其中提到的人物、地点和事物；再找到线索所寻找的答案类型；仔细标记这些信息，并将其打包以供流程的后续阶段使用。我们将在本章中介绍 DeepQA 的其余阶段，这些阶段使沃森能够找到正确答案。

"沃森"寻找答案的方法与人类截然不同。人类可能会对问题进行思考，选择一个最合适的答案来源，然后在那个来源中查找答案。人类如果找不到答案，就可能会在第二合适的来源中寻找答案，如果在寻找的过程中发现了有希望的线索，就可能调整研究路径。一旦人类找到了答案（很可能来自单一来源），就会合上书，自信地回答问题。

然而，"沃森"把每个问题都视为一个庞大的研究项目。这个过程很像招聘一个合适的人来填补空缺职位。第一步涉及创建详细的职位描述，这就是我们在上一章看到的"沃森"的问题分析阶段。"沃森"完成职位描述之后，就会从无数来源处搜集数以百计的求职者简历，通过"面试"对其中许多求职者进行详细调查，然后仔细权衡每个人的优缺点，从中挑选出最优秀的候选人。[8] 让我们从寻找和评估候选人的第一步，即"沃森"列出候选人名单的方式，开始探讨，"沃森"的创造者称之为生成候选答案阶段。

生成候选答案

为了填补职位空缺，你在这个阶段的第一步是搜集可能对这份工作感兴趣的人的简历。你的目标不是选择合适的人，而是列出所有你应该考虑雇用的人的名单。你可能会在很多地方找到这些人。你可以在求职搜索引擎上发布这份工作，也可以联系你的职业网络中的一些人，还可以在你公司的网站上发布这个职位空缺，甚至可以在本地分类广告上登个广告。过一段时间，你就会搜到一大堆求职者简历。

"沃森"使用同样的方法创建候选答案列表。"沃森"的目标不是选择正确答案，而是搜集可能的候选答案。但"沃森"的问题比招聘问题更棘手：与填补职位空缺不同，适合某个职位的申请人可能不止一个，而《危险边缘》的线索只有一个正确答案。如果在这个阶段结束时，正确答案不在"沃森"的候选答案中，那么"沃森"就没有机会正确回答了。因此，"沃森"把某个答案看作候选答案的标准很低。

具体而言，让我们以上一章看到的那条关于 2008 年奥运会的线索为例，看看"沃森"如何找到它的候选答案。下面再重复一遍那条线索：

> 米洛拉德·查维奇差点儿破坏了这个人完美的 2008 年奥运会，仅以百分之一秒的劣势输给了他。

在上一章描述的问题分析阶段，"沃森"会发现一些关于线索的东西：在图 12.3 中，我们看到"沃森"会在线索中识别出专有名词"米洛拉德·查维奇"和"2008 年奥运会"，它会找到重点"这个人"，并且会找到答案类型"人"。有了这些关于线索的信息，"沃森"便可以开始寻找候选答案了。

"沃森"到处寻找候选答案，包括搜索新闻文章和百科全书文章。它的一些候选数据来源于它的结构化数据源，这些数据源大多是具有不同类型关系的列表（还记得吗，关系是人物、地点和事物之间的联系）。作为一个粗略的经验法则，你可以假设"沃森"知道的关系是你可以在维基百科页面的边缘找到的那些"信息框"的内容。[9]例如，2010 年，维基百科的网页上关于"米洛拉德·查维奇"和"2008 年奥运会"的信息框包括了查维奇的国籍是塞尔维亚的信息，以及 2008 年奥运会在北京举行的信息。因此，"沃森"会在候选答案列表中添加上"塞尔维亚"和"北京"，连同其他一些与这两个词相关的论据。在表 13.1 中，你可以从这些关系中看到我为这条线索找到的一些候选答案。

表 13.1

候选答案来源	候选答案
维基百科信息框中与"米洛拉德·查维奇"和"2008 年奥运会"相关的关系	塞尔维亚（查维奇的国籍） 6 尺 6 寸（查维奇的身高，约合 2 米） 215 磅（查维奇的体重，约合 97 公斤） 蝶泳、自由泳（查维奇的泳姿） 加州大学伯克利分校（查维奇的大学） 北京（2008 年奥运会主办城市） 北京国家体育场（2008 年奥运会场馆） 8 月 8 日（2008 年奥运会开幕日期） 8 月 24 日（2008 年奥运会闭幕日期）
来自维基百科的候选答案：搜索结果中的文章标题、重定向到这些文章的文章、文章之间的超链接文本，以及这些结果链接到的网页的标题	格罗巴里（标题） 拉斐尔·穆尼奥斯（标题、链接文本） 皮特尔·范·登·霍根班德（标题） 亚历山大·多德维奇（标题） 米洛拉德·查维奇（标题） 2012 年夏季奥运会游泳（标题） 2008 年夏季奥运会创造的世界纪录和奥运纪录（标题）

（续表）

候选答案来源	候选答案
	迈克尔·菲尔普斯（标题、链接文本）
	勒·克洛斯（标题）
	叶夫根尼·科罗特什金（标题）
	北京奥运会（链接文本）
	100 米蝶泳世界纪录（链接文本）
	投票（链接文本）
	尤塞恩·博尔特（链接文本）
	2008 年夏季奥运会（标题）
	2008 年奥运会（重定向到搜索结果的页面）

正如我在上一章中提到的，关系数据库仅适用于一小部分线索。这条线索也不例外：虽然"沃森"还不知道这一点，但我们从这些结构化数据库中找到的候选答案都没有给出正确答案。不过没关系。请记住，"沃森"在流程的这个阶段不需要选出正确答案。它只需要确保正确答案在列表中即可。这就是"沃森"在很多地方寻找候选答案的原因。

查找答案

"沃森"继续在其庞大的非结构化数据存储以及百科全书和报纸文章、维基百科页面、文学作品、词典和主题词表等文档中查找候选答案。但是，"沃森"如何在短短几秒钟内从这些庞大的文档中找到答案呢？"沃森"的做法与你在大量文本文档中找答案的方式一样：使用搜索引擎。[10]

因为在比赛中不允许访问互联网，所以"沃森"不能简单地使用谷歌等网络搜索引擎。因此，在断开"沃森"的网络连接之前，研究人员搜集了"沃森"的所有文档，并将它们加载到自己的自定义搜索引擎中。这些搜索引擎在比赛中作为"沃森"的一部分在IBM的数据中心运行。[11] 从"沃森"的角度来看，这些搜索引擎与你使用的网络搜索引擎非常相似：输入一个搜索查询，然后得到一个搜索结果列表。[12]

"沃森"只需要提出搜索查询就可以使用这些搜索引擎。为了进行搜索查询，它使用在问题分析阶段找到的线索中的重要单词或词组，并且在查询中包含了答案类型（总统、蔬菜、感官、二人组等）。如果它在线索中找到了一种关系，比如演员饰演的关系，它就会给支持线索中这种关系的论据以更大的权重。当你在谷歌上搜索答案时，你可能有时会花些时间考虑要在搜索查询中用哪些字词。"沃森"根本不考虑它如何创建查询，它只是用它在问题分析阶段发现的信息来填写开发人员创建的简单模板中的空白。

"沃森"将这些查询发送到其搜索引擎后，就会从搜索结果中创建更多的候选答案。这有时很简单，只需将搜索结果的标题添加为候选答案即可。[13] 其他时候，"沃森"使用了更微妙的把戏。

其中一个把戏巧妙地利用了维基百科的文章。在地下室基准测试里拼凑系统的那个月里，詹姆斯·法恩发现维基百科对生成候选答案非常有用。[14] 在对维基百科做了更多的研究之后，研究团队发现，《危险边缘》节目中竟有多达95%的答案是维基百科页面的标题。[15]

有了这些信息，团队便将维基百科作为"沃森"生成候选答案阶段的基石。每当"沃森"在线索的搜索结果中找到一段维基百科内容时，它都会通过一个清单过滤这个段落，从而生成候选答案。首先，它将该段落的维基百科页面标题添加到候选答案列表中。然后，它会更仔细地查看段落中与搜索查询匹配的部分，从段落中的超链接文本（即锚文本）、这些段落链接到的维基百科页面的标题，以及重定向到这些链接的维基百科页面的标题中创建候选答案。[16]

"沃森"的研究人员还建立了一份维基百科所有页面标题的列表，这样他们就可以在其他地方查找这些短语，无论它们是出现在其他来源的文档中（在这些地方它们可能成为候选答案），还是出现在"沃森"问题分析阶段的线索中。[17] 这就是为什么"沃森"知道"2008 年奥运会"是线索中的一个专有名词：维基百科上也有一个题为"2008 年奥运会"的页面。

让我们再次回顾那条关于 2008 年奥运会的线索，看看我们能从维基百科的这些把戏中得到什么候选答案。对于这条线索，我创建了一个"沃森"可能会提出的搜索查询，我把它输入谷歌，将搜索限制为只提供来自维基百科的结果。[18] 还记得吗，"沃森"不能使用谷歌，因为它被切断了互联网，但它自定义的搜索引擎的功能大致相同，维基百科是"沃森"的研究人员编程到"沃森"搜索引擎的内容来源之一。如果我们浏览这些搜索结果，遵循"沃森"按照维基百科列清单的方式，即根据页面标题、网络链接等添加文本，那么我们便会找到更多的候选答案，例如：拉斐尔·穆尼奥斯、2012 年夏季奥运会游泳选手皮特尔·范·登·霍根班德、迈克尔·菲尔普斯。我在表 13.1 的下半部分展示了这些以及更多内容。

这些候选答案看起来已经好多了！这在一定程度上是因为现在至少有一些符合线索的答案类型（人）出现了。但是别忘了，"沃森"并不知道这些答案更有可能是正确的。其实，当我搜集这些候选答案来写这一章时，我已经找到了正确答案，并且有充分的证据支持这个答案。尽管"沃森"在生成候选答案的时候会发现这个证据，但它后来才检查是否找到了正确答案。它只是继续搜索，查找越来越多的来源，编制它那庞大的候选名单。

轻量级过滤器

"沃森"编完列表后，通常会有几百个候选答案，它需要对每个候选答案进行更深入的分析，以确定哪一个是正确的。"沃森"需要投入相当大的努力来研究每个候选答案，这种工作量大到让它无法对所有候选答案进行研究，所以它使用轻量级过滤器将列表缩小到一个较小的集合。

在寻找填补空缺职位的人选时，你也会这样做。你得到一堆简历之后，下一步就是对求职者进行更深入的分析，也就是说，你会邀请他们中的一些人到现场面试。然而，如果你只招聘一个职位，却有几百份申请，你没有足够的时间面试所有求职者。此时你可以使用轻量级过滤器来缩小简历范围，例如，筛掉没有大学学历和缺乏职位相关经验的求职者，然后邀请少数候选人参加现场面试。因为你有很多简历要审阅，所以这个过滤器必须很简单。

"沃森"的轻量级过滤器也非常简单：它可以测试候选答案是否与答案类型（例如，总统、城市、人）相匹配。[19] 2008 年奥运会那条线索的答案类型是人，所以我们可以假设"沃森"将线索的候选答案缩小到了人名范围。所有通过轻量级筛选的候选答案都会进入证据检索阶段，这样"沃森"就可以花更多的时间搜集每个候选答案的信息。[20]

证据检索

证据检索阶段类似于现场面试。虽然你可能只面试几名求职者，但"沃森"会仔细研究大约 100 个候选答案。[21] 为了做到这一点，"沃森"再次求助于它的数据库和搜索引擎。

如果现场面试一位求职者，你可能不会通过逐条浏览个人描述来了解这位求职者。你会根据个人背景和职位空缺的具体情况向候选人提出问题，希望找到候选人胜任这份工作的独特方式。"沃森"在研究候选答案时也做了同样的事情。它制定出具体的与候选答案和线索相关的问题，即搜索查询。又一次，它求助于它的结构化和非结构化数据源来进行这项研究。

"沃森"将线索中的重要词语和短语与候选答案结合起来，将候选答案视为必填短语，从而创建出搜索查询。如果我们用谷歌搜索来查询的话，下面就是针对 2008 年奥运会线索的可能的查询。

拉斐尔·穆尼奥斯；米洛拉德·查维奇"破坏"2008年奥运会；百分之一秒的劣势。

然后，"沃森"向它的搜索引擎提出这样的查询，如图13.1所示，这样它就可以根据候选答案和线索来搜集证据。

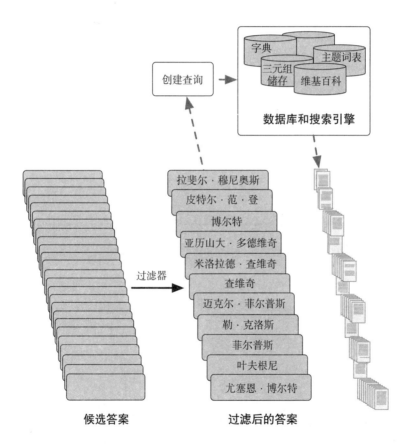

图 13.1 "沃森"的证据检索阶段。"沃森"首先使用轻量级过滤器筛选候选答案，然后从它的数据库和搜索引擎中为剩下的每个候选答案搜集大量证据

在研究过程中，"沃森"搜集了大量证据来支持每一个候选答案；这些证据的大部分只是其搜索结果中的部分文字片段。从维基百科的搜索结果来看，候选答案"拉斐尔·穆尼奥斯"并不像是正确答案：第一个搜索结果是关于 2008 年奥运会游泳比赛的页面，其中只在一张表格中提到了拉斐尔·穆尼奥斯和他的一次游泳成绩。顺便说一句，事实证明，正确答案（不是拉斐尔·穆尼奥斯）的证据实际上在这个页面的其他地方，但同样，"沃森"不会知道这一点，因为它遵循指定的规则，而这些规则中没有一条让它去看这个页面的那一部分。关于"拉斐尔·穆尼奥斯"的其他搜索结果也同样毫无用处。

当然，"沃森"在研究完它的第一个候选答案之后并没有停止。它会仔细研究所有通过它的轻量级过滤器的候选答案。让我们用另一个候选答案来尝试这个证据检索：皮特尔·范·登·霍根班德。这个查询的搜索结果稍好一些，但仍然不完美。其中一个结果是霍根班德的维基百科页面，其中包含这样一个段落。

2008 年北京奥运会，他重返赛场，在 100 米自由泳比赛中获得第五名。

这句话匹配了 2008 年、奥运会和 100（很像百分之一），但除此之外都不太匹配。这个候选答案其余的搜索结果也令人失望。让我们试试最后一个候选答案：迈克尔·菲尔普斯。第一个搜索结果是 2008 年奥运会游泳的维基百科页面，包含这样一个段落。

美国游泳运动员迈克尔·菲尔普斯以 50.58 秒的成绩打破奥运纪录，捍卫了自己的冠军头衔，以百分之一秒（0.01 秒）的优势力压塞尔维亚选手米洛拉德·查维奇（50.59 秒）。[22]

啊哈！这个搜索结果看起来更有希望。另一个搜索结果中也出现了类似的段落，是维基百科中迈克尔·菲尔普斯的页面。

8 月 16 日，菲尔普斯在男子 100 米蝶泳比赛中获得了个人第七枚金牌，以 50.58 秒的成绩打破了奥运纪录，并以百分之一秒的优势力压最强劲的竞争对手查维奇。[23]

同样，候选答案"迈克尔·菲尔普斯"看起来很像是正确的答案。如果我们相信"沃森"有能力在后续流程中为候选答案评估证据，那么这种方法在证据检索阶段似乎很有潜力。

维基百科并不是"沃森"在证据检索阶段使用的唯一资源；正如我前文提到的，"沃森"使用了各种各样的资源，包括字典、主题词表、百科全书、新闻档案和关系表，比如"逝世日期"和"国家首都"。"沃森"的创建者确保"沃森"对不同资源的查询是经过适当定制的。"沃森"根据从问题分析阶段了解到的线索和正在研究的候选答案为每个相关资源创建查询，有时还会使用线索的解析树的信息。然后它存储搜索结果以供后续使用。

当我们发现这段话暗示"迈克尔·菲尔普斯"是线索的正确答案时，我们将很满意自己已经找到了答案，并且知道可以停止寻找了。但"沃森"不会像人类那样停止研究，因为它还没有尝试去理解它正在搜集的证据。直到下一阶段，它才开始对候选答案进行评判，此时它会对证据进行评分。在"沃森"看来，支持迈克尔·菲尔普斯的证据并不比支持皮特尔·范·登·霍根班德的证据更有力；每个候选答案的证据都只是计算机内存中某个地方的一段文字，类似于面试官面试求职者时做的笔记。"沃森"只是继续它的研究，搜集一段又一段的证据，以支持其余候选答案。当"沃森"最终完成对候选答案的面试时，它便准备好了或许是最有趣的部分：对每一个候选答案进行评分。

评分

在搜集了支持每个候选答案的证据后，"沃森"将结果传递给一组评分算法。就像"沃森"使用多种规则来分析它的问题一样，它的评分阶段也使用多种规则来分析每个候选答案的证据。

这些评分器做了沃森的绝大部分"有趣"的工作：它们估计了每个候选答案的每个证据与线索的匹配程度。

这个阶段类似于创建一个巨大的电子表格来评估每个求职者。为了评估求职者的每一项信息，你可以使用几个不同的标准：这些信息是否显示出良好的沟通能力、相关工作经验、文化契合度，以及做事情的紧迫感。在这个评分阶段，你的目标不是评估候选人本身，而是评估候选人对你提出的问题的答复，需要尽量保持客观。这意味着你可能需要为每个候选人的许多信息分别评分。

然后，你会在后续阶段提取电子表格的结果并做最终决定，就像"沃森"要等到下一阶段才会为每一个证据评分一样。

"沃森"使用了许多评分器评估证据，但每个评分器往往都相当简单。例如，一个评分器统计线索和支持段落之间重叠单词的数量。它用一种名为"IDF"的方法对每个单词进行加权，这种方法赋予生僻词更大的权重，以此充当该单词所传递的信息量的代理。这种方法背后的直觉是，生僻词之所以传递更多信息，恰恰是因为它们很生僻：如果线索和段落共有一个生僻词（比如"查维奇"或"蝎子"），那么这个词的权重应该比它们共有的常用词（比如"几乎"或"一个"）更大。[24] 按照这个标准，候选答案"迈克尔·菲尔普斯"必然会得到好评，因为许多支持候选答案"迈克尔·菲尔普斯"的段落和线索共用生僻词，例如"查维奇"。对这个评分器而言，支持其他候选答案的段落不会有这么好的表现。

这个单词重叠评分器存在明显的弱点，它完全忽略了支持段落中的单词顺序。例如下面这条线索：

他于 2003 年 6 月荣膺中国国家主席。

对于下面这个段落，单词重叠评分器会给出很高的评分，尽管它暗示的答案是错误的：

美国总统乔治·布什曾在 2003 年 6 月盛赞中国。

很明显，这个评分器会给这个错误的段落太大的权重，仅仅因为它们有很多重叠的词。

因此，"沃森"也有一些可以弥补这一缺陷的评分器。其中一个评分器试图按顺序对齐线索和段落中的单词，通过搜索算法找到二者之间的对齐方式。一旦对齐，匹配的单词会让评分更高，而不匹配或缺失的单词则会让评分更低。和以前一样，对齐评分器更重视生僻词，它更喜欢与生僻词匹配的对齐，而不是与常用词匹配的对齐。

IBM的研究人员还添加了一个性别评分器，很明显，"沃森"在测试中看到下面这条线索后，就会发现这个评分器必不可少：

1912年3月16日，第一夫人特尔玛·凯瑟琳·瑞安（Thelma Catherine Ryan）在内华达州出生。[25]

在拥有性别评分器之前，"沃森"的答案是"理查德·尼克松"。（正确答案是尼克松的妻子特尔玛·凯瑟琳·瑞安。）

"沃森"还在评分器中使用了解析树。有一个评分器类似于单词重叠评分器，但它不是统计重叠的单词，而是计算在线索的解析树中相连的单词在支持段落的解析树中仍然相连的频率。[26]另一个评分器试图将线索的解析树与段落的解析树直接对齐；如果对齐后得到的两个解析树的重点与候选答案匹配，那么这就为候选答案提供了强有力的支持。

一些评分器检查线索和支持段落的日期是否一致，其他评分器检查线索和段落之间的地理一致性。"沃森"使用的评分器还在不断地增加，总共有100多个评分器。与网飞奖的模型一样，每当"沃森"背后的团队中有人发现它评价答案的方式有缺陷，他就可以把自己的直觉变成数学函数，将其编码成评分器，测试它是否可以改进"沃森"，果真有改进的话，他就把它添加到"沃森"中。

当"沃森"最终完成对候选答案的评分时，它仍然没有形成关于哪个候选答案最好的意见，尽管它已经更接近这一步了。此时，它已经列出了支持候选答案的每一条证据的数字评分表。"沃森"最终将在它的最后阶段——汇总和排名阶段，对候选答案形成自己的意见。

汇总和排名

你可能会认为，对"沃森"而言，要选出最佳候选答案，它只需一个简单的分类器就可以，就像我们在儿童食谱的例子中所做的那样，或者就像人工神经元对它的输入所做的那样。但对"沃森"而言，事情并没有那么简单。"沃森"的确使用了分类器，但它需要先把证据评分表转换成正确的格式。还记得吗，当创建电子表格来评估每个候选答案时，我们可能有很多证据支持其中一些候选答案，因此这些候选答案的评分就会很高，而有些候选答案只有很少证据或没有证据，因此这些候选答案的评分就会很低。候选答案列表在其他方面也很不实用，例如其中可能会有重复的答案等。

简而言之，这个电子表格还没有以正确的形式馈送到分类器中，因为"沃森"要分类的东西——候选答案，是多样化的。加权平均分类器期望你分类的每个项目都有相同的特征集。在这些候选答案上使用分类器就像尝试用一个方形的榫头对圆形的卯眼一样，完全不会起作用。为了解决这个问题，"沃森"在生成最终答案之前，使用了 7 个独立的变换序列，每个变换序列都有自己的分类器。[27] 你可以在图 13.2 中看到它的示意图。

其中一个变换序列合并了重复的答案。在我们的奥运会例子中，候选答案菲尔普斯和迈克尔·菲尔普斯一样，博尔特和尤塞恩·博尔特一样。有时"沃森"有一个更具体的答案版本和一个不太具体的答案版本，例如通用的"剑"和"亚瑟王的神剑"（一把传说中的剑的名字）。在每一种情况下，"沃森"都将这些重复的答案合并成一个答案，并在这个过程中把支持它们的证据结合在一起。[28]

"沃森"面临的另一个问题是，对于不同的候选答案，每个评分器的评分可能各不相同。因此，7 个变换序列中的另一个以对评分器有意义的方式组合这些评分。对于每个候选答案，"沃森"取一些评分器的评分结果，然后进行平均，而对于其他评分器，"沃森"从支持候选答案的所有证据中取评分器的最高评分。[29] 然而，"沃森"的排名流程中的其他阶段会按比例对评分进行变换或填充缺失的特征值，以此改变评分。[30]

最后，一个善于从糟糕的候选答案中挑出优秀候选答案的分类器可能并不善于挑出最优秀的候选答案。因此，"沃森"流程中

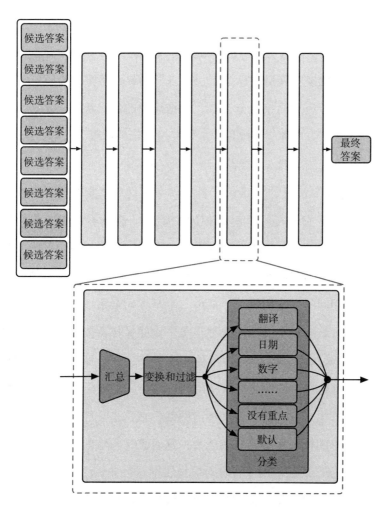

图 13.2　"沃森"运行的 DeepQA 框架中的汇总和排名阶段。这一阶段由 7 个变换序列组成，每
　　　　个变换序列都有一个汇总步骤、一个变换和过滤步骤，以及一个线性分类器步骤，它对
　　　　不同类型的问题使用不同的分类器。7 个变换序列中的每一个都是独一无二的，因为它
　　　　们的汇总、变换和分类步骤各不相同（有些变换甚至跳过了其中的一个或多个步骤），但
　　　　框架让每个转换过程的每个步骤起作用

的一个变换序列使用了一个分类器来过滤掉最差的候选答案,另一个变换序列选出 5 个相对不错的候选答案,然后又有一个变换序列从这 5 个候选答案中选出最佳候选答案。[31]

这些变换序列最终操控了"沃森"的候选答案,直到它们的形式有利于应用简单的分类器,这是流程的最后阶段。这些变换序列削去了方形榫头的棱角,使之穿过圆形的卯眼,这样"沃森"就能最终把答案馈入分类器了。

"沃森"最后的汇总和排名阶段中的这 7 个变换序列的迷人之处在于,它们每一个都有相同的结构。这并不意味着它们做了同样的事情,正如我们刚刚看到的那样,它们每一个都为"沃森"执行了不同的操作。但"沃森"每一个变换序列检测数据的方式是相同的。它们每一个都由三个基本元素组成:证据汇总步骤,执行该层特有操作的处理步骤(比如操作特征或过滤候选答案),以及为下一阶段候选答案重新评分的分类步骤。在某种程度上,这个 7 层结构类似于 7 层神经网络;你甚至可以把它想象成一个打了兴奋剂的自定义神经网络,在这里,神经元层面的操作比简单的神经元更具有表现力,这有点像谷歌的"盗梦空间网络"。[32] 每一层的前两个步骤对候选答案进行非线性变换,第三个步骤——分类步骤,是一个简单的线性分类器,后面是我们在上一章看到的 S 型曲线。这些变换的结果就是"沃森"的最终答案列表,每个答案都有一个置信度分数。"沃森"选中的答案是这个列表中得分最高的候选答案。

调整"沃森"

毫无疑问,"沃森"是个庞大的系统。就其复杂性而言,它同样缓慢且难以调整。"沃森"的早期版本是在单个CPU上运行的,它回答一个问题要花费两个小时。[33] 幸运的是,"沃森"的设计使它的许多阶段可以并行运行。例如,"沃森"并不是逐个研究每个候选答案,而是通过把工作分配给许多CPU,同时研究所有候选答案。通过让"沃森"并行工作,并将其工作分配到大约2 880个处理器上,费鲁奇的团队将"沃森"回答一个问题的时间缩短到5秒以内,而且其速度快到足以击败詹宁斯和鲁特。

但是费鲁奇和他的团队如何推理如此复杂的系统?"沃森"是一个庞大的软件项目,需要协调庞大的研究团队,用大约25名研究人员工作长达4年。[34] 改动不能擅自进行。如果一名研究人员改进了他那部分系统,那么他的改动可能会在其他地方引发意想不到的问题。为了设计和调整像"沃森"这样的复杂机器,费鲁奇和他的团队广泛地使用实验法和端到端指标。他们仔细衡量了他们所做的每一个改变,并对"沃森"进行了"边际"分析,以衡量如果他们增加或删除一个评分器,"沃森"的表现会如何;或者如果他们只用一个评分器,"沃森"的表现会如何。自始至终,他们都在密切关注"沃森"在"优胜者云"中的位置,"优胜者云"即我们在上一章中说到的散点图,它总结了《危险边缘》人类冠军在不同的自信水平下回答问题的准确程度。

重新审视DeepQA

"沃森"究竟有什么特别之处，让它能够在《危险边缘》比赛中击败人类竞争对手，而且当时还没有其他系统能与它匹敌？"沃森"与先前系统的不同之处主要在于其庞大的规模和对DeepQA的使用。到目前为止，我一直在谈论"沃森"和DeepQA，就好像它们是一回事，但它们在技术上还是有些不同的。DeepQA是一个数据处理引擎，而"沃森"——至少是那个我在前两章谈到的玩《危险边缘》的程序，是建立在DeepQA基础之上的。DeepQA是一个更通用的引擎，可以用于其他用途，IBM已经在医学和游戏等各种应用中对它进行了测试。费鲁奇和他的团队发现，当他们将DeepQA应用到他们在《危险边缘》之前参与的一个问答比赛时，它的表现要优于他们为那个比赛专门构建的系统。[35] 与此同时，相反的情况却并非如此：当试图在第一个月的工作中采用更老的、专门针对比赛的系统来玩《危险边缘》时，他们却遭遇了惨败。

DeepQA与深度学习无关。DeepQA中的"Deep"指的是深度自然语言处理或深度问答，它是IBM用来将其与更简单的自然语言处理方法（比如其在各个评分器中使用的方法）进行对比而使用的词。DeepQA的强大之处在于融合了这些浅层方法，这是它的核心设计原则之一，就像网飞奖的最佳模型是简单模型的混合体一样。[36]

"沃森"有智能吗？

"沃森"回答《危险边缘》问题的能力是否表明它真的有智能？答案和本书中的其他机器是一样的：不完全是，至少与人类智慧比较的话是这样。为了理解原因，让我们回顾一下"沃森"是如何在给出线索时找到正确答案的。"沃森"的第一步是用人类创造的各种规则来梳理线索。它创建了一个句型图，并使用人工制作的规则提取并标记用于回答线索的关键信息。然后"沃森"使用这些信息在搜索引擎上搜索正确答案，再根据搜索结果创建候选答案列表，然后对这些候选答案进行筛选，并搜索更多支持每个候选答案的证据。在此之后，它对搜集到的证据进行评分，最后用一系列的变换和分类器选出最佳候选答案。

然而，在这个流程中，"沃森"并没有真正理解线索要问的是什么。它只是遵循一系列确定的步骤，用人工设计的规则和从数据中学到的权重来检查问题并对证据进行评分。

我们可以通过观察"沃森"在现场比赛中出现的问题来更深入地了解它的局限。我们已经看过一个例子，"沃森"在没有性别评分器之前猜测理查德·尼克松是美国第一夫人，这个结果让人感到颇有些尴尬。在"沃森"缺少正确的评分器和过滤器的时候，这类问题随时会发生。相关的问题导致"沃森"有时会给出令人反感的答案。

正如斯蒂芬·贝克在《危险边缘总决赛》一书中提到的那样，"沃森"和几位人类对手在一次练习中被要求用一个 4 个字母的单词来表达"否定"。虽然"沃森"并不太有信心抢答,但它显示在屏幕的首选答案是"Fuck(他妈的)是什么意思?"。(幸运的是,《危险边缘》的一位高管及其同事觉得这很有趣,并没感觉到恼火。)然而,这并不是个别的事故:研究小组发现,"沃森"有5%的回答可能会让人感到尴尬,即使这些回答并非直接冒犯。费鲁奇组建了一个团队,确保"沃森"在现场比赛中不会说出蠢话(这个团队后来被称为"笨蛋团队"),而另一个团队则构建了脏话过滤器,它可以在现场比赛中审查"沃森"。[37]

"沃森"还受到它与世界交互方式的限制。例如,在一次现场比赛中,"沃森"遇到了一个它可以非常准确地回答线索的类别。"沃森"的创建者巧妙地为它编写了程序,让它在选择题目类别的时候更青睐这些类别。对"沃森"而言,不幸的是,这个类别的线索也非常短,这意味着每当"沃森"从这个类别中选择一条线索时,它的人类竞争对手可以比"沃森"更快地回答问题,从而得分,并从"沃森"手中夺走题目选择权。[38]在另一个例子中,肯·詹宁斯答错了一个问题,此时"沃森"抢答了。"沃森"的回答也不正确,但它的答案并非是无厘头的错误答案,只是它给出的答案与詹宁斯刚刚的错误答案一模一样!

DeepQA的大部分信息都来自IBM本身,IBM有财务激励机制,还有一支熟练的营销团队来宣传"沃森"是真正的"智能"机器。[39]例如,在IBM的一份白皮书中,IBM将"沃森"的评分器描述为"推理算法",这有点牵强,因为其中一些评分器只做诸如统计重叠单词的数量之类的事情。IBM推销"沃森"是"各类问题的通用智能解决方案"。

无论"沃森"在《危险边缘》比赛中表现得多么出色，它最初的版本仍然是针对这一非常具体的任务而设计的。就像"实用主义理论"队专注于赢得网飞奖一样，"沃森"背后的团队专注于构建一个可以玩《危险边缘》的系统。所以"沃森"（至少是原始版本的）在不被重新改造的情况下做不了其他任何事情。事实上，IBM已经将"沃森"推广到各种应用。这些系统有些可能与最初的"沃森"的实现方式非常不同，因此我们很难判断"沃森"在其他应用上的性能。它在《危险边缘》之外有时也会收到令人失望的评价。

尽管如此，当"沃森"首次引起轰动时，IBM还是公布了它的工作原理，并且这项研究已经被主流自然语言处理学界所接受。毫无疑问，"沃森"玩《危险边缘》的能力被广泛认为是一项值得尊敬的工程成就，而IBM在建造它时设置了更高的标准。[40]

在《危险边缘》游戏中，像"沃森"这样的玩家必须在游戏中做出许多与理解自然语言无关的决策。这些决策涉及更高层次的策略，例如何时抢答、是否抢答、下注多少，以及下一步该选择哪条线索。除了线索评分器之外，"沃森"背后的团队还为"沃森"精心设计了算法，让它可以做出这些战略决策。

这些算法是建立在"沃森"的人类对手行为模型的基础上的。我们可以用整整一章来讨论这个话题，概述"沃森"如何模拟游戏的未来状态以做出决定。但是，我们与其在下一章中继续关注"沃森"，不如看看更普遍的问题，即智能机器如何玩策略游戏。

14

用蛮力搜索找到好策略

我并不建议按照自己的想象来设计策略。相反，策略应该与计算机的能力和弱点相匹配。计算机速度快，精度高，而分析和识别能力差。因此，它应该比人类更多地使用蛮力计算。

克劳德 · 香农（Claude Shannon）[1]

通过搜索玩游戏

在本书的第一章中，我们看到，18世纪的自动机和机械发条的原理是一样的。它们仅使用滑轮、齿轮、杠杆等机械部件就能表演惊人的特技，例如演奏大键琴，写出清晰易读的句子，用它们手中的铅笔绘制详细的插图。它们通过遵循编码在发条中的程序来实现这些功能。

在本书中，我们遇到了可以模拟各种各样人类行为的计算机程序，在接下来的两章里，我们将更深入地研究一些计算机程序，它们被开发用来玩国际象棋和围棋之类的游戏，并且胜过了最优秀的人类棋手。这些游戏自动机是以现代数字计算机程序的形式存在的，但是与它们的机械祖先一样，现代计算机仍然遵循程序。

事实上，玩国际象棋和围棋等游戏的计算机程序只需要用物理设备就可以完美地复制出来。这些机械计算机，有时被称为机械图灵机，可以仅由木制部件构成，由手摇曲柄提供动力。这种木制计算机可能需要非常庞大的、大到可能需要不切实际的巨额投资来建造并提供动力，但机械计算机至少在理论上是可能的。[2]

如果花点时间思考这个问题，你就会发现，一个由手摇曲柄驱动的木制装置可以下一盘高水平的国际象棋，这一前提是非同寻常的。毕竟，这正是机械"土耳其人"的魅力所在。为什么这样的装置不仅能玩策略游戏，而且还能玩得那么好，甚至战胜了最优秀的人类玩家呢？这便是贯穿本章的核心问题，当我们探索如何编程机器去玩策略游戏时，你应该时刻揣摩这个问题。这些机器的关键特性之一是有预测能力，它们凭此预测游戏未来会如何发展。为了了解其中的工作原理，让我们从一个简单的游戏开始，玩这个游戏的程序只需要预测自己的着法，这个游戏便是经典的数独。

数独

数独是一种游戏，在这个游戏中，唯一的玩家必须把数字1到9填到9×9网格中的空格（单元格）里。对于每局数独游戏，题目创建者会在某些单元格中预先填好数字，因此在游戏开始之前，网格看起来与图14.1类似。

数独游戏的目标是在每个空格中填入一个数字，使每一行、每一列，每一宫（即9个3×3子集网格）中都含有数字1到9，且不重复。

人类解数独题的方法是，一次填一个方格，其间结合一些猜测和排除的过程。例如，我们可能会注意到，第一行的第三个方格除了5不可能是任何其他数字，所以我们把5填入那个方格，然后继续。

4	3	5	2	6	9	7	8	1
6	8	2		7			9	
1	9			4	5			
8	2		1			4		
		4	6		2	9		
	5				3		2	8
		9	3				7	4
	4	?		5			3	6
7		3		1	8			

图 14.1

有些单元格有些难度：乍一看，倒数第二行的第三个单元格可能是 1、2 或 8。所以我们可以先关注其他的方格，希望这样能在我们稍后回到那个单元格时减少可选的数字；或者我们可以用铅笔填入其中一个数字，比如 8，看看会有什么结果。上面这个题目相对容易，因为它不需要太多猜测。在更难的题目中，如果不进行一些猜测，游戏根本无法继续。

20 世纪 90 年代，数独风靡一时，这主要归功于一位温文尔雅的新西兰人韦恩·古尔德（Wayne Gould）。古尔德设计了一个可以生成数独题目的计算机程序，然后把题目免费分发给世界各地的报纸。古尔德的程序可以生成不同难度级别的数独题目：有些题目即便对于新手玩家也很容易，比如上图中那道题，而有些题目对于经验丰富的玩家也有一定的挑战性。也许比古尔德的计算机程序更聪明的是他的营销策略：他免费向报纸提供他的题目。作为回报，报纸为他的计算机程序和图书做广告，数独玩家们如饥似渴地阅读他的书，由此，他的书卖出了 400 多万册。[3]

虽然数独玩起来很有挑战性，但编写一个计算机程序来解数独题目并不很难。硅谷的软件工程师在工作面试时就会遇到，而且几乎每一堂人工智能入门课都会教授你解决这类题目所需要的关键工具：搜索算法。

我们已经看到，自动驾驶汽车使用搜索算法在大地图上寻找路径，规划把车停到空停车位的方法，我们还看到语音识别软件使用搜索算法来实现录音的转录。我们使用搜索算法来解数独题的方法与之类似，只是程序必须搜索一系列的数字来填满九宫格，而不是搜索在地图上移动需要采取的一系列步骤。

在数独游戏中，有数万亿种可能的九宫格配置。一个旨在解数独题的计算机程序需要搜索这些九宫格配置，遍历其中的许多配置，直到找到一个完全填满的九宫格，同时保证它是合法的数独布局。在图 14.1 的九宫格中，有 45 个空格，因此搜索算法必须搜索许多不同的方式来用数字填充所有这些空格，直到找到一些有效的配置。

为了搜索这些组合，搜索算法会对不同状态下的数独九宫格进行推断。九宫格的状态由当前九宫格中的数字精确描述。当搜索算法在九宫格中填入某个数字时，它便会从一个状态转移到另一个状态，即少一个空格的状态。在其他时候，搜索算法可能会从九宫格中删除一个数字，转移到多一个空格的状态。

搜索算法有很多种可能的方式经历这些状态，而实际上决定搜索算法应该如何做到这一点的正是我们人类——计算机程序员。我们可以对计算机进行编程，尝试用所有可能的数字填充第一个空位（九宫格左上角的空格），然后考虑这 9 种新状态。对于 9 种状态中的每一种，程序选择 1 到 9 中的一个数字填入下一个空位，以此类推。一旦算法填完了 45 个缺失的数字，就可以检测九宫格配置是否合法。如果不合法，它就要回去修改之前设置的某个数字，然后继续前进，它不断重复这个过程，直到找到一个有效的组合。

你可以将这些状态看作以树形结构连接的，如果搜索算法可以通过填入（或删除）一个数字在两个状态之间移动，那么这两个状态就是彼此连接的。我在图 14.2 中展示了这样一个搜索树，只是我对搜索树进行了简化，用 2×2 网格代替了 9×9 网格，因此填入网格的数字只有 1 到 3，而非 1 到 9。这棵搜索树底部有 81 种不同的状态，然而图太小，你无法看到更多的细节，因此我还在图 14.3 中展示了搜索树放大后的子集。

图 14.2　寻找把数字 1、2、3 填入 2×2 网格的所有方法的搜索树。随着树的层次的深入，要搜索的状态数量迅速增加，树的底部有 $3^4 = 81$ 种状态。一个有 45 个空位的数独九宫格在树的底部有 9^{45} 种状态

请注意，搜索这样的树的计算机算法不需要做任何"智能"的决定。它只需要在它沿着树向下搜索的过程中保持一致。在树的任意层次上，计算机都只是从 1 开始把尚未尝试过的下一个数字填入下一个空位，然后移动到那个状态，重复相同的过程来填写剩余的空位。在任意层次上，如果它把数字 1 尝试填入了下一个空位，然后在剩余的空位尝试了所有可能的数字组合都不成功，那么它就把 1 替换为 2，然后再次尝试剩余空位的所有组合，以

此类推。在尝试这些组合时，它实际上列举了用数字 1 到 9 填写 45 个空位的所有可能方法，直到找到一种可行的方法。

我想重申我已经提到的两点。首先，算法如何经历这些状态取决于程序员。其次，如图 14.2 和图 14.3 所示的搜索树为计算机提供了一种有序的方法来访问每个状态。像这样的算法无权自主决定访问哪个状态。计算机搜索这些状态时遵循着简单的、规定性的算法，这正是一台手摇曲柄驱动的木制机器所能做的事情。

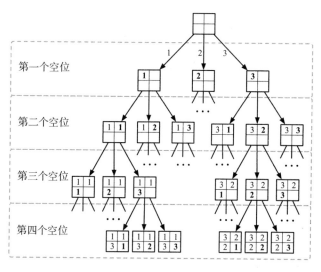

图 14.3　图 14.2 中搜索树的一个子集，它仅显示搜索树中一些特定的状态。在树的每个层次，算法选择下一个空位并尝试用数字 1 到 3 中的每一个填入它（以粗体显示）。算法使用其中一个数字填入这个空位，然后深入下一个层次，尝试填写下一个数字

树的大小

不幸的是，像这样的蛮力方法同样不切实际，因为这需要计

算机考虑指数级的状态数量。正如我在第 9 章和第 10 章中讨论神经网络时一样，我所说的"指数"是数学意义上的：在数独搜索树中，我们每深入一层，状态数量就是之前的 9 倍。如图 14.4 所示，对于只有两层深度的树，它有 81 种状态。如果树有 45 层深，它的状态数大约是 1 后面跟着 43 个 0。这个状态数太大了，即便我们有一大群人去摇木制机器的曲柄，也无法在合理的时间内完成评估，更不用说大型计算机集群了。

但我们无须列举所有可能的状态来找到解决方案，这对我们有帮助吗？例如，对于前面看到的数独方阵，我们只需要尝试其中的 36%，就能找到有效的答案。不幸的是，10^{43} 的 36% 是 $10^{42.6}$，这个数字仍然大得令人难以置信。

我们可以通过"修剪"搜索树的分支来解决这个问题，如果我们知道某个分支永远不会产生有效的数独答案，那么就剪短这个分支上的搜索。因此，当试图找出将哪个数字填入空位时，我们仍然会考虑从 1 到 9 的每个数字，但只有在选择这个数字会带来有效的数独布局时，我们才会进入另一个状态。我在图 14.5 中展示了这个算法的搜索树。

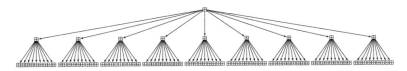

图 14.4 只有两个层次的数独搜索树的状态数为 9×9=81。因为搜索树每加深一层，状态数就是之前的 9 倍，所以我们必须使用修剪算法来缩小搜索范围

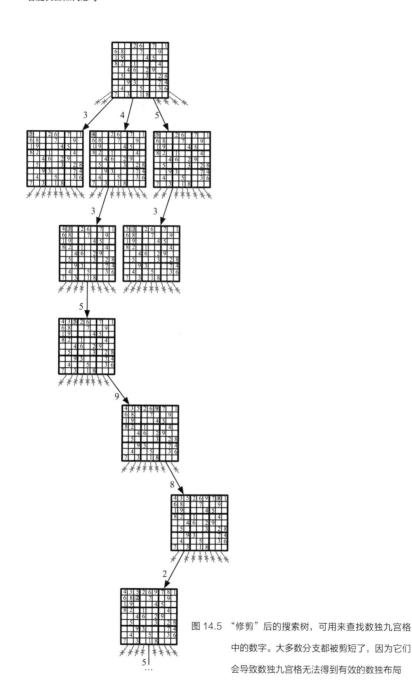

图 14.5 "修剪"后的搜索树，可用来查找数独九宫格中的数字。大多数分支都被剪短了，因为它们会导致数独九宫格无法得到有效的数独布局

图 14.5 几乎不是一棵"树"，它更像是一道"探测光束"！如你所见，它有几个错误的开端，但是算法不需要在每个层次上生出太多分支。修剪后的搜索树每一层通常只有一个分支，而不是9个。如果我们幸运的话，对于树中的大多数层次，我们可能都只检查 9 个九宫格，一旦我们发现它们是非法的，就可以放弃它们。这会在大多数层次上消除 9 个分支中的 8 个，只剩下 1 个分支，然后进入下一个层次。由此，我们只需要评估大约 9 × 45 个九宫格，即区区 405 个状态而已。这个数字足够小，你甚至可以在 20 世纪 70 年代的计算机上快速运行这个搜索算法。

分支因子

搜索树在每个层次上的增长量有时被称为分支因子或分支比率。第一个未修剪的数独搜索树的分支因子是 9，修剪后的搜索树的分支因子接近 1。分支因子因数独九宫格的初始布局而异，而人类解数独题目的难度在很大程度上取决于这个题目的分支因子。当韦恩·古尔德发明程序来创建数独九宫格时，他肯定意识到了这一点：数独游戏必须在分支因子上取得适当的平衡。它不能低到让人感觉机械，也不能高到让人感觉泄气。

游戏中的不确定性

从人工智能研究的角度来看，像数独这样的单人游戏往往不那么有趣，因为它没有不确定性：从第一个回合到最后，玩家的搜索路径和可以采取的行动都是明确定义的。让游戏变得更有趣的是不确定性。当涉及一定的随机性时，不确定性就会显现出来，例如任何掷骰子的游戏或者有多个玩家的游戏，国际象棋也具备这样的不确定性。

为了了解当存在一定不确定性时游戏玩法的变化，让我们来看一个简单的游戏，我称之为"你选这个，然后掷硬币"，如图14.6所示。

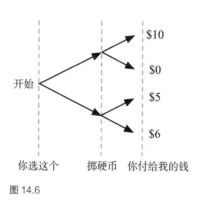

图 14.6

在这个游戏中，你从起始位置选择一个方向，向上或向下皆可，然后掷硬币决定你从那里去向何处。然后你按照最终的金额向我付钱（很抱歉，这个游戏对你而言并不怎么有趣）。花点时间看看这张图，想想你的第一步策略是什么。

为了推理这个游戏，你或许会计算上面两个结果的平均值，然后与下面两个结果的平均值进行比较，根据平均数决定选择上面的分支更好，因为你付给我的平均报酬更少。如果厌恶风险，你可能有不同的推理：你会注意到 10 美元是可能出现的最糟糕的结果，于是选择下面的分支来避免这种结果。无论你采取哪种策略，重要心得都是，你通过查看最终的钱数，回到起始位置做决定。

双人游戏同样有不确定性，但从某种意义上讲，这种不确定性对两位玩家而言都很小，因为另一位玩家的选择在某种程度上是可以预测的。请考虑图 14.7 中的游戏，我将其称为"你选这个，然后我选下一步"。

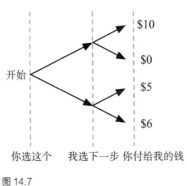

图 14.7

和先前的游戏一样，在这个游戏中，你先选择向上或者向下；然后我会在下一步选择是向上或者向下。在我们各自做出选择之后，你依然像先前一样按照最终的金额向我付钱。再花点时间看看图 14.7，在继续阅读下文之前做出你的决定。

这个游戏对你而言依然不怎么有趣，因为总是我赢。但你预测结果的能力确实更强了，所以你的选择更容易。你知道我总是会选择最大的数字——10 美元或 6 美元，所以你会选择向下的那个分支，因为这样你只需要付给我 6 美元。就像先前的"你选这个，然后掷硬币"游戏一样，你从最后开始，然后向前回溯，决定采取哪种行动。

在像国际象棋这样的游戏中，玩家需要轮流走棋很多回合，你会用同样的方法在游戏中找到最佳策略，只是你必须在游戏过程中预测更多的决策结果。搜索树会在几步棋之内出现大量分支，如图 14.8 所示，其分支甚至比图中的还要多。在这张图中，最后的灰点代表你赢的结果，白点代表我赢的结果。要想知道在轮到你的时候你应该采取什么行动，你会再次从最后开始推理，然后向前回溯。在每一个层次上，你要么预测我采取什么行动获胜机会最大，要么为自己选择一种能最大限度地提高你获胜机会的行

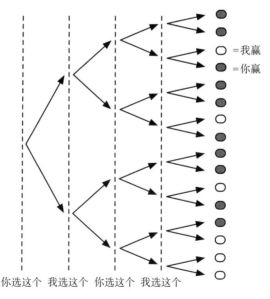

图 14.8 多层搜索树，表示双人游戏中的选择。树的每个层次代表一名玩家在两个动作之间的选择。最后的灰点代表你赢的结果，而白点代表我赢的结果

动。在这个游戏中，只要你做出正确的选择，你就有可能赢。

如果我们想要编程计算机来玩这个游戏，我们会像玩数独游戏一样使用搜索算法，但是我们会编写程序来预测你和我会在搜索树的每一层上采取哪些行动。程序必须从搜索树的深处开始。当程序在搜索过程中触及游戏结尾时，它就会向前回溯：它会查看我在最后一步所能采取的所有行动，预计我只会做出允许我获胜的行动（如果这样的行动存在），并假设我会选择它。一旦完成，算法就可以忽略树的最后一层，因为它知道我行动的结果。在倒数第二个层次上，算法会预测你会选择哪一步。你会选择一个保证你会赢的行动（如果这样的行动存在）。一旦程序知道了你会采取哪种行动，它就能知道谁会从中胜出，并且可以忽略搜索树下面的所有层次。于是程序会继续在树中向前回溯，预测我们二人分别会采取什么行动，直到到达搜索树的开端，即游戏的当前局面。一旦到达起点，程序就会告诉你应该采取什么行动来确保你获胜。我们可以说，这个算法假定每个玩家都是理性的，也就是说，每个人都会为了自己的最高利益而行动，并且会提前思考。当我们搜索整棵树时，可以假设每个玩家都是理性的。正如你从树的末尾开始计算每个玩家的最佳行动一样，程序也会以可预测的方式做同样的事情。

当然，上面的搜索树比国际象棋的搜索树简单得多。在上面的树中，分支因子是 2，游戏有 4 次行动（被称为"层"）。在国际象棋大师的对局中，搜索树有 30 到 40 个分支因子，每局棋平均 40 步。[4] 这会导致搜索树太大，计算机无法在不进行大量修剪的情况下完成搜索。[5]我们需要搜索的状态数会轻易超过 1 后面跟着 59 个 0 这样的数字。

我们是否能用足够快的计算机来解决这个问题？不能。当我们进入搜索树时，状态的指数级增长速度是一个超越技术能力的问题：评估所有这些状态的代价总是高得令人望而却步。即使我们可以构建一台计算机，它可以在合理的时间内（比如说两分钟）评估 40 层深度的所有棋局状态，计算机再向下深入两层也会陷入停顿，此处有 $40 \times 40 = 1\ 600$ 倍的状态要评估，所以计算机需要超过两天的时间来处理它的状态。而且这还是用我们修剪数独搜索树的方法修剪过的树：每个回合可选的 30 到 40 种着法都是合法的。因此，如果我们要用计算机解决国际象棋问题，就需要另一种方法修剪这棵树。

克劳德·香农与信息论

如果去过密歇根州中西部古色古香的盖洛德小镇，你很可能会看到克劳德·香农的青铜半身像。香农是一位数学家，以其在信息论领域的工作而闻名，从字面意义上讲，信息论提供了一种优雅的方法来衡量消息中所包含的信息量。

香农关于信息的观点主要讨论了一条消息的特殊程度。如果我告诉你我的猫会喵喵叫，那么我并没有给你太多的信息，因为你知道大多数猫都会发出这种声音。然而，如果我告诉你我的猫会吠叫，那么这就是更高级的信息，因为大多数猫不会吠叫。如果我告诉你 10 个像这样的不同的（不相关的）事实，那么我就给了你 10 倍的信息。

香农把这种观点编码成一个推理信息的框架。他通过将不确定性的概念形式化来实现这一点：信息就是你通过消除不确定性而获得的东西。香农的思想引出了一个广泛而美妙的数学分支，它通常被称为信息论。信息论的思想已经被用来帮助我们理解各种各样的事物，例如我们可以在电子信息中发送多少信息的理论限制。这与"沃森"的单词重叠评分器所使用的思想相同，评分器根据单词传达的信息量对单词进行加权，像"蝎子"和"查维奇"这样的单词比"几乎"和"一个"传达的信息更多。

香农在信息论方面的工作对于机器学习领域是极其重要的，但他在 1949 年撰写的一篇关于如何创建能下棋的计算机程序的学术论文鲜为人知。在计算机成为家庭用品的几年前，香农就如何编写在当下人工智能领域已经司空见惯的下棋算法提出了一些简单但深思熟虑的建议。他的核心建议之一是关于评价函数的。

评价函数

评价函数是一种可以应用于游戏状态的测试，用来预测在每个玩家理性决策的前提下谁会获胜。图 14.8 中搜索树完美的评价函数会告诉你从每个游戏状态开始谁会获胜。你可以在图 14.9 中看到这个游戏的完美的评价函数是什么样子的，在图中，我根据最终的获胜者对每个状态进行了着色。使用这种评价函数的计算机算法不需要一直搜索到树的末尾才能确定选择哪一步，它只需搜索一到两层深度即可查看评价函数以确定该选择哪一步。

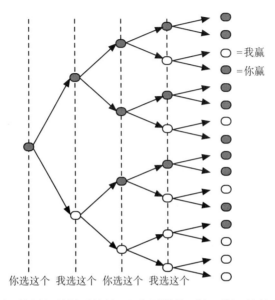

图 14.9 一棵多层搜索树，其中每个状态都用评价函数的结果进行了着色。这个评价函数是完美的：它描述了在每个玩家完美发挥的情况下，在每个状态下哪个玩家将会赢得游戏。在实践中，大多数评价函数都是近似的

　　我们通常不可能创建出完美的评价函数，因此必须使用近似的评价函数来代替。如果下过国际象棋，你可能会用近似的评价函数来决定你的走法，甚至无须思考就给棋盘上的每个棋子赋予了粗略的价值：皇后比马价值更高，马比兵价值更高，以此类推；而你的对手的皇后对他而言比他的马价值更高，以此类推。

　　正如香农解释的那样，计算机对国际象棋的评价函数可能会为这些棋子分配明确的权重：皇后的价值是 9，车是 5，象是 3，

马是 3，兵是 1；而一个玩家在棋盘上拥有的全部棋子的价值就是
这些棋子的价值总和。[6] 我在这里列出的数字是随意的，很可能并
不正确，但这些数字确实捕捉了我们的一些直觉。如果你有机会
吃掉对手的皇后，但在此过程中需要牺牲一个象，那么这仍然是
一步好棋。如果你能在不损失任何棋子的情况下吃掉对手的皇后，
那就更好了。为了将其形式化为更严格的评价函数，你可以用你
拥有的每种棋子数量的加权之和减去对手棋子的加权之和，如下
所示：[7]

$$(100K + 9Q + 5R + 3B + 3N + 1P)$$
$$-(100K_0 + 9Q_0 + 5R_0 + 3B_0 + 3N_0 + 1P_0)$$

如果你使用这个公式（顺便说一下，这是分类器的一个例子）
作为评价函数，那么它将帮助你根据棋盘上每种棋子的数量来预
测谁将赢得比赛。

这只是评价函数的一个简单示例，但是如果添加足够多的特
征，这样的评价函数就会非常强大。"深蓝"是 IBM 开发的一个强
大的国际象棋系统，它也使用了评价函数；我们在评价函数中使
用了 12 个特征，而"深蓝"使用了超过 8 000 个特征！[8]

这些额外的特征可能是什么？其中很多都非常深奥，但它们
大致可以分为两类。一类是子力特征，即描述棋盘上有哪些棋子
的特征，与上文中的特征类似；另一类是位置特征，即描述这些
棋子在棋盘上位置的特征。例如，如果你的一个兵靠近对手棋盘

一侧，它的价值就更大，因为它更有可能变成皇后。的确，由于这个原因，至少有一个版本的"深蓝"倾向于把兵推进到棋盘的另一边。位置特征同样是计算机下国际象棋所必需的。这一点在"深蓝"与当时的国际象棋冠军加里·卡斯帕罗夫的一盘对局中表现得很明显。[9]

卡斯帕罗夫是有史以来最伟大的棋手之一。他激情四射，精力充沛，把下棋描述为"控制混沌"。[10] 1988 年，当被问及计算机能否在 2000 年击败人类特级大师时，卡斯帕罗夫的回答很简单："绝不可能，如果哪位大师在和计算机下棋时遇到困难，我很乐意提供我的建议。"[11] 在与"深蓝"的一盘对局中，卡斯帕罗夫取得了明显的优势。这台可怜的计算机知道自己大势已去的时候已经太晚："深蓝"的评价函数过于看重子力优势，而低估了卡斯帕罗夫的棋子位置优势。[12]

如何在实践中使用评价函数？一种方法是在搜索树中搜索到固定的深度，在该深度对每个游戏状态执行评价函数，然后将评价函数的结果视为游戏的结果，如图 14.10 所示。在国际象棋这样的游戏中，你无须搜索 40 层深度，可能只需要搜索 6 到 12 层深度，然后就可以使用评价函数来确定哪些状态让你最有希望获胜。虽然你不可能只走 6 步就下完一盘棋，但是希望在于，你能更准确地知道谁在这个深度占优势。

评价函数也可用于以其他方式修剪搜索树。其中一种是使用一个叫"alpha-beta剪枝"的方法。在alpha-beta剪枝中，你可以根据目前在搜索树中所观察到的情况进行战略性修剪。假设你在和我下棋的时候正在思考下一步棋该怎么走。在研究了你可能走的第一步棋（称为A）后，你根据评价函数确定这步棋很好，然后考虑我对A这步棋的所有应对着法，再考虑你的应对着法，以此类推。

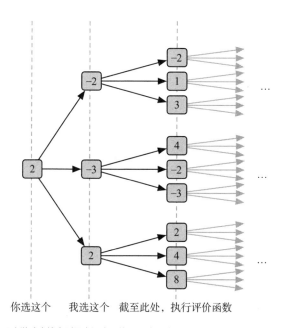

你选这个　　我选这个　截至此处，执行评价函数

图 14.10　在双人游戏中搜索到固定深度后使用评价函数

此时，你可以停止搜索，但你意识到你可能会找到一步更好的棋，我们称之为着法B或着法C。所以你也会考虑这些着法。当考虑下一步（着法B）的时候，你立即注意到我有一步可以让我赢下棋局的应对着法。你知道我总是会为自己选择最佳着法，所以再考虑着法B就没必要了。我不会选择任何对我而言更糟糕的应对着法来应对着法B。因此，你可以不再考虑着法B，转而考

虑着法C。这就是alpha-beta剪枝的本质：当你知道搜索树上的某个分支不会带来比你已经找到的分支更好的结果时，就剪短搜索。

alpha-beta剪枝不仅限于搜索树的顶层，它可以应用于树的任何层次。它的效率取决于你在搜索树中的搜索顺序，但即使你没有对搜索进行优先排序，它依然非常有效。这也是IBM的国际象棋计算机"深蓝"使用的方法之一。[13]

"深蓝"

IBM的计算机"深蓝"证明了国际象棋世界冠军加里·卡斯帕罗夫在 1988 年的预测是错误的，他预测，到 2000 年，没有一台计算机能打败特级大师。在他做出预测不到一年的时间里，来自卡内基-梅隆大学的一支鲜为人知的研究生团队建造了一台计算机，战胜了国际象棋特级大师，这是有史以来第一次。[14] 随着他们的计算机及其后代机在接下来的 10 年里逐渐进步，计算机变得越来越有竞争力，一次次地战胜特级大师。

"深蓝"便起源于这群研究生，他们最初主要是出于好玩才开始研究国际象棋计算机的，他们的系统主要基于该项目的创始成员许峰雄（Feng-hsiung Hsu）设计的定制硬件。使用硬件下国际象棋在当时并不少见，这些下棋的机器有时可能有办公室的小冰箱那么大。[15] 但是许峰雄发现，用硬件实现"深蓝"的功能与单纯用软件实现的相同算法相比，可以获得大约 100 倍的加速效果。[16] "深蓝"在很大程度上依赖于硬件赋予的快速搜索其搜索树的能力。"深蓝"分布在 30 台不同的计算机上，它使用 480 枚定制的国际象棋芯片，每秒可以检索 1.26 亿步棋。[17]

但"深蓝"背后的团队发现，仅用评价函数进行一定深度的蛮力搜索是不够的。他们发现，与搜索到固定深度的搜索算法相比，国际象棋大师预测的棋步更深。"深蓝"团队确实使用了具有有限深度树的评价函数，也使用了alpha-beta剪枝，但许峰雄对巧妙的剪枝算法和搜索技巧持怀疑态度，至少在他们的硬件中是这样的。许峰雄和他的团队没有使用巧妙的方法修剪他们的搜索树，而是采用了一种不同的方法来处理高分支因子，一种叫"单步延伸"的方法。[18]

与选择性地切断某些搜索路径的剪枝方法不同，单步延伸选择性地延伸某些搜索路径。例如，如果你把你的棋子走到了威胁我的国王的位置，我就会采取一些行动来保护我的国王。这类着法的特点是：它们显然是我能选择的最佳着法，有时或许是我能选择的唯一着法，当"深蓝"发现了这些着法时，它会有选择性地朝这个方向延伸搜索，这个延伸方向的分支因子接近 1。[19]

与DeepMind设计的可以玩许多不同游戏的雅达利游戏智能体不同，"深蓝"是专为下国际象棋设计的。虽然团队确实使用了一些数据驱动的调整来选择其评价函数中的权重，但是"深蓝"的评价函数中的大多数特征都是人工选择和创建的，这与本书中的大多数统计机器形成了鲜明对比。"深蓝"还使用"开局库"来选择开局时的最佳策略着法，以及"残局"数据库来选择棋局接近终局时的着法。[20]

加入IBM

当许峰雄开始开发最终发展成为"深蓝"的国际象棋程序时,他招募了他的研究生同学来帮忙。[21] 项目进行了几年之后,IBM得知了这些学生在开发国际象棋程序方面的工作。有一种说法是,这个想法的种子是一位副总裁在男厕所里的一次谈话中播下的。当时的对话大致如下:[22]

> 朋友:"超级碗广告这种营销太昂贵了,是吧?"
>
> 副总裁:"当然了。"
>
> 朋友:"哦,顺便问一下,你听说过卡内基–梅隆大学团队的国际象棋计算机吗?没有?或许IBM可以雇用这个团队,他们可以打败世界上最好的棋手。这种营销方式可能对生意有好处,而且可能更便宜,对吧?"
>
> 副总裁:"有趣……"

IBM最终收购了从事这个项目的卡内基–梅隆大学生的核心团队。这些学生在加入IBM时为自己做了一笔颇具吸引力的交易:他们通过谈判获得了构建"终极国际象棋机器"的授权。他们要求自己有独立做事的灵活性,公司里没有像呆伯特①的上司那样的领导对他们发号施令。[23] 他们实现了自己的愿望,同时也获

---

① 呆伯特是史考特·亚当斯(Scott Adams)讽刺职场现实的漫画和图书系列中的主人公,呆伯特的身边总是有陷害他的上司。——译者注

得了在IBM工作的其他一些好处，包括使他们能够构建"深蓝"的最终版本和参加比赛的雄厚资金，以及IBM的营销团队帮助他们策划同加里·卡斯帕罗夫的比赛。[24]

1997年，此时距离加里·卡斯帕罗夫做出2000年之前没有计算机可以击败特级大师的预测还不到10年，研究人员的国际象棋计算机系列终于推出了"深蓝"的最终版本。在一场6局的比赛中，计算机成功击败了加里·卡斯帕罗夫，这是卡斯帕罗夫职业生涯中输掉的第一场比赛。许峰雄写道：

> 是的，你没看错。在1997年的重赛之前，卡斯帕罗夫在职业生涯中从未输过一场比赛。有些人担心卡斯帕罗夫输掉比赛会生气。IBM团队被特别要求在闭幕式上不要微笑，尤其是如果"深蓝"赢得比赛的话。[25]

搜索与神经网络

那么，为什么我们不使用像搜索算法这样的方法来玩雅达利游戏呢？我们可以设计一个搜索算法来玩《打砖块》或《太空入侵者》这类游戏吗？虽然我不愿说答案是断然否定的，但如果我们尝试这样做，就要面临一些挑战。

在国际象棋和数独游戏中，状态是显而易见的：它们描述了棋子的位置或九宫格中的数字。因为棋盘上的位置和游戏规则都有很明确的定义，所以很容易把状态以及状态之间的转换编码到搜索树中。但是请记住，DeepMind想要一个可以玩许多不同游戏的智能体。目前我们还不清楚搜索树中的"状态"对雅达利游戏而言应该是什么样子。雅达利游戏的搜索树中的状态是否应该代表屏幕上像素的独特排列？这将导致我们要面对的状态远远多于国际象棋或数独游戏的状态。更大的问题是，当我们在状态空间中搜索时，我们不知道如何从一个状态移动到另一个状态。如果我们连状态如何相互连接都不知道，那么搜索算法就很难预测游戏的未来！

在玩游戏时，搜索算法的作用是帮助智能体从当前状态找到一条最有可能获得好结果的状态的路径。在国际象棋中，我们在树的深处寻找评价函数具有较高数值的状态，然后我们采取让我们更接近那个状态的行动。

用神经网络进行强化学习，为我们提供了一种不同的方法来实现相同的目标。在玩游戏时，强化学习的作用是告诉智能体哪些动作会把它移向有未来奖励的状态，让智能体朝这些状态移动。强化学习本质上把问题从（可能更难的）搜索问题转变为"爬山"问题，从而让它可以一步步地向更有前途的状态移动。

有时候爬山算法是行不通的。有时，算法会把你带到一个低矮山丘的山顶，周围有更高的山，你却被山谷阻隔，此时算法就不太奏效了。DeepMind在《蒙特祖玛的复仇》这类游戏中就遇到了这个问题，它没有充分探索地形来找出更大山丘的位置，于是被困在了一座矮山上。[26] 相反，搜索算法或许可以搜索到更广阔的区域，让你越过那些山谷。至少在理论上，我们对游戏树的搜索越深入，就越有可能为智能体找到好的行动方案。

这两种方法是否可以混合使用？也就是说，如果可能的话，我们能否使用搜索算法深入搜索游戏树，然后在搜索算法和神经网络的混合体中使用像雅达利游戏网络那样的非常复杂的评价函数？

西洋双陆棋程序

杰拉尔德·特索罗（Gerald Tesauro）是IBM的一名研究员，他为沃森玩《危险边缘》开发了博弈策略。20世纪90年代中前期，他开发了一个玩西洋双陆棋的程序，使用的方法正是博弈策略。西洋双陆棋和国际象棋一样，是一种双人游戏，玩家在棋盘上移动棋子。除了玩家走子之外，游戏还需要掷骰子，所以它每一层的分支因子达到了几百（请记住，一层代表一个玩家的一次走子）。[27]

特索罗为智能体编程了强化学习程序，就像DeepMind为它的雅达利游戏智能体所做的那样。和DeepMind一样，特索罗设计的智能体使用神经网络。它的架构是我们先前看到的"简单的"神经网络架构，包括输入层、输出层和一个隐藏的中间层，如图14.11所示。

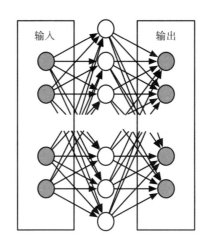

图 14.11

特索罗的双陆棋网络的输入层编码了每个玩家的棋子在棋盘上的位置，以及特索罗人工创建的一些特征。输出层代表了网络需要学习的 4 种可能的结果：玩家 1 胜、玩家 2 胜、玩家 1 全胜、玩家 2 全胜。如你所见，输入层和输出层之间是隐藏的中间层。在特索罗的实验中，这个隐藏层在拥有 40 到 160 个神经元时效果很好。

特索罗的算法是搜索算法和强化学习的混合体，在使用神经网络执行评价函数之前，它会先搜索两到三层。[28] 请记住：特索罗可以选择使用搜索，因为双陆棋中的状态和转换都是明确定义的。在特索罗的双陆棋算法的早期版本中，他使用专业玩家的棋谱进行强化学习来训练神经网络。这种"监督"算法效果尚可，但并不十分理想。

当特索罗让神经网络自我对弈时，情况发生了变化，这使得神经网络接触到了几乎无限量的训练数据，这与雅达利游戏智能体在虚拟的"街机学习环境"中玩数百万局游戏获得的好处相同。在自我对弈了大约150万盘棋后，特索罗的"搜索+神经网络"混合体可以与最优秀的人类玩家一争胜负（当你阅读这篇文章时，它很可能已经比最优秀的人类玩家水平更高了）。它甚至教会了专业双陆棋玩家新的策略，颠覆了游戏的传统智慧。[29]

特索罗用双陆棋神经网络进行自我对弈，这成了人工智能领域的一个著名故事，但这种方法在人工智能和双陆棋领域之外鲜为人知。被公众熟知的玩游戏的人工智能程序是那些登上全国头条新闻的程序，例如"深蓝""沃森"以及在2016年和2017年击败了两位围棋世界冠军的AlphaGo。

搜索的局限

"深蓝"和特索罗的双陆棋程序背后的思想是最终使AlphaGo攻克围棋的算法基础，但这些思想本身还不够。一台下国际象棋的计算机可以依靠每秒数亿步的蛮力搜索，以及用一个相当简单的评价函数来修剪掉搜索树中的大部分分支。"深蓝"包含8 000个特征的评价函数，这听起来可能并不简单，但其中的特征大部分都是人类可以解释的。这些因素加在一起足以推动计算机算法达到并超越人类棋力的极限。

围棋则不同。围棋的分支因子是国际象棋的近10倍，而且围棋的评价函数也必然比国际象棋的复杂得多。正如我们将在下一章中看到的，当特索罗开发出了双陆棋游戏智能体，以及 1997 年"深蓝"战胜卡斯帕罗夫的时候，计算机下出高水平围棋所必需的思想甚至还不存在。要让计算机围棋智能体达到最优秀的人类棋手的水平，还需要 20 年积累的新思想和硬件改进。

15

职业水平的围棋

简单地扩展更多更快的处理器对当前的技术而言是不够的。
我认为我们需要一两个算法上的突破性思想。

马丁·穆勒（Martin Muller）
阿尔伯塔大学计算机科学教授兼副主席 [1]

2011 年春天，IBM 的"沃森"在《危险边缘》中击败世界冠军，登上全球新闻头条之后，该项目的研究人员在世界各地进行了各种演讲。詹姆斯·法恩是开发该系统的最热心的支持者之一，也是系统的主要研究人员之一。他在一次旅行中访问了阿尔伯塔大学，在那里他遇到了几位人工智能领域的顶尖研究人员。其中一位是马丁·穆勒，他一直在研究计算机围棋算法。这些研究人员引领这个领域已经有一段时间了，但问题很难解决。正如穆勒教授思考的那样，目前我们还不清楚计算机是否能在短期内解决这个问题。业内的普遍共识是，计算机围棋至少还需要 10 年才能实现。但是穆勒和他的同事并没有被挑战吓倒，继续致力于对这一问题的研究。

计算机围棋

古老的围棋一直被认为是游戏人工智能领域最大的挑战之一。这种最古老的游戏仍然保留了它原始的形式，今天在全球拥有数千万玩家。尽管围棋历史悠久，但在互联网时代，围棋也意外地与科技并行。早在互联网出现之前，围棋玩家就使用联网的计算机进行远程对弈；1992 年，互联网围棋服务器问世了，围棋爱好者可以一起聚在网上下棋。[2] 随着时间的推移，更多的服务器出现了，这使得围棋玩家能够遇上世界各地的玩家，并与他们进行对弈。

《华尔街日报》在 2016 年最后一周报道，一位名叫 Master（大师）的神秘玩家出现在其中一个服务器上，其头像是一只大眼睛卡通狐狸。Master 很奇怪，落子不经思考，经常下出非常规或看似很糟糕的棋。但它的策略不知为何总是奏效：在一周的时间里，它击败了多位世界顶尖棋手。事实上，Master 那一周的表现非常出色，它赢得了全部 60 盘棋的胜利。在此期间，Master 有一盘棋的对手是当时 19 岁的世界冠军柯洁。[3]

围棋界的大多数棋手都不知道这位神秘的 Master 是谁，但柯洁在对局前就被告知：Master 是 AlphaGo 在网络上的秘密身份，是谷歌的 DeepMind 创建的围棋算法。

AlphaGo 并不是第一个下围棋的程序。自 1968 年以来，人们一直在编写计算机程序来下围棋。1985 年，某组织悬赏 4 000 万元新台币（约合今天的 140 万美元），奖励给能够创造出战胜职业棋手的算法、开创计算机围棋工作的人。而这个奖项 10 多年来一直未能颁发，直至被撤销，取而代之的是其他奖项。[4] 甚至 IBM 也尝试过创造计算机围棋算法，它的一些研究人员在被拉去研究"沃森"之前，也在研究这个问题。[5] 但在近半个世纪的时间里，一个能够战胜世界上最优秀的围棋选手的计算机程序仍然遥不可及。

这并不是因为缺乏尝试。围棋对计算机而言是一个非常困难的游戏。在每个回合中，玩家必须从大约 250 种可能的着法中进行选择。[6] 仅仅搜索前三层（你走一步，我走一步，你再走一步）的算法就已经需要考虑超过 1 000 万种棋盘状态。而几千万种状态仅仅是一盘典型围棋对局的冰山一角，一盘围棋大约会持续150 步，这大致是一盘国际象棋步数的两倍，而其状态数则是国际象棋的很多倍。[7] 所以程序员几十年来一直在尝试，使用了各种典型的人工智能技术：他们编写程序来搜索游戏树，并开发评价函数（通常是简单的加权平均分类器）进行剪枝。然而，游戏树过于庞大，程序员的评价函数又太简单。

围棋

围棋的规则很简单。和国际象棋一样，它是双人游戏：一人执黑子，另一人执白子。玩家轮流在 19×19 的网格上落子。[8] 落子后，棋子就被固定在棋盘上无法移动，除非被对手"吃掉"。如果棋子被吃掉，就会被从棋盘上拿走。

围棋的目标是占领地盘，即让你的棋子在游戏结束时尽可能多地覆盖棋盘。棋局中的重要动态是，每个玩家都有能力吃掉对手的棋子，方法是用自己的棋子完全包围住对手棋子。如果玩家在棋盘上落下一枚棋子之后，完全包围了对手的棋子，让其没有了"气"，那么玩家就可以把这些棋子从棋盘上拿掉。你可以在图 15.1（a）和图 15.1（b）中看到这样的示例，这是两位冠军李世

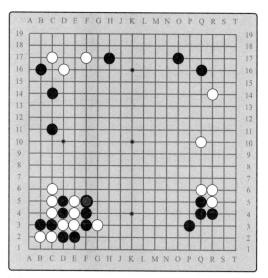

（a）

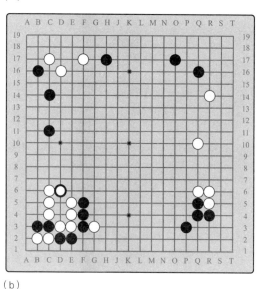

（b）

图 15.1　两位围棋冠军李世石和柯洁之间的一盘对局。（a）图中黑棋落子，接下来（b）图中白棋
　　　　　落子，白棋落子后，吃掉了两枚黑子。棋局截图来自https://gogameguru.com/2nd-
　　　　　mlily-cup-final（thisisgame3of5oftheMLilycupfinal）

石和柯洁之间的一盘棋。图 15.1（b）中，白棋在 D6 处落子，吃掉了 D4 和 D5 处的两枚黑子，然后玩家就把它们从棋盘上拿掉。这样，白棋为自己获得了地盘，并进一步巩固了自己的地位。当任意一位玩家认输，或者两位玩家都放弃落子的时候，棋局就此结束。

尽管围棋规则简单，但围棋的策略深刻而又微妙。这一事实并没有被全世界的职业棋手回避。柯洁输给 Master 后，他反思道："人类经过了千年的实战演练进化，计算机却告诉我们，人类全都是错的。我觉得，甚至没有一个人沾到围棋真理的边儿。"[9]

这也是围棋对计算机而言具有挑战性的原因之一：众所周知，判断围棋棋局的状态异常困难。你吃掉对手的棋子还是对手吃掉你的棋子，二者之间的差别取决于你的一枚棋子是否放错了位置。例如，如果图 15.1（b）中的白棋没有下在 D6 吃掉黑子，那么黑棋就可以下在 E6 吃掉 4 枚白子。

计算机难以评价围棋的另一个原因是，没有哪枚棋子是特殊的。棋盘上棋子的价值完全取决于这些棋子的位置。这与国际象棋不同，国际象棋的评价函数在很大程度上依赖于不同棋子的价值（我们在上一章中称之为子力特征）。在国际象棋中，皇后的价值远远大于兵，以牺牲皇后为代价攻击一个兵，你永远都不会考虑这种着法。在围棋中，评价函数必须识别棋盘上棋子的重要模式，这需要可以媲美人类的模式匹配能力，这是一项非凡的任务，因为这些直觉通常很难被人类描述。棋局瞬息万变的事实更加剧了这种情况：正如我们在上一段中所看到的，对剪枝层次以下的搜索树来说，有许多结果取决于一枚棋子的位置。

通过抽样走子来建立直觉

我第一次下围棋是在大学里和一个会下棋的朋友玩儿。他给我的建议是："把这个程序下载到你的电脑上，然后快速地和电脑下几盘。一开始你甚至不用关心自己下得是好是坏。你只需多下几盘，直到你对围棋的棋理建立起直觉。"

我听从了他的建议，很快便发现仅仅知道规则是不够的。虽然我的棋力一直很差，但很明显，围棋高手需要拥有人类擅长的那种直觉。虽然我可以用语言来解释一些直觉，但大部分直觉都只是我潜意识里的模式匹配，这种直觉难以言表：把棋子下在远离棋盘边缘和对手棋子的地方，但也不能太远等。这给我们带来了用计算机算法玩围棋的一个关键问题：我们如何为评价函数选取足够丰富的特征来充分捕捉人类的直觉？不幸的是，我们很快就会看到，即使一个很好的评价函数也不足以对搜索树进行足够的修剪。因此，让我们直接转向我们最终要关心的问题：AlphaGo 如何遍历它的搜索树？

AlphaGo 选择着法的策略背后的粗略直觉有点像我的大学朋友给我的建议：快速下很多盘棋，建立起一种直觉。每次轮到 AlphaGo 走棋时，它都会从当前的棋盘局面开始模拟一系列棋局。它在其硅基大脑的想象中下每一盘棋，在搜索树中深入挖掘一条路径，直到这盘假想的棋局结束。在下完这盘假想的棋局后，程序就会知道棋局的胜负结果。程序假想的棋局几乎不可能成为实战进程，但这并不重要。重要的是，AlphaGo 可以成千上万次地重复相同的事情，以此建立一种直觉来决定下一步棋的走法。

为了建立这种直觉，AlphaGo将它假想的棋局的胜负统计数据推到搜索树的最高层次，那里存储了从当前局面开始选择不同着法后的胜负次数。一旦推演了足够多的棋局，它就会拥有关于下一步棋应该走在哪里的感觉，而这种感觉是更好地基于数据而产生的。[10]

你可以在图15.2（a）和图15.2（b）中看到这种抽样方法的示例。在图15.2（a）中，AlphaGo推演了一盘棋，一直到树的底部。然后，它会查看哪个玩家会赢得棋局，并将胜负信息发送回搜索树的顶部，在那里记录胜负统计数据。假设这棵树有50层。如图所示，树的分支因子为2，那么树的最底部大约有1 000万亿种状态。（请记住，围棋搜索树要比这张图大许多个数量级。）

AlphaGo的难点在于模拟实战棋局。它必须预测出自己和对手每个回合可能走的着法。它不能完全依靠随机抽样走子。[11]用随机抽样走子推演的棋局胜负统计数据，对预测真实棋局的结果并不是很有用。相反，AlphaGo需要一种方法来预测职业棋手会选择哪些着法。

AlphaGo如何能够做到这一点？事实上，DeepMind对它的雅达利游戏智能体使用了相同的方法，以此预测它的行动，对此你可能不会感到惊讶。每当AlphaGo需要模拟棋局时，它会一步接一步地预测每个玩家可能选择的着法，预测在对弈过程中玩家在棋盘上落下的假想棋子。每当需要在推演棋局的过程中规划一步棋时，它就用输入了棋盘和假想棋子的神经网络来做决定。

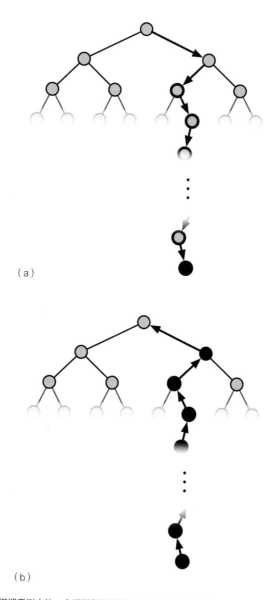

（a）

（b）

图 15.2　围棋搜索树中的一个模拟棋局的例子，可用作走子决策中的一个抽样。(a) 抽样棋局会
　　　　一直推演到棋局结束。(b) 棋局结束时 AlphaGo 便可知道胜负结果，胜负信息通过搜索
　　　　树被发送到顶部。抽样棋局有时被称为"走子演算"

我们把这个神经网络称为 AlphaGo 的走子预测网络。[12] 这个走子预测网络与 DeepMind 用于玩雅达利游戏的网络非常相似：它们都使用很多卷积层。但是二者的网络以及二者的智能体使用网络的方式有一些重要的不同。

别忘了，雅达利游戏网络是非常通用的。DeepMind 不能将任何特定于游戏的想法构建到网络结构中，因为网络需要玩许多不同的雅达利游戏。它唯一的输入是屏幕上每个像素的红、绿、蓝数值，以及屏幕上显示的最近几帧的像素值。

另一方面，AlphaGo 的走子预测网络是专门为下围棋设计的。它有很多特定于围棋的逻辑，其中大部分逻辑的形式都表现为 DeepMind 创建的总结棋手行棋方式的特征库。AlphaGo 的一个版本向其神经网络馈入了多达 48 个棋盘副本（被称为"特征平面"）作为输入，每个棋盘副本提供了关于棋盘上各类局面的不同信息，也就是不同的特征。

其中几个特征平面总结了盘面的状态：一个平面表示每个位置上是否有黑子，另一个平面表示每个位置上是否有白子等。一些特征平面传达了游戏规则：在这里落子是否是玩家的合法着法？在这里落子会吃掉对手多少枚棋子？剩余的许多特征平面提供了关于局面的自定义的战术特征，尽管它们很简单。这些特征通常会捕捉到与好棋相关的非常简单的直觉：这枚棋子周围有多少个空白交叉点？棋子放在这里有多少个回合了？[13]（我们稍后会看到，最新版本的 AlphaGo 不需要这么多人工创建的特征。）

AlphaGo 的走子预测网络的架构也与雅达利游戏网络不同。

首先，AlphaGo的网络要深得多，它有13层，深度几乎是雅达利游戏网络的三倍。虽然深度更深，但它在最后缺少一个全连接隐藏层。除了输出层之外，它的所有隐藏层都是卷积层。

几章之前，我们了解到卷积层有一组简单的模式匹配分类器，这被称为过滤器，它们会遍历前面层次上的一片片神经元小区域。[14]这些过滤器是神奇的"物体探测器"，可以识别前一层中有趣的模式，这些模式在网络进行预测时非常有用。这些卷积层中的每一个都标识了在输入平面中出现的有趣事物的位置。AlphaGo的第一个卷积层使用了大约200个独立的5×5过滤器。换言之，这一层在特征平面上查找200种不同的模式，这些模式会表明棋局中正在发生一些有趣的事情。每当过滤器在特征平面的某个位置发现一个有趣的模式时，下一层中与之对应的神经元就会亮起。

随后，AlphaGo的走子预测网络中的后续层应用它们自己的过滤器来搜索上一层的过滤器的组合。[15]就像图像分类神经网络中的卷积层可以找到毛皮、眼睛或人脸之类的复杂像素模式一样，AlphaGo的深度卷积层也可以在棋盘上找到棋子的重要模式，这些模式正是人类高手可能会寻找的。当走子预测网络运行时，它的神经元会逐层地亮起来，网络深处的层会发现越来越复杂的棋形。

AlphaGo的走子预测网络在输出形式上也不同于雅达利游戏网络。还记得吗，雅达利网络会预测智能体选择不同动作时期望的未来奖励，而且雅达利游戏智能体仅选择期望奖励最高的动作。AlphaGo的走子预测网络会对每个玩家可能采用的着法生成一个概率分布。然后AlphaGo使用这个网络的输出，就好像它是一个加权的骰子一样。当它假想棋局的剩余部分在它的一个模拟中推演时，它会掷出这个加权骰子来选择它的下一步，更频繁地选择那些走子预测网络认为应该采用的着法。

DeepMind训练AlphaGo的走子预测网络时，使用了互联网围棋服务器上人类高手棋谱中的3 000万步棋。[16] 当DeepMind完成走子预测网络的训练时，它已经能够非常准确地预测人类的行棋：在一盘棋中，玩家必须从大约250个可能的选点中进行选择，AlphaGo的走子预测网络能够以相当可观的57%的准确率预测玩家的选点。[17] 这并不完美，所以AlphaGo对于对手可能采用的着法仍有很多不确定性。但是，通过在假想中推演棋局的时候对玩家的着法进行抽样，AlphaGo可能是合理的，因为即使职业棋手也不能完全准确地预测他们的对手会选择什么样的着法。抽样将使AlphaGo面对每个玩家着法的不确定因素做出更好的决策。

虽然走子预测网络如此精确，但它慢得不切实际。DeepMind发现，对网络的完整评估大约需要3毫秒。[18] 这听上去或许很快，但一般而言，一盘棋大约需要150步。这意味着模拟一盘棋可能需要将近半秒钟的时间，也就是说，生成需要的数千个样本中的一个样本就要花费将近半秒钟的时间。这就太慢了。例如，在AlphaGo上运行的一系列实验中，DeepMind只给AlphaGo 5秒的时间来计算每一步棋。AlphaGo如何在运行精确模拟的同时足够快，让它走一步棋不用花几个小时来计算？

AlphaGo还面临着一个更大的问题。如果走子预测网络不完美（它的确不完美），那么它就无法保证AlphaGo在其搜索树顶部收集的胜负统计数据会告诉它走哪一步最好。即使AlphaGo能够在模拟中收集到尽可能多的数据，情况也是如此。即使它可以在眨眼之间进行无限次模拟，它仍然可能永远不会知道哪步棋最好。这是AlphaGo在收集和使用统计数据的过程中隐藏的一个微妙而严重的漏洞导致的，至少从我目前为止的解释来看是这样的。事实上，AlphaGo至今还没有使用我刚才描述的算法。AlphaGo需要使用这种算法的改进版本，使其能够在速度和精度方面不受制于其缓慢的走子预测网络。

神之一手

以大眼睛狐狸为头像的围棋玩家Master在网上神秘亮相，这并不是AlphaGo第一次登上新闻头条。当它在五番棋比赛中5比0战胜欧洲冠军樊麾时，它就在计算机围棋界声名远扬；2016年，它在五番棋比赛中4比1战胜了世界冠军李世石，再次登上全球新闻头条。[19]

AlphaGo与李世石的这场五番棋比赛在李世石的祖国韩国举行，韩国约有800万名围棋玩家。[20]这场五番棋比赛既痛苦又美好。《大西洋月刊》的克里斯托弗·莫耶（Christopher Moyer）在其中一盘对局期间这样描述了当时的氛围。

在第二盘棋中，李世石表现出不同的风格，行棋变得更加谨慎。他等待一切可以利用的机会，但AlphaGo继续给人惊喜。第37手，AlphaGo弈出了令人意想不到的一步棋，在棋盘右上方"尖冲"①。这步棋在职业棋战中是看不到的，但它的高明之处立即展现出来。棋手樊麾后来说："我从未见过人类下出这步棋。太美了。"

李世石呢？他起身走出了房间。人们暂时还不清楚发生了什么，但随后，他重新进入对局室，重新平静下来坐定，弈出了他的应手。接下来的棋比第一局要激烈得多，但结果还是一样。弈至第211手，李世石中盘认输。[21]

AlphaGo弈出这手"尖冲"后，李世石走出了房间。回来再看这步棋，他花了将近15分钟才恢复了状态。[22]

接下来，李世石又输掉了第三盘，所以连输三盘的他已经输掉了五局三胜的比赛。作为人类对抗硅基机器的代表，李世石在这盘棋结束后的新闻发布会上对全世界说道："我很抱歉没能满足很多人的期待，我觉得很无力。"[23] 就此，谷歌赢得了100万美元的奖金，并将这笔钱捐给了慈善机构。希望挽回尊严的李世石和AlphaGo又下了两盘。在接下来的第四盘中，意想不到的事情发生了。

第78手，李世石在思考了30分钟后，把棋子落在了AlphaGo的两枚棋子之间，这一手叫"挖"，如图15.3（a）所示。这一手和AlphaGo的"尖冲"同样精彩，同样出人意料。李世石的这一手

---

① 尖冲，围棋术语，指在对方棋子的对角线上方走棋。——译者注

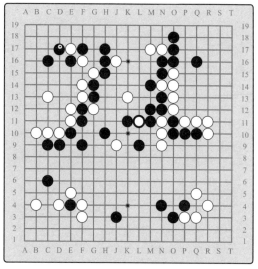

（a）

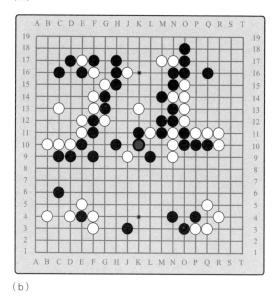

（b）

图 15.3　李世石在同AlphaGo的五番棋比赛的第四盘中弈出"神之一手"，即图（a）中的
L11。随后，AlphaGo弈出"大象之手"，即图（b）中的K10。棋谱请见https://
gogameguru.com/lee-sedol-defeats-alphago-masterful-comeback-game-4

被围棋爱好者称为"神之一手"。[24] 正如《大西洋月刊》的克里斯托弗·莫耶和《连线》杂志的凯德·梅茨（Cade Metz）看到的那样，在李世石弈出"神之一手"后，AlphaGo下出了灾难性的一手。我们将这一手称为"大象之手"，如图 15.3（b）所示。[25] 很有可能，AlphaGo此时根本没有任何好的着法可下，而且它下的任何着法都可能是灾难性着法，但结果都一样。几分钟后，当AlphaGo再进行模拟时，它对这盘棋胜率的估计直线下降。最终，李世石赢了第四盘棋，韩国媒体欢呼雀跃。在赛后的新闻发布会上，李世石对媒体说道："因为我输了三盘才赢了这一盘，这盘胜利对我来说弥足珍贵，我不会拿它跟任何东西做交换。"[26]

在第四盘棋后，AlphaGo的创始人分析了这几个回合中发生的事情。他们发现，AlphaGo认为李世石下出"神之一手"的可能性太小，所以没有对搜索树的那个分支进行足够详细的探索。AlphaGo认为李世石下出这手棋的概率只有万分之一。[27]

蒙特卡洛树搜索

在新千年的第一个 10 年里，有关AlphaGo如何模拟棋局的算法来到了一个转折点。一种被称为蒙特卡洛树搜索（Monte Carlo Tree Search，下文简称MCTS）的算法导致了计算机围棋范式的转变。如果你曾经看过计算机围棋程序的统计清单，那么这个清单很可能被分成两组：MCTS之前一组，MCTS之后一组。MCTS是AlphaGo解决其走子预测缓慢问题和恶劣的错误走子问题的方法。

MCTS改进了我们在本章前面讲述的模拟棋局的方式。正如我们之前看到的，它使智能体能够推演许多盘棋，收集关于哪些模拟能最终获胜的统计信息。然而，与我们之前看到的模拟算法不同的是，它每次模拟棋局时都会经历两个不同的阶段。

第一阶段是它的慢速走子演算阶段，AlphaGo像先前一样通过从搜索树顶部附近的分支下降，运行慢速走子预测神经网络来找到AlphaGo或其对手未来走出某步棋的概率，然后掷出带有这些概率的加权骰子来选择要走的棋，如图 15.4 所示。这与我在前一节中描述的算法原理相同。

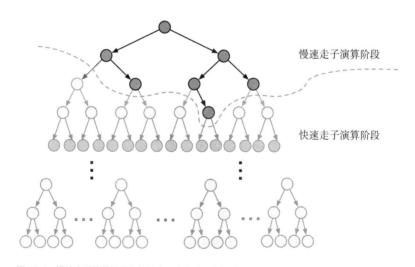

图 15.4 慢速走子演算阶段和快速走子演算阶段之间的边界。慢速走子预测网络和先前模拟的胜
负统计信息，是用于在慢速走子演算阶段选择着法的。当棋局到达快速走子演算阶段时，
它在边界状态上会运行一个评价函数，并使用快速走子预测网络为剩余的模拟选择着法。
随着AlphaGo运行更多次模拟，并对树顶部附近的状态变得更有信心，它会扩展慢速走
子演算阶段的范围，把最有希望的状态包含进来

一旦AlphaGo的MCTS算法延伸到搜索树足够远的位置，它就会用两种不同的方式评估棋局。首先，它用神经网络评价函数对棋局进行评估，预测AlphaGo在这个状态下获胜的概率。然后（更确切地说是同时），它执行非常快速的走子演算来模拟棋局的剩余部分。

AlphaGo用于评价函数的神经网络与慢速走子预测神经网络几乎相同，只是它的末端是一个额外的、隐藏的全连接层，就像雅达利游戏网络一样。接下来是一个输出神经元，如果在那个局面AlphaGo有很高的获胜概率，那么输出神经元就会亮起。

当AlphaGo运行这个评价函数时，它还会对棋局的剩余部分进行非常快速的模拟。这与运行评价函数的目的类似，但它为AlphaGo提供了对棋局剩余部分推演方式进行独立评估的能力。

执行快速走子演算的最简单方法是随机选择走子。实际上，这有时是通过MCTS完成的，但围棋的搜索树太大了，因此AlphaGo需要花费太长时间才能收集到准确的胜负统计数据。此外，DeepMind在一次实验中发现，随机选择走子在实践中并没有很好地发挥作用。相反，出乎意料的是，AlphaGo使用了另一个神经网络在这个快速走子演算阶段选择走子。这个快速走子预测网络是慢速预测网络的轻量级版本。它具有与慢速走子预测网络相同的架构，但少了一些需要耗费时间计算的输入特征。如果没有这些特征，网络可以在大约二百万分之一秒的时间内预测走子。这种加速的代价是，在预测职业棋手的走子时，快速走子预测网络的准确率约为慢速网络的一半。

AlphaGo评价函数的这两个部分使它能够足够快地运行，以此解决AlphaGo所面临的速度问题。但这并没有弥补潜伏在AlphaGo选择着法过程中的严重漏洞。

MCTS的另一个特性解决了这个漏洞：AlphaGo总是选择靠近搜索树顶部的着法。除了使用慢速走子预测网络对树顶附近的着法进行抽样外，AlphaGo开始偏爱慢速走子演算阶段的着法，这是基于它到目前为止从模拟的棋局中学习到的不错的着法。这样，即使AlphaGo的走子预测网络在某些方面始终是错误的（即便AlphaGo用它的网络选择了随机的着法），AlphaGo最终也能学会走出最佳着法，因为它最终会从它的模拟结果中得知哪些着法是好棋。[28]

当轮到AlphaGo走棋来应对它的对手时，它通过在搜索树的顶部选择最大数量的抽样来决定它的着法。因为AlphaGo在模拟过程中倾向于选择能够让它赢棋的走法，所以它选择的走法往往是高质量的，并且它对此理解得非常透彻。[29]

MCTS有时会假设一个固定的时间预算，也就是说，它假设有一段固定的时间用来行棋，并且它会尽可能长时间地运行它的模拟，模拟一盘又一盘棋，直到预算的时间耗尽为止。这在每个玩家每个回合的落子时间有限时很有用：AlphaGo可以运行尽可能多的模拟，直到它的时间用完为止。然后，当AlphaGo落子后，它的对手跟着落子，此时AlphaGo就会重复使用它通过搜索树的那条路径建立的统计数据。

单臂老虎机

AlphaGo能够尽可能长时间地运行模拟，这与MCTS如此卓有成效的原因密切相关。人工智能研究人员对MCTS这类方法进行了一段时间的研究，但很难找到一种方法来保证该算法在继续运行更多次模拟之后最终会找到可能的最佳着法。相反，无论算法进行了多长时间的处理，这些早期的算法仍然可能产生非最优的着法。

让MCTS突破这一局限的关键在于探索和开发之间的微妙平衡，这是人工智能研究人员的一个众所周知的权衡。假设你有100只手臂，每只手臂都可以拉动赌场里不同老虎机的操纵杆。因为你需要跟踪你的手臂，所以你可以每10秒钟选择一台老虎机拉动它的操纵杆。这家赌场很特别，不仅因为它迎合了长着100只手臂的顾客的需求，还因为广告说它的一些老虎机吐出的平均金额超过了收入。

你的目标是在夜晚结束前从这个赌场赢走更多的钱回家。因此，当你拉这些操纵杆时，你可能会记录每台老虎机吐出的奖金：这台1美元，那台0美元，还有一台100美元。棘手的一点是，每次拉动每台机器的操纵杆它都会吐出不同数额的奖金，而你一开始并不知道这些机器会如何吐钱。一台机器可能会持续吐出10美元，而另一台机器每次拉操纵杆吐出的钱数差异很大，但平均值可能是100美元。此时你最好拉第二台机器的操纵杆，而不是第一台，即使你第一次拉它时它没吐出钱来，你也需要足够多次地去尝试才能知道它的收益很好。机器学习研究人员对这一问题进行了广泛的研究，他们把这个问题称为"多臂老虎机"问题。

在什么情况下你应该放弃大多数机器并专注于少数几台机器？你会满足于在晚上剩下的时间里只拉一台机器的操纵杆吗？你可以直观地认识到，或许应该每台机器至少尝试一次，并且随着你收集到足够的数据，确定了这些机器的收益，你应该逐步转向收益最好的机器。但是，要将这种直觉转化为计算机可以遵循的具体算法，同时确保它具有正确的统计特性，则有点棘手。

在MCTS出现之前，先前的树抽样方法也面临着同样的困境：在运行模拟时，它们需要充分探索游戏树，以获得哪种着法最好的准确感觉。MCTS的突破出现在2006年左右，当时研究人员发现了一种改进树抽样的方法，以确保智能体最终能够找到最佳着法，前提是它已经运行了足够多的模拟。这就是随机走子演算策略实际上可以用于MCTS的原因：使用MCTS的智能体在下过更多盘棋后开始使用搜索树顶部附近的胜负结果统计信息。只要它进行了充分的实验，了解了最好的着法，MCTS会最终告诉智能体可能的最佳着法。[30]

这种抽样方法是如何奏效的？在上文中，我把这个问题搁置在一边，说道："一旦AlphaGo的MCTS算法延伸到搜索树足够远的位置，它就会用两种不同的方式评估棋局。"MCTS中的关键决策是智能体决定在何处切换到快速走子演算策略，以及在此之前如何对它的着法进行抽样。

还记得吗，当AlphaGo在搜索树的高处运行其迭代时，它在靠近搜索树顶部的慢速走子演算阶段会使用目前为止收集的胜负统计信息，以此调整着法。但它也需要花些时间探索其他着法，就像你需要在每台老虎机上花点时间尝试一下，然后才决定转向最好的老虎机一样。AlphaGo的走子选择算法（即它在搜索树的顶端选择走子的方法）被设计成在没有太多数据时更偏爱先走子，它使用了一个类似于2006年提出的一种MCTS的变换公式。[31]

AlphaGo的研究人员对MCTS做出的另一个关键决定是，它在何处切换到快速走子演算策略。随着AlphaGo的树搜索算法收集到更多证据表明搜索树中的某条路径是好的，它就会沿着这条路径进一步向前推进边界，以便在切换到快速走子演算策略之前可以开始沿该路径进行更深入的搜索。在概念上，这很像许峰雄和他的团队在下国际象棋的"深蓝"中加入的单步延伸。请记住，这些单步延伸让"深蓝"能够沿着让玩家非常有希望获胜的一系列着法深入树中搜索，这些着法玩家几乎肯定会走，比如保卫他们的国王。当AlphaGo看到任何一个玩家的一系列有潜力的走法时，它就会动态地学习这些单步延伸。

AlphaGo是否需要如此复杂

值得思考的是，AlphaGo中的各种设计决策是如何对其成功产生重要影响的。根据我们在其他游戏算法中看到的情况，其中一些可能看起来很奇怪。AlphaGo真的需要如此复杂吗？例如，为什么AlphaGo还要费心去模拟棋局呢？难道它不能搜索到某个固定的深度，然后仅使用神经网络评价函数，就像"深蓝"下国际象棋那样？

别忘了，围棋的搜索树比国际象棋大了好几个数量级。如果

AlphaGo追随"深蓝"的脚步，也用自定义的评价函数和一些单步延伸的蛮力搜索，那么它很可能要么速度太慢，要么搜索得太浅。另一方面，AlphaGo在战胜樊麾时评估的局面数量仅仅是"深蓝"与加里·卡斯帕罗夫对局时的千分之一。[32] AlphaGo的创建者推测，这是因为AlphaGo在搜索阶段使用慢速走子预测网络更智能地选择了着法，而且它使用高质量的评价函数来评估这些着法。[33] 正如他们推测的那样，AlphaGo使用了"一种可能更接近人类行棋方式的方法"。[34]

DeepMind投入了大量资源开发AlphaGo，团队约有20名员工。[35] 他们对AlphaGo的设计方案进行了广泛的实验，而AlphaGo的大部分复杂性都是通过执行这样或那样的实验来证明的。例如，当他们决定在卷积层中使用多少个过滤器时，他们尝试了各种不同的数字，最终发现每层使用100或200个过滤器效果最好。[36]

DeepMind进行的另一项实验研究了在慢速走子演算阶段之后，应该如何在搜索树的中途对局面进行评估。是否应该使用完全随机的快速走子演算？是否应该只使用他们的评价函数神经网络？或者是否应该只用快速走子预测网络进行走子演算？通过这个实验，他们发现随机走子演算并不是很有效；当AlphaGo在评价函数网络和快速走子预测网络之间使用50/50混合时，效果最好。[37] 他们还让AlphaGo自我对弈了数百万盘棋，以产生更多的数据来改进评价函数神经网络，就像特索罗改进他的双陆棋神经网络一样。

在最初战胜樊麾和李世石后，DeepMind继续改进AlphaGo。它的一个改进版本在互联网上和玩家进行了对弈，这就是我们在本章开头看到的那个名为Master的神秘玩家。到2017年底，DeepMind对AlphaGo进行了几乎所有方面的改进，最终推出了一个名为AlphaGo Zero（阿尔法元）的版本。它可以在三天（而不是几个月）内进行训练，对局时只需要先前1/10的处理能力。它在对弈曾经与李世石比赛的版本时取得了100战全胜的战绩。就像特索罗的程序一样，尽管它从零开始学习下棋，但它仍然做到了这一切。

DeepMind是如何做出这些改进的？一种方法是结合过去几年在其他领域发现的卷积神经网络的一些改进，包括在层之间添加"快捷"连接，并改进训练网络的方式。他们还简化了AlphaGo的架构，合并了慢速走子预测网络和评价函数网络，并且仅使用黑白棋子的位置作为网络的输入，代替了最初的48个特征平面。他们充分提高了网络的准确性，从而无须再使用快速走子演算：在慢速走子演算阶段结束时，他们只需运行自己的评价函数神经网络即可。

AlphaGo 的局限

与雅达利游戏智能体一样，AlphaGo也是专为下围棋这项特定任务而设计的。二者的运行原理类似：在搜索树中向下深入（雅达利游戏网络的例子中只有一个动作）并使用神经网络来评估局面。虽然AlphaGo表现出了类似人类的识别围棋盘面特征的能力，但它只能执行下围棋这项非常单一的任务。正如OpenAI[①]的

[①]　OpenAI是由诸多硅谷大亨联合建立的人工智能非营利组织。——编者注

研究员唐杰（Jie Tang）所言："AlphaGo不会决定去买个芝士汉堡，然后尝试接管世界。"

AlphaGo不打算接管世界的一个原因是，它的一切都依赖于人类，包括在棋盘上落子的能力。为了让AlphaGo完成走子，人类操作员必须通过计算机屏幕查看AlphaGo选择了什么着法，然后在棋盘上替它落子。

除了在对弈过程中识别模式以及从这些模式中选择着法的神奇能力（毫无疑问，这些能力令人印象深刻），AlphaGo并没有展现出通常与人类智能相关的大多数能力。它无法与瞬息万变的环境互动。除了在搜索树的上层汇总的统计数据外，它没有关于过去事件的记忆；除了模拟它和它的对手如何走棋之外，它没有关于未来事件的概念。AlphaGo的创造者与本书中大多数自动机的创造者一样，他们设计它是为了解决一个狭窄领域的问题。同样的道理，飞机没有可以拍打的翅膀，AlphaGo没有记忆，也没有能力对实时环境做出快速反应。AlphaGo是专门为下围棋而设计的，因此它只展现了下围棋所需的能力。

AlphaGo击败李世石后不久，DeepMind宣布了一个新项目。下一个挑战是设计一个能够玩游戏的智能体，这个游戏要求该智能体具备更多通常与人类智能相关的品质：在有时间限制的条件下做出决策的能力，寻找做出这些决策所需的信息，并且在高层次（规划可能影响长期未来事件的行动）和低层次（做出闪电般迅速的反应，其影响会立即反馈）上共同做出这些决策。DeepMind希望构建一个可以玩即时战略游戏《星际争霸》的智能体。

16

实时人工智能与《星际争霸》

游戏是一个有用的基准，但我们的目标是人工智能。

迈克尔·鲍林（Michael Bowling）
阿尔伯塔大学教授[1]

构建更好的游戏机器人

考虑到人工智能界已经找到了战胜围棋世界冠军的方法，而围棋一直被认为是人工智能所面临的最困难的挑战之一，那么我们在人工智能领域要迎接的下一个重大挑战是什么？在这一章中，我们将深入研究一个日益受到关注的具体的开放问题，即构建一个可以像最优秀的人类玩家一样玩《星际争霸》这类游戏的计算机程序的问题，用业界的术语来说就是构建一个机器人（bot）的问题。我们还将了解到目前为止我们在本书中看到的哪些方法可用于构建《星际争霸》机器人。在进一步讨论这个话题之前，我要提醒一点，我们还没有完全掌握构建这些机器人的技术，所以你不要期望在这一章结束的时候就知道该如何做。

《星际争霸》是计算机游戏史上最受欢迎的游戏之一。它发行于 1998 年，在发行后的 10 年内销量超过 1 000 万份。[2] 其中它仅在韩国就售出了 450 万份。在韩国，这款游戏被认为是引发该国游戏热潮的原因，在职业体育场馆举办的游戏比赛竞争激烈，有大量观众到现场观看。[3]《星际争霸》的顶级玩家都成了偶像人物，他们会收到"粉丝"的礼物，最优秀的玩家会得到待遇丰厚的合同，成为职业玩家。一位 28 岁的世界顶级玩家获得了一份为期三年的价值 69 万美元的职业合同。[4] 而其他玩家就没那么幸运了。另外一名 28 岁的男子沉迷于这款游戏，在一家烟雾缭绕的网吧里连续奋战了 50 个小时后，因过度疲劳而死亡。[5]

《星际争霸》与人工智能

《星际争霸》是一款设定在 26 世纪的战争游戏。就像国际象棋一样，每个玩家都指挥着一支由不同单位组成的军队，每种单位都有其优缺点。有些单位（例如小兵）很弱，不能快速移动。有些单位可以作为坚韧粗糙的步兵，而有些单位则可以射弹或长距离飞行（请记住，《星际争霸》是在计算机上玩的，不是在实体棋盘上玩的）。与国际象棋不同，《星际争霸》是一款即时战略游戏。玩家不是轮流走子，而是在一个大的战斗区域内实时指挥自己军队的各个单位。军队之间的战斗残酷且节奏快，这给手快的玩家带来了优势。事实上，《星际争霸》的顶尖人类玩家操作键盘和鼠标的速度通常超过每秒 5 次。[6]

《星际争霸》的另一个有趣之处在于，它要求每个玩家都要维持正常的经济运转。为了发展自己的军队，玩家必须建造和升级不同类型的建筑，而且建造的顺序很重要。不同的建筑允许玩家在自己的军队中创建不同技能的单位或创建新的建筑，所以这有时被称为"科技树"：玩家创建的科技树越复杂，他们的技术就越强。但要建造和升级这些建筑，玩家必须从他们的环境中获取资源（请设想 26 世纪黄金、木材和石油的等价物）。要获得和保护建立这种经济所需的资源，往往需要武力。因此，强大的经济产生强大的军队，强大的军队造就强大的经济。

为了让游戏更加有趣，《星际争霸》中的"战场迷雾"掩盖了大部分游戏空间。玩家可以看到自己的单位或单位附近发生了什么，但是在环境地图上看不到自己的单位以外很远的地方。这意味着他们必须派出侦察兵或者找到其他方法来了解环境。因此玩家总是在不确定的情况下做出决定。玩家必须在游戏过程中积极思考何时以及如何搜集情报。

下面简要回顾一下我们如何设计智能体来玩国际象棋和围棋等策略游戏。在这些游戏中，最优秀的智能体搜索数百万个游戏状态，并执行评价函数来查找最有可能带来成功结果的状态。游戏搜索树的大小，以及智能体搜索它的能力取决于两个因素：树的每个层次的分支因子（智能体在给定时间内必须做出选择的走子选项的个数）和树的深度（智能体在一局游戏中需要走多少步棋）。

围棋的分支因子大约是 250，《星际争霸》的分支因子远大于此。在任何给定时间，玩家可以选择移动一个或多个单位，可以升级或建造新的建筑。保守估计，游戏的分支因子大约为 1 后面 50 个 0（这个数字非常大，因为玩家可以同时移动他们单位的任何子集）。[7]《星际争霸》的时长也比围棋要长得多，一盘职业围棋棋局大约持续 150 步，而《星际争霸》是一款即时战略游戏。一局典型的 25 分钟的《星际争霸》大约有 36 000 个动作。[8] 这意味着一局典型的《星际争霸》游戏的搜索空间大约是一盘典型围棋棋局的 101 799 640 倍。为了使游戏更具挑战性，《星际争霸》玩家因为战场迷雾而仅拥有不完整的信息，因此国际象棋或围棋中使用的传统搜索方法不适用于《星际争霸》。

换言之，《星际争霸》对人工智能领域提出了巨大的挑战。一个可以得心应手地玩《星际争霸》的机器人需要具备许多我们认为能够定义人类智能的品质，包括用有限的信息做出战略决策的能力，以及实时应对不可预见情况的能力。纽芬兰纪念大学的计算机科学教授戴维·邱吉尔（David Churchill）称这是游戏人工智能研究的"巅峰"。

自从戴维于 2010 年前后从本·韦伯（Ben Weber）手中接手《星际争霸》机器人项目之后，他就一直在组织《星际争霸》机器人之间的比赛，因此我们对这些机器人的开发进展有一些了解。从我们掌握的情况来看，人工智能距离攻克《星际争霸》还有很长的路要走。[9] 如果我们用字母给《星际争霸》机器人评分的话，职业玩家的得分为 A– 到 A+，业余玩家的得分为 C+ 到 B，而《星际争霸》机器人的得分处于 D 到 D+ 的范围。[10] 但是，我们已经取得了一些进展。

简化游戏

让《星际争霸》机器人会玩游戏的唯一微乎其微的机会在于，把它们需要执行的任务分解成可管理的组块。关于这些组块应该是什么的一些核心思想来自对职业人类玩家如何玩游戏的仔细分析。[11] 我已经将一些成功的机器人中反复出现的思想组织到图16.1 所示的架构中。你可能会立即意识到，我们看到了一个非常类似于本书开头的自动驾驶汽车以及玩雅达利游戏的神经网络的架构。相似之处在一定程度上是因为我使用的图的通用性（你几乎可以把任意智能体放入这样的图中），但是我们应当回顾一下某些《星际争霸》机器人是如何适应这种架构的。[12]

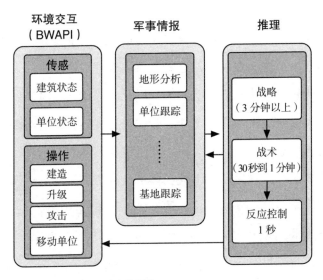

图 16.1　简化的《星际争霸》机器人架构示例

这个架构的最左侧是智能体与环境交互所经过的层。在自动驾驶汽车中，这一层包含传感器和控制器；在雅达利游戏智能体中，这一层与"街机学习环境"连接。目前为止，大多数《星际争霸》机器人都通过 BWAPI（BroodWar 应用程序编程接口）与它们的虚拟环境进行交互，BWAPI 是一位名叫亚当·海纳曼（Adam

Heinermann）的年轻软件开发者开发的软件库（BroodWar是《星际争霸》的一个扩展包，也就是一个特定版本）。对《星际争霸》机器人而言，这个传感和驱动层为机器人提供了一种通过编程与游戏本身进行交互的方式。

中间层是感知和环境建模层，用于为智能体追踪军事情报：它总结智能体搜集到的关于环境的信息，包括对手的基地、游戏中的单位和整个地图的信息。不同的机器人对这一层的重视程度不同。

机器人的"智能"行为来自架构最右边的部分，我们可以将其分为三个层次。在顶层，这些机器人推理战略：机器人应该建造哪些建筑，应该升级哪些建筑，以及应该在什么时候做这些事情。这类战略决策需要提前几十分钟进行规划，并会对游戏产生直接的长期影响，因为科技树（即建筑及其升级）将直接影响机器人的军队在游戏后期的组成和优劣。这个决策部分还需要长期规划，以发展能够支持科技树的经济。在略低的层次上，机器人会推理战术，这涉及提前30秒到1分钟的计划：智能体应该把它的建筑建在哪里？应该何时出兵到何处作战？在这三个层次中最低的是反应层，它要求在几秒钟内做出规划和反应。馈送到这三个层次的是来自军事情报层的关于环境的信息。

现在，这种三层架构并不是我们在自动驾驶汽车上看到的可以用来在十字路口导航的正式三层架构。例如，《星际争霸》机器人中的三层定义了军事指挥层级或一组建筑的组织级别。正如我们刚才看到的计算机科学教授戴维·邱吉尔所解释的那样："当在战略层次做出决定时，这个构架就会向战术单位下达命令，命令中只包括完成战术目标所需要的信息。"[13] 这不同于我们在自动驾驶汽车中看到的正式的三层架构，因为它没有明确的定序器或大富翁棋盘模块。

实用《星际争霸》机器人

在设计《星际争霸》机器人方面，还有什么方法卓有成效呢？回想一下我们在"实用主义理论"队（参加网飞竞赛的那两个毫无头绪的家伙）中看到的指导原则。还记得吗，"实用主义理论"队只有一个目标：赢得比赛。因此，他们着眼于数量，结合数百种模型和预测因素，完全不理会让网飞在之后的实践中复制他们的方法有多么不切实际。他们在实现目标方面非常务实。

许多顶级《星际争霸》机器人的开发者都遵循类似的理念，用能够赢得游戏的策略来编程他们的机器人，即便这意味着他们并没有创造出我们认为智能的机器人。例如，一些机器人被编程为遵循简单的rush策略[①]，这意味着他们会建立一支由弱小的战斗单位组成的小型军队（在没有复杂科技树的情况下可以创建的唯一单位），在对手建立防御之前发动攻击。这类rush策略是合法的策略，职业人类玩家会使用各种各样的rush策略。但要做到这一点，需要智能体遵循一套简单的规则，完全不考虑任何长期策略，

---

① rush策略是指在游戏早期牺牲经济，快速发展兵力，以此一举击败对手的策略。——译者注

然而实施这些策略的机器人仍然远远不能战胜人类职业玩家。

邱吉尔利用人工智能领域的各种工具，设计了一个更复杂、更成功的《星际争霸》机器人。但即使是这款叫UAlbertaBot的机器人，有时也会输给那些使用rush策略的机器人。有一次，他研究了对手的机器人策略，并调整了UAlbertaBot，以增强对这类策略的防御。这招奏效了一段时间，UAlbertaBot在比赛中一度名列前茅，直到更多的竞争对手出现，他们有自己独特的rush策略；那时，邱吉尔正忙于成为一名教授，无暇调整他的机器人来对付这些新策略。（他关于UAlbertaBot的大部分工作都是他在阿尔伯塔大学读研究生的时候完成的。）

我们可以看出，即便最好的《星际争霸》机器人也很糟糕，因为它们仍然有"阿喀琉斯之踵"。这有时会导致一些机器人之间出现奇特的剪刀—石头—布的循环，如图16.2所示。几年前，SkyNet与其他机器人相比非常优秀，它有80%的概率能战胜AIUR。AIUR也很不错，和其他大多数机器人一样，它通常会战胜Xelnaga。Xelnaga使用了我们上面看到的rush策略：它会攻击对方的兵（可以建造建筑和搜集资源的单位）。这种策略在对付大多数机器人时表现不佳，但它又是SkyNet的一个特有的软肋，这意味着Xelnaga有大约70%的概率能战胜优秀的SkyNet！[14] 这样的循环完全有可能发生在顶级围棋或国际象棋棋手之间，但这种现象出现在最优秀的《星际争霸》智能体之间，特别尖锐地暴露出了它们目前的弱点。

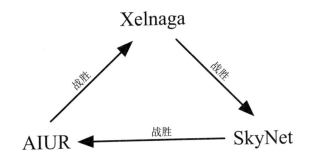

图 16.2 2011 年《星际争霸》机器人比赛中的剪刀—石头—布的循环。在比赛中，Xelnaga 通常会战胜 SkyNet，SkyNet 通常会战胜 AIUR，而 AIUR 通常会战胜 Xelnaga

如果以前玩过这类游戏，你肯定对战过计算机，也就是说你和机器人玩过。所以你可能会想：如果创建玩《星际争霸》这类游戏的机器人如此困难，为什么计算机还是如此难以战胜？邱吉尔对此并不赞同。他解释说："因为即时战略人工智能很难变得智能。而现实游戏中的机器人经常作弊，以显得比实际更强。"你从市场上买来的软件中的机器人的目标是为人类玩家提供有趣且有吸引力的体验，这并不是客观上的优秀。[15] 例如，在某些情况下，计算机可以看到整个游戏地图，没有战场迷雾。[16] 机器人可能会派侦察兵四处侦察，让人觉得它并没有完全看到战场，但这只是把戏而已，类似于下国际象棋的"土耳其人"使用的伎俩，其目的是让它们看起来比实际更聪明。[17] 它们的策略同样简单：例如，在给定的层次上，计算机可能有一个脚本化的（即预定义的）构建树，其中包含非常简单的规则来处理异常。

事实上，脚本化的构建规则甚至在"优秀"的机器人中也很常见。当邱吉尔和他的合作者创建 UAlbertaBot 时，他们首先构建了框架，用简单的脚本化规则填充其不同的组件，如战略层、战术层和反应层。这种想法是创建一个可以完整地玩完一局《星际争霸》的机器人，即便它玩得很差。然后，一旦框架就位，他们就可以继续改进各个组件，用可以探索开发科技树的最佳顺序的组件取代脚本化的"生产模块"（在这方面这些组件已经超过了人类），用复杂的战斗模拟系统取代他们的"战斗指挥官"等。[18] 随着《星际争霸》机器人不断改进，这些独立的模块很可能会得到改进，而整体架构不变。或者，架构是否会大不相同，我们也未可知。

OpenAI 与《DOTA 2》

很多《星际争霸》玩家都很熟悉《远古守卫 2》（下文简称《DOTA 2》）这款游戏，这是一款与《星际争霸》有很多相似之处的夺旗游戏。要掌握《DOTA 2》，玩家必须控制一个"英雄"角色，它可以在地图上移动、攻击对手、施展法术等，目标是摧毁对手的"远古遗迹"，这种建筑需要玩家不惜一切代价去保护。

职业《DOTA 2》选手每年竞争 2 400 万美元的比赛奖金。《DOTA 2》过去的奖金总额为 1.32 亿美元，远远超过《星际争霸》"微不足道"的 700 万美元，甚至超过《星际争霸 2》的 2 500 万美元。毫无疑问，这款游戏很有挑战性：设计玩《DOTA 2》的机器人就像设计玩《星际争霸》的机器人一样，你必须能够理解一个拥有非常大的搜索空间的环境。[19]

我们在前几章中简要介绍过的埃隆·马斯克，他发起了研究实验室OpenAI，目的是"构建安全的人工智能，并确保人工智能带来的福利被尽可能广泛和均匀地分配"。[20] 2017年8月，OpenAI宣布他们已经创造出了能够在一对一的有限版本《DOTA 2》游戏中击败人类顶级玩家的机器人。他们究竟如何创造出一个可以在如此大的空间中进行搜索的机器人？

正如OpenAI的一位研究人员解释的那样，答案是他们并没有使用搜索。OpenAI使用的方法结合了我在本章和有关神经网络的章节中介绍的工具，但是它们的架构没有使用像MCTS这样的搜索算法。[21]

为了玩《DOTA 2》，OpenAI的一个研究小组创建了一个神经网络，就像我们在这本书前面看到的两个网络一样。乍一看，它有点像玩雅达利游戏的网络。还记得吗，雅达利游戏智能体一遍又一遍地评估它的网络，选择网络指示的会得到最高时间调整奖励流（即巧克力）的动作。在每个时间步长，雅达利网络的输入都是一个向量，这个向量总结了4个最新的屏幕截图中的屏幕像素，而输出表示了采取每个动作的预期未来奖励。在图16.3中，你可以看到《DOTA 2》的架构与此类似，它的输出神经元决定了智能体应该采取哪些操作。与雅达利游戏网络一样，《DOTA 2》网络的输入也是对游戏当前状态进行编码的特征列表。与玩双陆棋的神经网络和AlphaGo一样，它们的神经网络通过自我对战得到改进。[22]

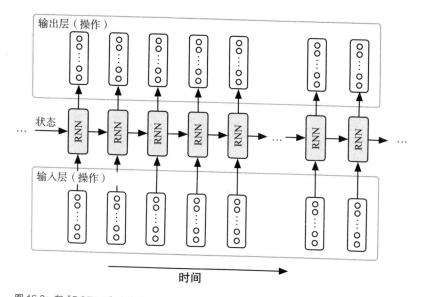

图 16.3 在《DOTA 2》中击败了顶级人类玩家的机器人架构。智能体在每个时间点运行一个神经网络，这个网络的输入是总结了当前环境的特征向量，然后网络输出决定智能体将会选择的操作的变量。智能体还记录状态，把状态从一个时间点传递到下一个时间点。这个状态充当了智能体的一种"记忆"

　　但这些网络之间存在一些重要的区别。首先，《DOTA 2》网络的许多输入特征都是由人工制作的，编码的内容包括当前控制的单位在地图上的位置和地图的细节。其次，也是更重要的一点，《DOTA 2》网络有记忆。[23]

　　请记住，雅达利游戏网络无法很好地玩某些游戏，例如《蒙特祖玛的复仇》。《蒙特祖玛的复仇》需要它的智能体做两件事：探索一个非常大的环境，并记住它最近做了什么。但是雅达利游戏网络没有记忆，所以即便它有很多经验，也在游戏中表现不佳。那么，我们该如何赋予智能体记忆？

在第 11 章中，当研究可以为图像生成字幕的网络时，我们看到了关于神经网络的记忆单元的暗示。还记得吗，那些网络能够记录实时说出口的话语，因为它们是RNN。RNN中的单元彼此串联连接：一个循环单元的输出状态被用作馈入下一个循环单元的输入状态。网络中的每个单元检查其状态和任何其他输入，产生一些输出值，更新状态，然后将状态发送到序列中的下一个单元。

《DOTA 2》网络采用了同样的思想。与雅达利游戏网络一样，《DOTA 2》网络也在不断地循环运行，接收输入特征并产生一些输出值。但它也是RNN：它的输出之一是状态，它把这个状态传递给网络中的下一个单元使用。当网络运行时，它使用这个状态向量"记忆"事情。[24]

《DOTA 2》机器人远非完美。首先，仅凭记忆并不能解决所有问题。被赋予记忆的雅达利游戏智能体仍然无法攻克《蒙特祖玛的复仇》。获胜后，OpenAI举办了一个会议，让其他玩家挑战他们的《DOTA 2》机器人，这些玩家在程序中发现了一些明显的致命弱点，就像人们在《星际争霸》机器人上看到的一样。但是，这个网络击败了世界上几位顶级的玩家，让我们距离创造出能在标准 5 对 5 版本的《DOTA 2》中与人类竞争的机器人又近了一步，同时也为我们带来了一些对设计出成功的《星际争霸》机器人很有价值的想法。[25]

《星际争霸》机器人的未来

为了看到《星际争霸》机器人未来的一个可能的发展方向，

让我们回到本书中出现过的一个人物：DeepMind的创始人杰米斯·哈萨比斯。虽然杰米斯加入《星际争霸》机器人领域比较晚，但在创立DeepMind之前，他就对这款游戏产生了兴趣。杰米斯发现他的一位同事是一名《星际争霸》高手玩家，于是对这位同事屡战屡胜的能力非常着迷。另一位同事回忆说：

> 杰米斯想要战胜这个家伙。他每晚都把自己和那个家伙锁在一个房间里。他会为那个家伙设置障碍，让他在没有鼠标或单手的情况下玩游戏，这样便可以准确地分析他的哪些操作让他变得出色。这有点像一个人走上拳击台被揍了一顿，然后他每晚都回来挨揍。这显示了他令人难以置信的求胜欲望。[26]

最近，杰米斯将DeepMind的一些工作转向了开发具有竞争力的《星际争霸》机器人。DeepMind和《星际争霸》背后的暴雪公司（Blizzard）宣布了一项合作，两家公司将开发并发布一个供机器人玩《星际争霸2》的官方界面，以及一个让开发者创建自己的"课程"的环境，从而让机器人以更有条理的方式学习。[27]

DeepMind决定将目标转向《星际争霸》，其背后的一件趣事是，阿尔伯塔大学的研究人员早在10年前就开始研究这个问题。还记得吗，戴维·邱吉尔在阿尔伯塔大学学习的时候，正在进行《星际争霸》机器人设计方面的开创性研究。单独来看，这个事实可能不足为奇；有趣的是，阿尔伯塔大学对整个人工智能领域，特别是对DeepMind的工作产生了深远的影响。正如我们在第7章中看到的，阿尔伯塔大学的研究人员开发了"街机学习环境"，这为 DeepMind 提供了一种可以让雅达利游戏智能体与游戏环境交互的方式。DeepMind 开发 AlphaGo 的团队的几位关键研究人员正是在阿尔伯塔大学开始了计算机围棋领域的研究。阿尔伯塔大学拥有数位在人工智能的各个领域都处于世界领先地位的专家，其中包括被誉为"强化学习之父"的理查德·萨顿（Richard Sutton）。萨顿对这个领域的贡献之一，就是雅达利游戏智能体用来从动作中进行学习的算法，即用于离线学习的算法。

如果我们能攻克《星际争霸》，这是否意味着我们就能攻克智能？答案很简单，不能。《星际争霸》并没有涉及人类智能的许多方面，包括人类从全新的、非结构化的环境中理解并得出结论的能力。

几位著名的人工智能研究人员在最早的一篇关于计算机国际象棋的论文中写道："如果一个人能设计出一台成功的国际象棋机器，那么他似乎就潜入了人类努力的核心。"[28] 而现在距离我们设计出成功的国际象棋机器已经过去了 20 年，但我们仍然不清楚我们是否比"深蓝"战胜加里·卡斯帕罗夫之前更接近"人类努力的核心"，即便现在我们已经知道如何设计一个能够出色地下国际象棋的系统了。同样的粗略评估也适用于计算机围棋和《星际争霸》机器人。创造出能够高水平地玩《星际争霸》的机器人可能是一个同样引人注目却很狭隘的结果。然而，我们在这个过程中获得的工具和架构——新的搜索算法、新的感知算法和新的强化学习算法，将是更重要的成就。

17

50 年后或更遥远的未来

人工智能起起伏伏的发展过程

既然我们已经创造出可以在识别图像中的物体、转录人类语言录音以及下围棋等任务中表现超过人类的数字自动机，那么在未来50年里，我们还能期待它们做什么呢？很多。但在我们推测下一步的发展方向之前，让我们先简要地回顾一下我们已经取得了多大的进展。

在过去的20年里，许多在人工智能领域引起轰动的想法与半个世纪前的20世纪60年代末引起轰动的想法如出一辙。当时，人工智能领域貌似在飞速发展，神经网络得到了改进，国际象棋和围棋等游戏的算法得到了开发，行业会议上的成果以及随着微处理器的出现而呈指数级增长的硬件全都令人感到兴奋，人工智能会议似乎场场爆满——所有这一切都发生在人工智能领域进入一个被称为"人工智能寒冬"的黑暗时期之前。后来人工智能研究的资金枯竭了几十年。人工智能甚至成为一些研究人员口中的笑柄。[1] 在20世纪80至90年代的大部分时间里，这种恐慌一直在持续，直到人工智能领域在过去20年里重获新生。

换言之，我们在世纪之交前夕所看到的进步值得注意，但这并不是一次孤立的技术进步，即使在人工智能领域也是如此。这是人工智能更长期的持续发展的一部分，是一系列起起伏伏的发展过程。

我们的祖先在 18 世纪创造的自动机也是跨越数十年技术持续发展的一部分。在欧洲，机械师在 18 世纪和 19 世纪发明了自动机，但这一趋势在全球范围内持续的时间要长得多。早在公元 9 世纪，波斯三兄弟就发明了一种可编程的长笛演奏装置，公元 1 世纪，希腊人就发明了原始的蒸汽机汽转球。[2] 我们可以预计，现代数字自动机也会遵循同样漫长的发展轨迹，中间会出现技术停滞的低谷时期。

如何复制这本书中的成功

我们看到的许多机器表面上看起来可能不同，但它们有很多共同之处。分类器使这些智能机器能够感知环境。有限状态机和 RNN 使它们能够记录周围发生的事情（它们做了什么，正在做什么，还需要做什么），并且只关注环境中最显著的部分。搜索算法使它们能够用蛮力在数以百万计的选项中找到最好的结果。强化学习使它们有能力从经验中学习。然后，这些统计元素通过非常相似的架构组合到我们看到的机器中，这些机器可以自动驾驶，预测人类对电影的偏好，回答《危险边缘》的问题，并以惊人的精确度玩策略游戏。

但这些统计机器的设计只是故事的一部分。所有这些机器都需要长时间的、组织有序的人类工作。本书中最小的成功团队是创建IBM的"深蓝"的团队，它只由几个人组成，在十几年的工作中，它像一支摇滚乐队一样，成员进进出出。但最终，"深蓝"用了整整10年时间攻克了国际象棋。我们看到的许多其他团队开发产品花的时间更短，但那些团队的规模要大得多，通常有几十名研究人员和工程师在一个项目上工作一年或更长时间，一般会达到数十或数百人年①的研究和开发。这需要人类对团队的工作进行仔细周密的管理。

塞巴斯蒂安·特龙在自动驾驶汽车斯坦利"组织工作"方面的经验，为这样一支高效团队树立了卓越的标准。有时，他需要做出艰难但必要的决定，告诉队员他们在项目中埋头苦干了几个月的工作不会出现在最终的机器人中。但他精心挑选的团队成员认识到，这是为了项目的利益。[3] 对他们而言，胜利是集体努力的结果，包括领导者在内的每个人都做出了牺牲。特龙解释道：

> 在项目的这个阶段，核心团队中的每个人都完全理解与团队合作意味着什么。为团队准备午餐和编写尖端软件一样高尚。直到今天，对每一位团队成员都愿意做任何我要求他们做的事情，我依然感到叹服。我试着以身作则。我个人的亮点是花了一天的时间用聚氯乙烯管道制作了一个坦克陷阱。我把三根管道拴在一起后，我的团队发现它的表面与生锈的

---

① 人年是衡量工作量的单位，1个人工作1年是1人年。——译者注

金属不够相似。于是我回到商店去买喷漆，然后花了几个小时涂上油漆和泥土，让陷阱看起来酷似"二战"时的坦克陷阱。这并不是我来斯坦福大学的工作职责。神奇的是，这个弄得我两手脏兮兮，并让我在没有任何科学价值的世俗事物上花费了大把时间的工作，却令我感到满足。[4]

如果这些团队没有融入工程师和科学家广泛分享知识的更大的社区中，它们也不可能成功。这些社区是在DARPA无人车挑战赛和网飞奖等比赛中成立的，但对于像AlphaGo这样的项目也是如此。虽然AlphaGo是由一家私营公司的大约20名员工创建的，但AlphaGo中的许多思想（例如MCTS、评价函数、强化学习和深度神经网络）都是在DeepMind研究计算机围棋问题之前的几十年被开发出来的。这些项目中的大多数之所以成功，不仅因为它们是由拥有明确目标和雄厚资金的大型工程团队推动的，还因为让它们得以产生的想法是由公共资助的研究社区酝酿出来的，社区提供了几十年来支持研究和实验的集体智慧。私人资助的项目其实也是如此。例如，AlphaGo的一些核心研究人员在阿尔伯塔大学崭露头角，而IBM的"沃森"也从学术界吸收了大量人才和思想。

沃尔特·艾萨克森（Walter Isaacson）在他的《创新者》一书中也得出了类似的结论。他指出，凭空解决一个雄心勃勃的问题非常困难。在计算机的历史上，几乎没有一个重大的突破是由发明者在他的车库里独自完成的。人工智能和机器学习的进步也是如此。

这是否意味着，如果一个单干的研究人员没有庞大的预算和一个研究团队，就不应该费心去开始一个项目？完全不是，但是研究人员中途加入或组织起一个更大的工作团队仍然是有用的。例如，网飞奖竞赛中那个名为"实用主义理论"的团队一开始只有两个毫无头绪的家伙。但他们仔细研究了最好的团队所做的工作，这使他们在社区中迅速崛起，并加入了最终获胜的团队。创建国际象棋程序"深蓝"的团队最初规模也很小，但最终，团队成员加入了IBM，在接下来的 8 年里，他们继续开发"深蓝"，最终战胜了加里·卡斯帕罗夫。归根结底，所有这些项目都是从一个有想法的人开始的。

有时，有想法的人甚至不需要解决问题就能产生影响。正如我们所看到的，他们可以组织一场竞赛，鼓励研究人员围绕共同的目标团结起来。这些竞赛是否可能并不总是促进进步，而只是让更多人了解人们已经取得的进步？这种情况有时可能会发生，但网飞奖是一个杰出的例子，这场竞赛显然为一个领域增强了动力。

网飞在筹划竞赛时做出了几个重要的决定，这可以作为未来竞赛组织者的榜样。首先，他们发布到社区的数据集庞大到足够有价值，它的规模是其他同类公共数据集的 100 倍；它也足够有针对性，而且网飞已经把它清理得足够好，易于使用。其次，网飞向获奖者提供了一大笔现金奖励。他们还为大奖选择了一个很好的目标，10%的进步对参赛队伍而言是一个颇有难度但并非不可能实现的目标。[5] 他们围绕这个项目创建了一个活跃的社区，提供了一个在线论坛，参赛者可以在这个论坛上分享想法，排行榜可以激发人们的兴奋情绪。最后，网飞要求获奖者在获得进步奖或大奖之后撰写报告，这些报告被社区成员广泛阅读，帮助研究人员继续前进。[6]

竞赛的好处在于，它可以改变研究界投入时间的方式，其中一种方法是使研究标准化。我们在金融市场上也看到了同样的情况：公开交易的证券是可互换的，这也就是说，可相互交换意味着它们可以被客观地评估、定价，最终可以相互比较。2012 年ImageNet挑战赛就受益于此，在那次比赛中，一个神经网络毫无争议地赢得了胜利。由于参加比赛的所有选手都按照相同的标准进行评估，因此很明显，神经网络是公平的获胜者。其他团队立即加入了深度学习的潮流，在随后的几年里，顶尖参赛者提交的作品中都使用了深度卷积神经网络。[7]虽然 2012 年的优胜团队以较大优势获胜，但 2013 年有 9 支团队战胜了前一年的优胜团队，并在随后的几年里取得了迅速的进步。

数据的普遍使用

在我们所看到的统计机器的发展过程中，另一个反复出现的主题是它们对实验和数据的普遍使用。在某些情况下我们可以获得大量的数据，因为这些数据是由热情的极客玩家搜集整理的。我们在围棋（在线对局棋谱会被记录下来）和《危险边缘》（"粉丝"从电视节目中搜集问题）这样的游戏中看到了这一点。在另一些情况下，学术研究人员和公司会把广泛的、标记良好的数据集放在一起。

对于其他情况，研究人员找到了创建自己的数据的方法。塞巴斯蒂安·特龙和他的斯坦福大学团队用一辆装有传感器的汽车为他们的地形探测分类器收集训练数据。雅达利游戏神经网络在"街机学习环境"中玩了数百万局游戏，以此收集提升游戏水平所需的数据。而AlphaGo、《DOTA 2》机器人和双陆棋程序背后的创造者则让他们的程序自我对战，这样他们就可以创建自己的训练数据了。这些游戏程序收集的数据量所面临的唯一瓶颈，就是计算机花在玩游戏上的时间。

下一步去向何方

在这本书中，我有意回避对人工智能的未来进行过多的猜测，因为我是一名工程师，而不是哲学家、经济学家或历史学家。但我相信，我们已经从这些智能机器的发展过程中看到了足够多的证据，我可以满怀信心地谈论未来的一些事情（尽管其中许多事情可能需要几个世纪，而非几十年，才能实现）。

首先，我们在未来创建的自动机将会始终遵循程序。因为它们会受到我们用来构建这些自动机的媒介以及我们生活的世界物理定律的约束。这些机器将会遵循越来越复杂的程序。辨别它们在做什么事情也会变得越来越困难，但是我们始终有可能将它们执行的每一个动作追溯到一组确定的指令。[8] 一些哲学家认为，这表明机器永远不会思考。[9]我个人的信念是，人类也是机器，我们是模拟机器，如果我们相信人类可以思考，那么就没有什么能阻止我们有朝一日设计出可以思考的数字计算机。我们的机器总有一天会思考，这是大势所趋，它们会产生情感、观点和自我保护的愿望，这些总有一天会与我们人类发生冲突。

其次，我们会继续设计能够越来越准确地复制人类智力和行为的机器，直到它们的感知和推理能力与我们自己做这些事情的能力之间没有明显的区别，而且机器在很多方面将会比我们更优秀。早在沃康松和他的同时代人试图创造出外形和行为都像人类的机器人之前，我们就一直在尝试这样做。

随着我们继续设计更好的自动机，这些工作将不可避免地助长一种观念：这些机器对人类是一种威胁，它们会偷走我们的工作，破坏我们的生计。至少，这些机器会让我们感到不舒服，因为它们与我们有着惊人的相似之处。还记得吗，沃康松本人也被迫关闭了他的一个工作室，因为一位宗教官员认为这是"亵渎神灵"。[10]从某种程度上讲，这些机器确实会对我们构成威胁：机器抢走人们的工作正是因为它们能以更低的成本完成这些工作。机器人将成为未来政客指责的"移民"，它们的创造者会小心翼翼地推销它们，就像IBM小心翼翼地定位"沃森"一样。这将要求我们的领导者做出深思熟虑的决定，以确保改进技术所带来的利益得到公平分配，而且我们应该对这些利益抱有同样的期望。

但是，无论我们的社会能够多么好地接纳这些智能体，只要技术（我们的硬件、我们的理论和它们背后的软件架构）继续改进，我们就会继续设计它们，使它们达到并超越我们的能力。其中一些设计机器的行为将由经济和商业驱动，但设计此类机器的动力在经济动机消失之后仍会持续很久。按照我们的形象制造机器是人类努力的体现，人类天性的某些特质将会迫使我们继续这项工作，这些特质包括好奇、审美、傲慢和虚荣，但主要是好奇和审美。

致　谢

　　如果没有接下来提到的在技术突破背后付出了辛勤工作的诸多研究员和工程师，以及报道了他们工作中更多有人情味的细节的记者，我不可能写出这本书。从某种意义上讲，这本书对我而言很容易写，因为这些研究者已经完成了大部分的艰苦工作。他们花了无数时间进行实验、研究，记录下他们的发现。我写这本书的主要任务是把他们的研究成果整理并组织成一种更容易理解的形式。

　　许多人和组织都对这本书的写作给予了帮助。在写作过程中，我的家人提供了宝贵的支持。这其中包括我的妻子萨拉（Sarah），她阅读了远多于我预期的书稿，还有我的父母和兄长，是他们最早让我接触到计算机。泰莎科技（Teza Technologies）非常慷慨地找到了一种方式，满足我在公司工作期间用晚上和周末的时间写作这本书的愿望。泰莎科技的迈克尔·塔克（Michael Tucker）审阅了全部书稿，并提供了有益的反馈。麻省理工学院出版社的编辑人员，包括玛丽·勒夫金·李（Marie Lufkin Lee），马西·罗斯（Marcy Ross）和克里斯蒂娜·萨维奇（Christine Savage），在这个过程中表现出了极高的专业素质，并给予了很大帮助，还有阅读了早期书稿的匿名评论者同样提供了有益的反馈。此外，玛丽·巴格（Mary Bagg）对书稿提出了许多有益的建议和评论，硅谷创业者社群"南方公园公馆"（South Park Commons）在我为这本书进行最后的润色时，提供了很好的社区支持。

许多朋友牺牲了自己的时间，为这本书贡献了自己的想法，包括埃里克·扬科夫斯基（Eric Jankowski）、安德鲁·科维特（Andrew Cowitt）和瑞奇·黄（Ricky Wong）。丹尼尔·达克沃思（Daniel Duckworth）提供了关于《危险边缘》章节的特别详尽的反馈，我的父亲加里·格里什（Gary Gerrish）对书稿的前半部分提供了有益的反馈。戴维·邱吉尔、本·韦伯、唐杰、詹姆斯·法恩和克里斯·沃林斯基也很慷慨地抽出时间回答我在本书中讨论的有关他们工作一些问题，并提供了相关章节书稿的反馈。感谢贾森·约辛斯基（Jason Yosinski）和他的同事友好地允许我在第9章（关于深度学习的第一个完整章节）中使用他们的神经网络图片，感谢亚历克斯·克里泽夫斯基（Alex Krizhevsky）允许我使用AlexNet的图片。

在我开始写这本书之前，我很幸运得到了诸位导师正式或非正式的指导，他们向我展示了多年来的深入思考。

注　释

1. 自动机的秘密

1. Gaby Wood, "Living Dolls: A Magical History of the Quest for Mechanical Life by Gaby Wood," *The Guardian*, February 15, 2002, accessed February 5, 2017, https://www.theguardian.com/books/2002/feb/16/extract.gabywood.

2. Georgi Dalakov, *History of Computers and Computing, Automata, Jacques Vaucanson*, accessed March 9, 2017, http://history-computer. com/Dreamers/ Vaucanson.html.

3. Tom Standage, *The Turk* (New York: Berkeley Publishing Group, 2002), xii.

4. Standage, *The Turk*, 5.

5. Wood, "Living Dolls"; Standage, *The Turk*, 5.

6. Dalakov, *History of Computers.*

7. Warren A. Marrison, "The Evolution of the Quartz Crystal Clock," *The Bell System Technical Journal* 27, no. 3 (1948): 517–536.

8. 有消息称，沃康松的"吃食鸭"实际上并不能消化。它体内有一个秘密的空间，用来储存送入的食物和排出的人工染色的粪便。

2. 自动驾驶汽车：挑战不可能

1. Whittaker, quoted in Radha Chitale, "Red Team Falls to Its Own Offspring," *The Tartan* [CMU Student Newspaper], October 10, 2005, accessed June 15, 2017, https://thetartan.org/2005/10/10/scitech/redteam.

2. Marsha Walton, "Robots Fail to Complete Grand Challenge," *CNN*, May 6, 2004, accessed June 16, 2017, http://www.cnn.com/2004/TECH/ptech/03/14/darpa.race.

3. Joseph Hooper, "From DARPA Grand Challenge: 2004DARPA's Debacle in the Desert," *Popular Science*, June 3, 2004, accessed June 16, 2017, http://www.popsci.com/scitech/article/2004-06/darpa-grand-challenge-2004darpas-debacle-desert; Chris Urmson et al., "High Speed Navigation of Unrehearsed Terrain: Red Team Technology for Grand Challenge," Technical Report, CMU-RI-04-37, Robotics Institute, Carnegie Mellon University, 2004.

4. "Driven to Innovate," Carnegie Mellon University Homepage Archive, 2010, accessed October 16, 2016, http://www.cmu.edu/homepage/computing/2010/fall/driven-to-innovate.shtml.

5. Douglas McGray, "The Great Robot Race," *Wired*, March 1, 2004, accessed June 15, 2017, https://www.wired.com/2004/03/robot-3.

6. 同上。

7. 同上。

8. 同上。

9. 同上；Joshua Davis, "Say Hello to Stanley," *Wired*, January 1, 2006, accessed June 15, 2017, https://www.wired.com/2006/01/stanley.

10. 有时控制器会随着时间的推移累积误差，并将累积的误差添加到发送给发动机的信号中；如果误差始终过高或过低，这就会起作用（这被称为积分控制）。有时控制器会跟踪误差的变化速度，并主动调整发送给发动机的信号，预测未来的变化（这被称为微分控制）。这种三规则控制器通常被称为PID控制器，或比例－积分－微分控制器。从技术上讲，悍马只使用它的PD（比例－微分）部分控制油门，而且形式略有不同。

11. McGray, "The Great Robot Race."

12. 同上。虽然手工标注地图非常耗时，但对自动驾驶汽车而言，这其实是一个合理的解决方案，因为对所有在道路上行驶的自动驾驶汽车来说，精确的地图只需要创建一次，不需要频繁更新。

13. 许多自动驾驶汽车中使用的算法被称为 A*（即 A-Star）搜索，它使用近似来缩短搜索一条好走的路径所需的时间。

14. Sebastian Thrun et al., "Stanley: The Robot That Won the DARPA Grand Challenge," *Journal of Field Robotics* 23, no. 9 (2006): 661–692.

15. Urmson et al., "High Speed Navigation of Unrehearsed Terrain."

16. 悍马还有几个低功率激光扫描仪被安装在它的侧面和前部，用于物体探测。

17. Urmson et al., "High Speed Navigation of Unrehearsed Terrain."

18. Davis, "Say Hello to Stanley."

19. Hooper, "From DARPA Grand Challenge."

20. Chris Urmson et al., "Red Team Technology Overview," Technical Report, The Robotics Institute, Carnegie Mellon University, 2004.

21. Thrun et el., "Stanley."

22. Hooper, "From DARPA Grand Challenge"; McGray, "The Great Robot Race."

23. Hooper, "From DARPA Grand Challenge."

24. Joab Jackson, "DARPA's Desert Duel," *GCN*, March 13, 2004, accessed June

15. 2017, https://gcn.com/articles/2004/03/13/darpas-desert-duel.aspx.

25. Walton, "Robots Fail to Complete Grand Challenge."

26. Dickmanns, quoted in Davis, "Say Hello to Stanley."

27. Jackson, "DARPA's Desert Duel."

28. DARPA, "Grand Challenge 2004 Final Report," Technical Report, Defense Advanced Research Projects Agency, 2004.

29. DARPA, "Grand Challenge 2004 Final Report."

30. Walton, "Robots Fail to Complete Grand Challenge."

3. 保持在车道内行驶：自动驾驶汽车的感知

1. Sebastian Thrun et al., "Stanley: The Robot That Won the DARPA Grand Challenge," *Journal of Field Robotics* 23, no. 9 (2006): 661–692.

2. Joshua Davis, "Say Hello to Stanley," *Wired*, January 1, 2006, accessed October 30, 2016, https://www.wired.com/2006/01/stanley.

3. Chris Urmson et al., "A Robust Approach to High-Speed Navigation for Unrehearsed Desert Terrain," *Journal of Field Robotics* 23, no. 8 (2006): 467–508.

4. Steve Russell, "DARPA Grand Challenge Winner: Stanley the Robot!" *Popular Mechanics*, January 8, 2006, accessed June 15, 2017, http://www.popularmechanics.com/technology/robots/a393/2169012.

5. Russell, "DARPA Grand Challenge Winner."

6. Urmson et al., "A Robust Approach."

7. 前面这辆车实际上是红色车队送来参赛的另一辆车。

8. Russell, "DARPA Grand Challenge Winner."

9. Davis, "Say Hello to Stanley"; Joseph Hooper, "DARPA's Debacle in the Desert," *Popular Science*, June 3, 2004, accessed June 16, 2017, http://www.popsci.com/scitech/article/2004-06/darpa-grand-challenge-2004darpas-debacle-desert;Sebastian Thrun, "A Personal Account of the Development of Stanley, the Robot That Won the DARPA Grand Challenge," *AI Magazine* 27, no. 4 (2006).

10. Davis, "Say Hello to Stanley"; Thrun, "A Personal Account."

11. 同上。

12. 同上。

13. 同上。

14. 同上。

15. Russell, "DARPA Grand Challenge Winner."

16. Davis, "Say Hello to Stanley."

17. Thrun et al., "Stanley."

18. Thrun, "A Personal Account."

19. Dean A. Pomerleau, *Alvinn: An Autonomous Land Vehicle in a Neural Network*. Technical Report, DTIC Document, 1989.

20. Thrun et al., "Stanley."

21. 这些层之间的界线可能是模糊的。例如，有时硬件层中现成的传感器会使用卡尔曼滤波器之类的东西，卡尔曼滤波器是属于硬件层还是软件层？这其实并不清楚。

22. Thrun et al., "Stanley."

23. 同上。Davis, "Say Hello to Stanley."

24. Davis, "Say Hello to Stanley."

25. 同上。

26. Thrun et al., "Stanley"; Davis, "Say Hello to Stanley."

27. Thrun et al., "Stanley."

28. 同上。

29. 同上。

30. 同上。Davis, "Say Hello to Stanley."

31. Thrun et al., "Stanley"; Davis, "Say Hello to Stanley."

32. RGB（红、绿、蓝色彩模式）是任意标度。在许多情况下，研究人员在使用RGB之前将其转换为一组不同的数字，例如亮度、饱和度（即灰度）以及色相。

33. 这个测试将天空视为例外，他们在预处理步骤中排除了这个例外。

34. Thrun, "Stanley."

35. Russell, "DARPA Grand Challenge Winner."

36. Thrun, "Stanley" (note that the distance depended on the speed).

37. 同上。

4. 在十字路口避让：自动驾驶汽车的大脑

1. Erann Gat, "Three-Layer Architectures," in *Artificial Intelligence and Mobile*

Robots: Case Studies of Successful Robot Systems, ed. David Kortenkamp, R. Peter Bonasso, and Robin Murphy (Cambridge, MA: MIT Press, 1998), 195–210.

2. Chris Urmson et al., "Autonomous Driving in Traffic: Boss and the Urban Challenge," *AI Magazine* 30, no. 2 (2009).

3. Urmson et al., "Autonomous Driving in Traffic."

4. 同上。

5. 路线图是DARPA在比赛前两天提供的，任务说明是在比赛当天提供的。DARPA, "Urban Challenge Results," accessed October 22, 2016. http://archive.darpa. mil/grandchallenge; Chris Urmson et al., "Tartan Racing: A Multi-modal Approach to the DARPA Urban Challenge," Technical Report, Carnegie Mellon University, 2007.

6. Urmson et al., "Tartan Racing." 斯坦福大学的团队使用了一种类似的方法来跟踪物体，这种方法被称为"粒子过滤器"（参见下条Michael Montemerlo et al., "Junior"）。粒子过滤器实现了类似的目标，但所做的假设略有不同。

7. Michael Montemerlo et al., "Junior: The Stanford Entry in the Urban Challenge," *Journal of Field Robotics* 29, no. 9 (2008): 569–597.

8. DARPA, "Urban Challenge Results."

9. 同上。

10. 同上。

11. Urmson et al., "Tartan Racing."

12. 大富翁棋盘模块的正式名称是"行为执行模块"。

13. Urmson et al., "Tartan Racing."

14. 同上。

15. Chris Urmson et al., "Autonomous Driving in Urban Environments: Boss and the Urban Challenge," *Journal of Field Robotics* 25, no. 8 (2008): 425–466.

16. 同上。

17. Joseph Hooper, "DARPA's Debacle in the Desert," *Popular Science*, June 3, 2004, accessed June 16, 2017, http://www.popsci.com/scitech/article/2004-06/

darpa-grand-challenge-2004darpas-debacle-desert.

18. 它使用一种叫“格点搜索”的方法来实现这一点。

19. Urmson et al., "Autonomous Driving in Urban Environments."

20. Urmson et al., "Autonomous Driving in Traffic."

21. 同上。

22. 同上。

23. 同上。

24. 同上。Marsha Walton, "Robots Fail to Complete Grand Challenge," *CNN*, May 6, 2004, accessed October 22, 2016, http://www.cnn.com/2004/TECH/ptech/03/14/darpa.race.

25. Urmson et al., "Autonomous Driving in Traffic."

26. Chris Urmson, "How a Driverless Car Sees the Road," TED2015 Talk, accessed December 29, 2017, https://www.ted.com/talks/chris_urmson_how_a_driverless_car_sees_the_road/transcript?language=en#t-684924.

27. 运动规划器也可以被认为是定序器的一部分。我选择将它与控制器放在一起，并将运动规划器解释为一种复杂的控制器，它本身几乎就是一个三层架构。

28. Erann Gat, "Integrating Planning and Reacting in a Heterogeneous Asynchronous Architecture for Controlling Real-World Mobile Robots," *Proceedings of the 10th National Conference on Artificial Intelligence*, June 12–16, 1992, 809–815.

29. 同上。

30. Gat, "Three-Layer Architectures."

31. 同上。

32. Douglas McGray, "The Great Robot Race," *Wired*, March 1, 2004, accessed October 16, 2016, https://www.wired.com/2004/03/robot-3.

33. Urmson et al., "Autonomous Driving in Urban Environments"; Sebastian Thrun et al., "Stanley: The Robot That Won the DARPA Grand Challenge," *Journal of Field Robotics* 23, no. 9 (2006): 661–692.

34. Joshua Davis, "Say Hello to Stanley," *Wired*, January 1, 2006, accessed

October 30, 2016, https://www.wired.com/2006/01/stanley.

35. Taylor Hatmaker, "Leaked Internal Uber Documents Show Rocky Self-Driving Car Progress," *TechCrunch*, March 17, 2017.

36. Johana Bhuiyan, "Self-Driving Cars Are Mostly Getting Better at Navigating California's Public Roads," *Recode*, February 2, 2017.

37. Timothy B. Lee, "Why Google and Car Companies Are About to Spend Billions Mapping American Roads," *Vox*, September 29, 2008.

38. Heather Kelly, "Google Loses Lead Self-Driving Car Engineer Chris Urmson," *CNN*, August 5, 2016.

39. Chris Urmson, The View from the Front Seat of the Google Self-Driving Car: A New Chapter," August 5, 2016, accessed June 16, 2017, https://medium.com/@chris_urmson/the-view-from-the-front-seat-of-the-google-self-driving-car-a-new-chapter-7060e89cb65f#.9kwb5jsdr.

5. 网飞和推荐引擎的挑战

1. Steve Lohr, "Netflix Competitors Learn the Power of Teamwork," *New York Times*, July 27, 2009.

2. 在网飞宣布网飞奖一年后，公司的流媒体服务启动了，这改变了他们对奖项的计划。

3. 为了保护用户的身份，这些评分是匿名的，但是这在后来的比赛中引起了争议。请见 Andreas Töscher, Michael Jahrer, and Robert M. Bell, "The BigChaos Solution to the Netflix Grand Prize," Technical Report, Commendo Research & Consulting (for Töscher and Jahrer) and AT&T Labs (for Bell), 2009, accessed December 10, 2017, https://www.netflixprize.com/assets/GrandPrize2009_BPC_BigChaos.pdf.

4. 官方称，规则规定，一旦某个团队把网飞算法的推荐效率提高了10%，网飞就会发出"最后通牒"。在"最后通牒"发出后的30天内提交的最佳作品将赢得奖项，如果出现平局则按照提交日期的先后排名。

5.　当时，"数据科学家"一词还没有被广泛使用。参赛者来自各个领域（其中一个领域是协同过滤推荐系统）。

6.　Mung Chiang and Christopher Brinton, "Movie Recommendation on Netflix" (lecture from *Networks Illustrated: Principles without Calculus*), Coursera, Princeton University, accessed March 2, 2017, https://www.coursera.org/learn/networks-illustrated/lecture/Mx4ze/netflix-prize-the-competition.

7.　James Bennett and Stan Lanning, "The Netflix Prize," *Proceedings of the KDD Cup and Workshop*, San Jose, CA, August 12, 2007.

8.　贝尔科（BellKor）这个名字是他们二人的名字贝尔（Bell）和科伦（Koren）的组合；也是对公司名BellCore（Bell Communications Research）玩的一个文字游戏。Yehuda Koren and Robert Bell, "Advances in Collaborative Filtering," in *Recommender Systems Handbook*, ed. F. Ricci, L. Rokach, B. Shapira, and P. B. Kantor (New York: Springer US, 2011), 145–186.

9.　B. T., "Underdogs in $1 Million Challenge," *Princeton Alumni Weekly Archives*, January 23, 2008, accessed April 8, 2017, http://www.princeton.edu/~paw/archive_new/PAW07-08/07-0123/notebook.html#Notebook10.

10.　B. T., "Underdogs"; Lester Mackey, *Dinosaur Planet—Netflix Prize Team,* 2007, accessed April 8, 2017, https://web.stanford.edu/~lmackey/dinosaurplanet.html.

11.　"Holiday Baked Alaska," Betty Crocker website, accessed March 8, 2017, http://www.bettycrocker.com/recipes/holiday-baked-alaska/c936a634-e9d5-4acc-ae6d-0127fc8d1371.

12.　Clive Thompson, "If You Liked This, You're Sure to Love That," *New York Times Magazine*, November 21, 2008.

13.　同上。

14.　同上。

15.　同上。

16.　Jordan Ellenberg, "This Psychologist Might Outsmart the Math Brains Competing for the Netflix Prize," *Wired*, February 25, 2008.

17.　平均方差有很多优点。除此之外，它能确保差异是非负数。它是一个易于理解的度量标准，具有很好的统计特性。

18. B. T., "Underdogs."

19. Töscher et al., "The BigChaos Solution to the Netflix Grand Prize."

20. 埃德温·陈（Edwin Chen）写了一篇关于这些效应的优秀博客文章，他称之为爱丽丝效应（我们所说的吝啬鬼效应）和盗梦空间效应（我们所说的 E.T.效应）。那篇博文是 Winning the Netflix Prize: A Summary, accessed April 21, 2017, http://blog.echen.me/author/edwin-chen3.html。

21. Todd Rose, "When U.S. Air Force Discovered the Flaw of Averages," *Toronto Star*, January 16, 2016, excerpted from *The End of Average* (New York: HarperCollins, 2016), accessed June 16, 2017, https://www .thestar.com/ news/insight/2016/01/16/when-us-air-force-discovered-the-flaw-of-averages. html.

22. Rose, "When U.S. Air Force Discovered the Flaw of Averages."

23. 秩为 5 的矩阵分解可以把全矩阵近似为一个 17 770 × 5 矩阵和一个 5 × 480 189 矩阵的乘积。其中仍然有很多数字，但它远远小于我们所拥有的 1 亿个评分，更远不及原始矩阵中的 85 亿个元素。有时，我们把矩阵分解假设为秩为 3 的矩阵分解，其中一个因子是正方形矩阵，另外两个因子满足某些约束条件，例如列向量具有固定的长度且相互正交。

24. Martin Chabbert, *Progress Prize 2008,* December 10, 2008, accessed March 6, 2017, http://pragmatictheory.blogspot.com/search?updated-min=2008-01-01T00:00:00-05:00&updated-max=2009-01-01T00:00:00-05:00&max-results=6.

25. Dana Mackenzie, "Accounting for Taste," in *What's Happening in the Mathematical Sciences*, vol. 8 (Providence, RI: American Mathematical Society, 2010).

26. 这些矩阵分解方法包括主成分分析（PCA）、奇异值分解（SVD）和非负矩阵分解（NMF）。

27. 在这个矩阵中，我们可以将议员设置为列，将法案设置为行，用 0 或 1 表示每个议员如何投票。

28. Steve Lohr, "Netflix Competitors Learn the Power of Teamwork," *New York*

Times, July 27, 2009; Mackenzie, "Accounting for Taste."

6. 团队融合：网飞奖的赢家

1. James Bennett and Stan Lanning, "The Netflix Prize," *Proceedings of the KDD Cup and Workshop*, San Jose, CA, August 12, 2007.
2. 同上。
3. Jordan Ellenberg, "This Psychologist Might Outsmart the Math Brains Competing for the Netflix Prize," *Wired*, February 25, 2008.
4. Clive Thompson, "If You Liked This, You're Sure to Love That," *New York Times Magazine*, November 21, 2008.
5. Dana Mackenzie, "Accounting for Taste," in *What's Happening in the Mathematical Sciences*, vol. 8 (Providence, RI: American Mathematical Society, 2010).
6. 同上。
7. 和许多团队一样，"贝尔科"队对他们的方法并不刻意保密，他们的成员为网飞奖论坛做出了贡献。
8. Thompson, "If You Liked This, You're Sure to Love That."
9. 同上。
10. Ellenberg, "This Psychologist Might Outsmart the Math Brains Competing for the Netflix Prize."
11. Ruslan Salakhutdinov, Andriy Mnih, and Geoffrey Hinton, "Restricted Boltzmann Machines for Collaborative Filtering," *Proceedings of the 24th International Conference on Machine Learning*, Corvallis, OR, 2007.
12. 他们做出这种改进的一种方法是创建一个矩阵，即如图 5.2 中的星级评分矩阵，如果用户对一部电影进行了评分，他们则将每个元素替换为 1，否则为 0，然后使用该矩阵预测用户的类型喜爱程度，就像他们仅仅基于你评过分的电影及评分分数学到的那样。他们的模型在代数上与用于矩阵分解的模型稍有不同，但使用了相同的基本思想。Yehuda

Koren and Robert Bell, "Advances in Collaborative Filtering," in *Systems Handbook*, ed. F. Ricci, L. Rokach, B. Shapira, and P. B. Kantor (New York: Springer, 2011), 145–186.

13. Martin Chabbert, *Progress Prize 2008,* December 10, 2008, accessed March 6, 2017, http://pragmatictheory.blogspot.com/search?updated-min=2008 -01-01T00:00:00-05:00&updated-max=2009-01-01T00:00:00-05:00&max-results=6.

14. Thompson, "If You Liked This, You're Sure to Love That."

15. Eliot van Buskirk, "How the Netflix Prize Was Won," *Wired*, September 22, 2009.

16. Yehuda Koren, "The BellKor Solution to the Netflix Grand Prize," Technical Report, Netflix, 2009.

17. Koren, "The BellKor Solution." 他们用随时间变化的线性变化和特定于一天的偏差来对此进行建模。

18. 又一次，他们用随时间变化的线性变化和特定于一天的偏差来对此进行建模。

19. Chabbert, *Progress Prize 2008.*

20. 请注意，影片的"平均值"可能与线性模型中的系数不同，因为它会被模型中的其他部分扭曲。

21. 除了那些不止一次给电影评分的用户。

22. Robert M. Bell, Yehuda Koren, and Chris Volinsky, "The BellKor 2008 Solution to the Netflix Prize," Technical Report, AT&T Labs (for Bell and Volinsky) and Yahoo! (for Koren), 2008, accessed June 15, 2016, http://www.netflixprize.com/assets/ProgressPrize2008_BellKor.pdf.

23. Yehuda Koren, *The Netflix Prize Forum, Topic 799,* Netflix, 2007, accessed March 5, 2017, http://netflixprize.com/community/topic_799.html.

24. 这是正确的，前提是这些股票并非完全相关。

25. 这种不确定性可以用统计方差的概念形式化。

26. Robert E. Schapire, *Boosting: Foundations and Algorithms* (Cambridge, MA: MIT Press, 2014).

27. B.T.,*Princeton Alumni Weekly Archives*, Princeton University, January 23,

2008, accessed April 8, 2017, http://www.princeton.edu/~paw/archive_new/
PAW07-08/07-0123/notebook.html#Notebook10.

28. Andreas Töscher, Michael Jahrer, and Robert M. Bell, "The BigChaos Solution to the Netflix Grand Prize," Technical Report, Commendo Research & Consulting (for Töscher and Jahrer) and AT&T Labs (for Bell), 2009, accessed December 10, 2017, https://www.netflixprize.com/assets/ GrandPrize2009_BPC_BigChaos.pdf.

29. Van Buskirk, "How the Netflix Prize Was Won."

30. Jeff Howbert, "CSS 490 Lecture 08a," *University of Washington Course Website*, accessed June 16, 2017, http://courses.washington.edu/css490/2012. Winter/lecture_slides/08a_Netflix_Prize.pptx.

31. Thompson, "If You Liked This, You're Sure to Love That."

32. Martin Piotte and Martin Chabbert, "The Pragmatic Theory Solution to the Netflix Grand Prize," Technical Report, Pragmatic Theory, Inc., Canada, 2009.

33. Mackenzie, "Accounting for Taste."

34. 在颁奖典礼上，网飞透露，两支队伍的得分在小数点后第 6 位依然持平；不过事实上，"贝尔科的实用主义混沌"队的预测确实略胜一筹。

35. Xavier Amatriain and Justin Basilico, "Netflix Recommendations: Beyond the 5 Stars," *The Netflix Tech Blog*. Netflix, April 6, 2012, accessed March 4, 2017, http://techblog.netflix.com/2012/04/netflix-recommendations-beyond-5-stars.html.

36. Amatriain and Basilico, "Netflix Recommendations."

37. 这种差异在很大程度上可能是因为，参与网飞奖的竞争只需要少量的资金投入，基本上只需要一个桌面工作站，而开发自动驾驶汽车的团队所需要的资金可能很容易达到数十万甚至数百万美元。

7. 用奖励教导计算机

1. Quoted in Jemima Kiss, "Hi-Tech Dealing: The Connections That Led to

Google Buying DeepMind," *The Guardian*, June 23, 2014.

2. 从技术上讲，这个分数是经过调整以便让它落到特定范围内的。

3. Volodymyr Mnih et al. "Human-Level Control through Deep Reinforcement Learning," *Nature* 518, no. 7540 (2015): 529−533.

4. 在这里，我用"期望"这个词是表示一种随意的意思，但我实际上是在暗示这个词的正式含义：我们使用的是时间调整奖励的期望值或平均值，这里的平均值代表了在给定不同动作的状态之间移动时所产生的随机性。不同的应用可能需要不同于预期的变量，例如时间调整奖励的最高中位数。

5. 优化短期奖励有时是一种非常明智的行动，例如，人们在经济高通胀时期往往会这样做。

6. David Churchill, Personal correspondence with author, 2017; Marc G. Bellemare et al., "The Arcade Learning Environment: An Evaluation Platform for General Agents," *Journal of Artificial Intelligence Research* 47 (2013): 253−279.

7. 有些游戏只有 4 种控制，而有些游戏则有多达 18 种不同的控制组合。

8. 假设有 36 个外星人和至少 3 个"护盾"，对太空船和飞碟位置的描述可以轻易地超过 5 位二进制数字，对导弹位置的描述也可以轻松超过 5 位二进制数字。这是 $2^{36+3+5+5+5+\cdots} \geqslant 1.8 \times 10^{16}$ 种状态。

9. 以每秒 1 亿次评估的速度计算，学习每种状态的一个数据点就要花费 5 年时间。

8. 如何用神经网络攻克雅达利游戏

1. Liz Gannes, "Exclusive: Google to Buy Artificial Intelligence Startup DeepMind for $400M," *Recode.net*, January 26, 2014.

2. Balázs Csanád Csáji, "Approximation with Artificial Neural Networks," MSc thesis, Faculty of Sciences, Eötvös Loránd University, Budapest, Hungary, 2001, 24−48, accessed November 12, 2016, http://citeseerx.ist.psu.edu/

viewdoc/download?doi=10.1.1.101.2647&rep=rep1&type=pdf. 从技术上讲，可以近似的函数集是 R^n 的紧子集上的连续函数。

3. 按照这个评分基准，完全随机的智能体的得分是 0 分，人的得分是 100 分。

4. Volodymyr Mnih et al., "Human-Level Control through Deep Reinforcement Learning," *Nature* 518, no. 7540 (2015): 529−533.

9. 人工神经网络的世界观

1. Ellen Huet, "The Humans Hiding Behind the Chatbots," *Bloomberg News*, April 18, 2016, accessed September 25, 2017, https://www.bloomberg. com/news/articles/2016-04-18/the-humans-hiding-behind-the-chatbots.

2. 同上。

3. 这取决于某些形式条件，以及万能近似定理。

4. Tom Standage, *The Turk* (New York: Berkeley Publishing Group, 2002).

5. 这种自动机最近更多地被称为机械"土耳其人"，不要将它与亚马逊土耳其机器人混淆。

6. Gerald M. Levitt, *Turk*, *Chess Automation* (Jefferson, NC: McFarland & Company, 2000).

7. 事实上，在它展出期间，多位国际象棋棋手都操作过它。

8. Huet, "The Humans Hiding Behind the Chatbots."

9. Yann LeCun, Yoshua Bengio, and Geoffrey Hinton, "Deep Learning," *Nature* 521 (2015).

10. 学术界以及微软、谷歌和脸书等公司的研究人员已经将各种工具组合在一起，这使程序员设计和训练网络变得更简单，你无须担心这种技术（反向传播）背后的数学原理。

11. 更常见的是一次处理成批的图像。

12. LeCun et al., "Deep Learning."

13. Li Fei-Fei, Rob Fergus, and Pietro Perona, "Learning Generative Visual

Models from Few Training Examples: An Incremental Bayesian Approach Tested on 101 Object Categories," *Proceedings of the 2004 IEEE Computer Society Conference on Computer Vision and Pattern Recognition*, Los Angeles, CA, 2004, 178–186.

14. 这次，他们没有翻阅字典，而是使用了WordNet（由普林斯顿大学的心理学家、语言学家和计算机工程师联合设计的一种基于认知语言学的英语词典）的分类。

15. Olga Russakovsky et al., "ImageNet Large Scale Visual Recognition Challenge," *International Journal of Computer Vision* 115, no. 3 (2015): 211–252.

16. 通常，亚马逊土耳其机器人需要更精确和更详细的说明。

17. Russakovsky et al., "ImageNet Large Scale Visual Recognition Challenge"; Alex Krizhevsky, Ilya Sutskever, and Geoffrey E. Hinton, "ImageNet Classification with Deep Convolutional Neural Networks," *Proceedings of the 25th International Conference on Neural Information Processing Systems*, Lake Tahoe, NV, December 3–6, 2012, 1097–1105.

18. Russakovsky et al., "ImageNet Large Scale Visual Recognition Challenge."

19. 因为一张图片可能包含多个物体，例如狗、天空、陆地和飞盘，所以从技术上讲，需要算法识别出图片中"前5名"的物体之一。比赛还有一个不同的、更困难的挑战：识别图片中的所有物体，并描述每个物体的位置。

20. Russakovsky et al., "ImageNet Large Scale Visual Recognition Challenge"; *Large Scale Visual Recognition Challenge 2016*, UNC Vision Lab webpage, accessed June 16, 2017, http://image-net.org/challenges/LSVRC/2016/results.

21. Krizhevsky et al., "ImageNet Classification with Deep Convolutional Neural Networks."

22. 其中一些层之间是额外的层，它们缩小了每层中的像素数量，使下游处理更容易，并且后面的过滤器可以覆盖输入图像的更大部分。这被称为最大池（max-pooling），它缓解了网络下游的计算瓶颈，增强了对噪声的鲁棒性，可以说它在允许过滤器更"柔和"地匹配图像中的位置方面发挥了重要作用。

23. Guido Montúfar, Razvan Pascunu, Kyunghyun Cho, and Yoshua Bengio, "On the Number of Linear Regions of Deep Neural Networks," arXiv preprint 1402.1869 (20114), accessed December 16, 2017, https://arxiv.org/pdf/1402.1869.pdf; Sanjeev Arora, Aditya Bhaskara, Rong Ge, Tengu Ma, "Provable Bounds for Learning Some Deep Representations," *Proceedings of the 31st International Conference on Machine Learning*, Beijing, China, 2014.

24. Krizhevsky et al., "ImageNet Classification with Deep Convolutional Neural Networks."

25. Russakovsky et al., "ImageNet Large Scale Visual Recognition Challenge"; UNC Vision Lab,*Large Scale Visual Recognition Challenge 2016.*

26. Christian Szegedy et al., "Going Deeper with Convolutions," *Proceedings of the IEEE Conference on Computer Vision and Pattern Recognition*, 2015, accessed December 29, 2017, http://arxiv.org/abs/1409.4842.

27. LeCun et al., "Deep Learning."

28. Krizhevsky et al., "ImageNet Classification with Deep Convolutional Neural Networks."

29. 同上。

30. 同上。

31. LeCun et al., "Deep Learning"; Jürgen Schmidhuber, "Deep Learning in Neural Networks: An Overview," Technical Report, The Swiss AI Lab IDSIA, University of Lugano & SUPSI, 2014.

32. LeCun et al., "Deep Learning"; Norman P. Jouppi et al., "In-Datacenter Performance Analysis of a Tensor Processing Unit," *Proceedings of the 44th International Symposium on Computer Architecture (ISCA),* Toronto, 2017. 张量（tensor）是物理学和工程学中常用的矩阵的推广，最近在深度学习中得到了广泛的应用。除了宽度（一个维度）和高度（另一个维度）之外，张量可能还有其他维度。

10. 深入了解深度神经网络的内部秘密

1. Anonymous. Computer-generated image, June 10, 2015, accessed March 8, 2017, http://imgur.com/6ocuQsZ.

2. Maureen Dowd, "Elon Musk's Billion-Dollar Crusade to Stop the A.I. Apocalypse," *Vanity Fair*, April 2017, accessed June 16, 2017, http://www.vanityfair.com/news/2017/03/elon-musk-billion-dollar-crusade-to-stop-ai-space-x.

3. 这通常被称为S型函数（sigmoid function），公式为 $\exp(x)/(1 + \exp(x))$。

4. Alex Krizhevsky, Ilya Sutskever, and Geoffrey E. Hinton, "ImageNet Classification with Deep Convolutional Neural Networks," *Proceedings of the 25th International Conference on Neural Information Processing Systems*, Lake Tahoe, NV, December 3–6, 2012, 1097–1105. 如果想要使用S型激活函数，那么我们仍然有方法可以训练深度神经网络。一种常见的方法是使用无监督预训练。这种方法的思想在概念上类似于网飞奖中使用的矩阵分解方法，因为它找到了一种低维表示，"解释"了神经元激活的许多变化。

5. Jürgen Schmidhuber, "Deep Learning in Neural Networks: An Overview," Technical Report, The Swiss AI Lab IDSIA, University of Lugano & SUPSI, 2014. ReLU 在 2000 年前后的文献中被讨论过，10 年后，ReLU 在训练深度网络方面变得更加流行。

6. Xavier Glorot, Antoine Bordes, and Yoshua Bengio, "Deep Sparse Rectifier Neural Networks," *Proceedings of the 14th International Conference on Artificial Intelligence and Statistics* 15 (2011).

7. 这种关系的正式定义是"连续性"，这与"平滑"一词的正式定义不同。

8. 这在神经元的数量上是指数级的：对于一个有 N 个神经元的网络，存在 $2N$ 种可能的神经元的开/关组合。其中绝大多数具有大致相同的开/关组合，但是并非所有组合都可以在给定一组网络权重的情况下实现。

9. Robert Krulwich, "Which Is Greater, the Number of Sand Grains on Earth or Stars in the Sky?" *National Public Radio*, September 17, 2012, accessed

June 16, 2017, http://www .npr.org/sections/krulwich/2012/09/17/161096233/ which -is -greater-the-number-of-sand-grains-on-earth-or-stars-in-the-sky.

10. John Carl Villanueva, "How Many Atoms Are There in the Universe?" *Universe Today*, December 24, 2015.

11. 在这种情况下，过度拟合可能成为一个问题；一些研究人员，例如格洛特（Glorot）等人，通过正则化网络权重，例如使用L1惩罚，将网络权重推向零，从而使这些权重变得稀疏。

12. Glorot et al., "Deep Sparse Rectifier Neural Networks."

13. 这个过程被称为"随机失活"（dropout）。

14. Yann LeCun, Yoshua Bengio, and Geoffrey Hinton, "Deep Learning," *Nature* 521 (2015).

15. Olga Russakovsky et al., "ImageNet Large Scale Visual Recognition Challenge," *International Journal of Computer Vision* 115, no. 3 (2015): 211−252; Kaiming He, Xiangyu Zhang, Shaoqing Ren, and Jian Sun, "Delving Deep into Rectifiers: Surpassing Human-Leven Performance on ImageNet Classification," *ICCV*, 2015.

16. He et al., "Delving Deep into Rectifiers."

17. Anh Nguyen, Jason Yosinski, and Jeff Clune, "Deep Neural Networks Are Easily Fooled: High Confidence Predictions for Unrecognizable Images," *The IEEE Conference on Computer Vision and Pattern Recognition (CVPR)* (2015): 427−436.

18. 如果我们不小心，图片最终可能看起来不自然，因为像素可能会使用极端的颜色，而相邻像素可能会使用过渡不自然的不同颜色。研究人员发现，他们可以通过奖励附近的像素使用相似的颜色，以及通过奖励像素为灰色，而不是极亮或极暗的颜色，来做到这一点。Nguyen et al., "Deep Neural Networks Are Easily Fooled."

19. Jason Yosinski et al., "Understanding Neural Networks through Deep Visualization," *Deep Learning Workshop, 31st International Conference on Machine Learning*, Lille, France, 2015.

20. Alexander Mordvintsev, Christopher Olah, and Mike Tyka, *Inceptionism:*

Going Deeper into Neural Networks, June 17, 2015, accessed April 9, 2017, https://research.googleblog.com/2015/06/inceptionism-going-deeper-into-neural.html.

21. Mordvintsev et al., *Inceptionism*.

22. Leon A. Gatys, Alexander S. Ecker, and Matthias Bethge, "Image Style Transfer Using Convolutional Neural Networks," *The IEEE Conference on Computer Vision and Pattern Recognition* (2016): 2414–2423.

11. 能听、能说、能记忆的神经网络

1. Dario Amodei et al., "Deep Speech 2: End-to-End Speech Recognition in English and Mandarin," *arXiv preprint arXiv:1512.02595,* 2015.

2. 为了训练网络，我们使用了一种叫"连接时序分类"（connectionist temporal classification，CTC）的特殊方法，它搜索转录标签和时间序列之间的对齐。

3. Awni Hannun et al., "Deep Speech: Scaling Up End-to-End Speech Recognition," *arXiv preprint arXiv:1412.5567,* 2014.

4. 同上。

5. Amodei et al., "Deep Speech 2."

6. Girish Kulkarni et al., "Baby Talk: Understanding and Generating Image Descriptions," *IEEE Transactions on Pattern Analysis and Machine Intelligence* 35,no. 12 (2013): 2891–2903.

7. 同上。

8. Oriol Vinyals, Alexander Toshev, Samy Bengio, and Dumitru Erhan, "Show and Tell: A Neural Image Caption Generator," in *Proceedings of the IEEE Conference on Computer Vision and Pattern Recognition*, 2015; Kelvin Xu et al., "Show, Attend and Tell: Neural Image Caption Generation with Visual Attention," *International Conference on Machine Learning*, 2015: 77–81.

9. Vinyals et al., "Show and Tell."

10. 同上。

11. Yann LeCun, Yoshua Bengio, and Geoffrey Hinton, "Deep Learning," *Nature* 521 (2015).

12. Razvan Pascanu, Caglar Gulcehre, Kyunghyun Cho, and Yoshua Bengio, "How to Construct Deep Recurrent Neural Networks," *arXiv preprint arXiv:1312.6026,* 2013.

13. 这个类比从某种程度上讲是成立的：虽然设置手表是一种特殊的行为，但网络可能会定期使用控制线。

14. Ian Goodfellow et al., "Generative Adversarial Nets," *Advances in Neural Information Processing Systems* (2014): 2672–2680.

15. Jun-Yan Zhu et al., "Unpaired Image-to-Image Translation Using CycleConsistent Adversarial Networks," *arXiv preprint arXiv:1703.10593,* 2017.

12. 理解自然语言

1. Ken Jennings, "My Puny Human Brain," *Slate Magazine*, February 16, 2011, accessed June 16, 2017, http://www.slate.com/articles/arts/culturebox/2011/02/my_puny_human_brain.html.

2. James Fan, personal correspondence with author, June 9, 2017.

3. 参赛者如果无法完成，就会输掉比赛。https://www.youtube.com/watch?v=Y0p03rRM6Pw.

4. Larry Dignan, "IBM's Watson Victorious in *Jeopardy*; Our New Computer Overlord?" *ZDNet*, February 16, 2011, accessed June 16, 2017, http://www.zdnet.com/article/ibms-watson-victorious-in-jeopardy-our-new-computer-overlord.

5. *Jeopardy*, television broadcast, hosted by Alex Trebek, 2011; John Marko, "Computer Wins on *Jeopardy!*: Trivial, It's Not," *New York Times*, February 16, 2011.

6. Jennings, "My Puny Human Brain."

7. Casey Johnston, "Bug Lets Humans Grab Daily Double as Watson Triumphs on *Jeopardy*," *Ars Technica*, February 17, 2011.

8. Dignan, "IBM's Watson Victorious in *Jeopardy*."

9. Joab Jackson, "IBM Watson Vanquishes Human *Jeopardy!* Foes," *PC World*, February 16, 2011, accessed June 16, 2017, http://www.pcworld.com/article/219893/ibm_watson_vanquishes_human_jeopardy_foes.html.

10. 这条线索可以在J-Archive网站上找到，请访问2017年6月16日的节目页面：http://www.j-archive.com/showgame.php?game_id=2771。

11. D. C. Gondek et al., "A Framework for Merging and Ranking of Answers in DeepQA," *IBM Journal of Research and Development* 56, no. 3.4 (2012).

12. 索伦是《指环王》中的邪恶角色。

13. David Ferrucci et al., "Building Watson: An Overview of the DeepQA project," *AI Magazine* 31, no. 3 (2010): 59–79.

14. Stephen Baker, *Final Jeopardy: The Story of Watson, the Computer That Will Transform Our World* (New York: Houghton Mifflin Harcourt, 2011), Kindle edition, 19–35.

15. 同上，20。

16. 同上。

17. 同上，20–26。

18. James Fan, personal correspondence with author, June 9, 2017.

19. Baker, *Final Jeopardy*, 26–34.

20. 同上，34–35。

21. 同上，78。

22. Ferrucci et al., "Building Watson."

23. 同上。

24. Baker, *Final Jeopardy*, 67.

25. Ferrucci et al., "Building Watson."

26. 同上。

27. Adam Lally et al., "Question Analysis: How Watson Reads a Clue," *IBM*

Journal of Research and Development 56, no. 3.4 (2012).

28. "沃森"的研究人员称之为"词汇回答类型"（lexical answer type，LAT）。

29. 这条线索可以在J-Archive网站上找到，请访问 2017 年 6 月 16 日的节目
    页面：http://www.j-archive.com/showgame.php?game_id=3652。

30. Lally et al., "Question Analysis."

31. 除了新闻组档案之外，这些例子还出现在卡内基−梅隆大学自然语言处
    理课程的课堂讲义中，本书难以确认这些故事出自何处。

32. Lally et al., "Question Analysis."

13. 挖掘《危险边缘》的最佳答案

1. Stephen Baker, "Blue J Is Born," in *Final Jeopardy: The Story of Watson, the Computer That Will Transform Our World* (New York: Houghton Mifflin Harcourt, 2011), Kindle edition, 62.

2. 同上。

3. 同上。

4. 同上。

5. James Fan, personal correspondence with author, June 9, 2017.

6. Baker, "Blue J Is Born," 63–66.

7. 同上，62。

8. David Ferrucci et al., "Building Watson: An Overview of the DeepQA Project," *AI Magazine* 31, no. 3 (2010): 59–79.

9. 事实上，这些信息框正是沃森的关系来源之一，这些关系是"沃森"使
    用的数据库DBpedia的一部分。

10. Jennifer Chu-Carroll et al., "Finding Needles in the Haystack: Search and Candidate Generation," *IBM Journal of Research and Development* 56, no. 3.4 (2012).

11. 同上。

12. 同上。

13. 同上。

14. 詹姆斯·法恩与作者的私人信件。

15. Chu-Carroll et al., "Finding Needles in the Haystack"; Jennifer Chu-Carroll and James Fan, "Leveraging Wikipedia Characteristics for Search and Candidate Generation in Question Answering," *Proceedings of the 25th AAAI Conference on Artificial Intelligence* (2011).

16. Chu-Carroll et al., "Finding Needles in the Haystack." 根据搜索引擎的不同，"沃森"有时会得到一个段落列表，而不是文档列表。维基百科通常就是这样。

17. Chu-Carroll et al., "Finding Needles in the Haystack."

18. 我们可以在维基百科网站上搜索"米洛拉德·查维奇差点儿破坏了这个人完美的 2008 年奥运会，仅以百分之一秒的劣势输给了他"，查询相关信息。

19. Ferrucci et al., "Building Watson."

20. 这一阶段的正式名称为"证据检索阶段"。Baker, "Blue J Is Born."

21. Ferrucci et al., "Building Watson."

22. Wikipedia, "Swimming at the 2008 Summer Olympics," accessed May 7, 2017, https://en.wikipedia.org/wiki/Swimming_at_the_2008_Summer_Olympics_%E2%80%93_Men%27s_100_metre_butterfly.

23. Wikipedia, "Michael Phelps," accessed May 7, 2017, https://en.wikipedia.org/wiki/Michael_Phelps.

24. J. William Murdock et al., "Textual Evidence Gathering and Analysis," *IBM Journal of Research and Development* 56, no. 3.4 (2012).

25. Julia Cort and Michael Bicks, *Smartest Machine on Earth* (PBS NOVA television episode), directed by Michael Bicks, produced by PBS NOVA, February 2011.

26. Murdock, "Textual Evidence Gathering and Analysis."

27. D. C. Gondek et al., "A Framework for Merging and Ranking of Answers in DeepQA," *IBM Journal of Research and Development* 56, no. 3.4 (2012).

28. Gondek et al., "A Framework for Merging and Ranking of Answers in

DeepQA."

29. 同上。

30. 同上。同样，这种变换使用了机器学习和统计学的典型技巧。例如，对于特征"is_geo_match"，他们可能会添加一个名为"is_geo_match_present"的新特征，来表示第一个特征缺失时的情况。

31. 詹姆斯·法恩与作者的私人信件。

32. 我们目前还不清楚这是否可以正式编码为神经网络，需要添加额外的层来处理每一层的前两个步骤中候选答案之间的交互。

33. Ferrucci et al., "Building Watson."

34. 同上。

35. 同上。

36. Rob High, *The Era of Cognitive Systems: An Inside Look at IBM Watson and How It Works*, Marketing White Paper, Redbooks, accessed December 27, 2017, http://www.redbooks.ibm.com/redpapers/pdfs/redp4955.pdf.

37. Baker, "Watson Takes on Humans," 128.

38. Casey Johnston, "Bug Lets Humans Grab Daily Double as Watson Triumphs on *Jeopardy*," *Ars Technica*, February 17, 2011.

39. High, *The Era of Cognitive Systems*.

40. Daniel Jurafsky and James H. Martin, *Speech and Natural Language Processing* (Upper Saddle River, NJ: Prentice Hall, 2015).

14. 用蛮力搜索找到好策略

1. Claude E. Shannon, "Programming a Computer for Playing Chess," *Philosophical Magazine* 7, no. 314 (1950).

2. 木制图灵机和现代计算机之间的主要区别是现代计算机可以运行得更快，而且内存占用的空间要少得多，这也是你不会购买木制图灵机作为你的下一台计算机的原因。

3. Will Shortz, "Wayne Gould," *Time Magazine*, May 8, 2006.

4. Gerald Tesauro, "Temporal Difference Learning and TD-Gammon," *Communications of the ACM* (Association for Computing Machinery) 38, no. 3 (1995).

5. Shannon, "Programming a Computer for Playing Chess."

6. 同上。

7. 同上。

8. Murray Campbell, A. Joseph Hoane Jr., and Feng-hsiung Hsu, "Deep Blue," *Artificial Intelligence* 134 (2002): 57–83.

9. Feng-hsiung Hsu, *Behind Deep Blue* (Princeton, NJ: Princeton University Press, 2002).

10. 同上，109。

11. 同上，81。

12. 在这局对弈中，"深蓝"也使用了位置特征，但它认为自己占据明显的子力优势，却仍然输给了卡斯帕罗夫。Hsu, *Behind Deep Blue*, 138.

13. Campbell et al., "Deep Blue."

14. Hsu, *Behind Deep Blue*, 85.

15. 同上，46。

16. 同上，24。

17. Campbell et al., "Deep Blue."

18. Hsu, *Behind Deep Blue*, 52–56.

19. 同上，54。

20. Campbell et al., "Deep Blue."

21. "深蓝"的前身是"深思熟虑"（Deep Thought）和"芯片测试"（ChipTest）。我模糊了"深蓝"和"深思熟虑"的各个版本之间的区别；在实践中，它们在硬件和软件上都有所不同。

22. Hsu, *Behind Deep Blue*, 93.

23. 同上，133。

24. 同上。

25. 同上，253–254。

26. 雅达利游戏网络还有其他局限，比如内存不足，这也给它在游戏中带来了问题。

27. Gerald Tesauro. "Temporal Difference Learning and TD-Gammon." *Communications of the ACM* 38, no. 3 (1995): 58–68.

28. Richard S. Sutton and Andrew G. Barto, *Reinforcement Learning: An Introduction*, 2nd ed. (manuscript draft, MIT Press).

29. Tesauro, "Temporal Difference Learning and TD-Gammon."

15. 职业水平的围棋

1. Kirk L. Kroeker, "A New Benchmark for Artificial Intelligence," *Communications of the ACM* 54, no. 8 (2011).

2. Sensei's Library, *Go History*, accessed April 5, 2017, http://senseis.xmp.net/?GoHistory#toc5.

3. Eva Dou and Olivia Geng, "Humans Mourn Loss after Google Is Unmasked as China's Go Master," *Wall Street Journal*, January 5, 2017.

4. Dieter Verhofstadt, *Ing Prize*, June 20, 2014, accessed February 5, 2017, http://senseis.xmp.net/?IngPrize.

5. Stephen Baker, *Final Jeopardy: The Story of Watson, the Computer That Will Transform Our World* (New York: Houghton Mifflin Harcourt, 2011).

6. Alan Levinovitz, "The Mystery of Go, the Ancient Game That Computers Still Can't Win," *Wired*, May 12, 2014.

7. David Silver et al., "Mastering the Game of Go with Deep Neural Networks and Tree Search," *Nature* 529 (2016): 484–503.

8. 有些围棋使用 9×9 或 13×13 路棋盘。

9. Dou and Geng, "Humans Mourn Loss after Google Is Unmasked as China's Go Master."

10. Cameron Browne et al., "A Survey of Monte Carlo Tree Search Methods," *IEEE Transactions on Computational Intelligence and AI in Games* 4, no. 1 (2012).

11. 也就是说，AlphaGo不能通过掷硬币来均匀地随机抽样走子。

12. DeepMind称这个网络为"强化学习策略网络"。

13. Silver et al., "Mastering the Game of Go with Deep Neural Networks and Tree Search."

14. 卷积层不需要遍历前一层的所有小区域；很多时候，它们的步长大于1。AlphaGo的卷积层的步长都是1。

15. Silver et al., "Mastering the Game of Go with Deep Neural Networks and Tree Search."

16. 同上。

17. DeepMind还用强化学习训练了一个更好的走子预测网络，方法是让走子预测网络自我对弈。虽然这种网络在对弈中表现要优于最初的网络，但将其嵌入完整的AlphaGo算法中，它的表现就不再优秀，"大概是因为人类选择了各种各样的有希望的着法"。Silver et al., "Mastering the Game of Go with Deep Neural Networks and Tree Search".

18. Silver et al., "Mastering the Game of Go with Deep Neural Networks and Tree Search."

19. Cade Metz, "Why the Final Game Between AlphaGo and Lee Sedol Is Such a Big Deal for Humanity," *Wired*, March 14, 2016; Christopher Moyer, "How Google's AlphaGo Beat a Go World Champion," *The Atlantic*, March 28, 2016.

20. Cade Metz, "In Two Moves, AlphaGo and Lee Sedol Redefined the Future," *Wired*, March 16, 2016.

21. Moyer, "How Google's AlphaGo Beat a Go World Champion."

22. Metz, "In Two Moves, AlphaGo and Lee Sedol Redefined the Future."

23. Moyer, "How Google's AlphaGo Beat a Go World Champion."

24. 另一种译法是"God's Touch"（上帝的触摸）。Metz, "In Two Moves, AlphaGo and Lee Sedol Redefined the Future."

25. Moyer, "How Google's AlphaGo Beat a Go World Champion"; Metz, "Why the Final Game Between AlphaGo and Lee Sedol Is Such a Big Deal for Humanity."

26. Metz, "Why the Final Game Between AlphaGo and Lee Sedol Is Such a Big Deal for Humanity."

27. Metz, "In Two Moves, AlphaGo and Lee Sedol Redefined the Future."

28. Silver et al., "Mastering the Game of Go with Deep Neural Networks and Tree Search."

29. 同上。

30. Browne et al., "A Survey of Monte Carlo Tree Search Methods."

31. 同上；Silver et al., "Mastering the Game of Go with Deep Neural Networks and Tree Search."

32. 同上。

33. 同上。

34. 同上。

35. Christof Koch, "How the Computer Beat the Go Master," *Scientific American*, March 19, 2016.

36. Silver et al., "Mastering the Game of Go with Deep Neural Networks and Tree Search."

37. 同上。

16. 实时人工智能与《星际争霸》

1. Cade Metz, "In OpenAI's Universe, Computers Learn to Use Apps Like Humans Do," *Wired*, December 5, 2016.

2. Kristin Kalning, "Can Blizzard Top Itself with *'StarCraftII'*?" *NBC News*, May 31, 2007.

3. 同上。Alex Bellos, "Rise of the E-sports Superstars," *BBC Click*, June 29, 2007.

4. Cory Barclay, *The 15 Richest Online Gamers in the World*, February 24, 2015, accessed March 17, 2017, http://www.therichest.com/rich-list/world/the-15-richest-online-gamers-in-the-world/.

5. *BBC News.* "S Korean Dies after Games Session." August 10, 2005; John Anderson, *Spot On: Korea Reacts to Increase in Game Addiction,* September 12, 2005, accessed March 17, 2017, http://www.gamespot.com/articles/spot-on-korea-reacts-to-increase-in-game-addiction/1100-6132357/.

6. Josh McCoy and Michael Mateas, "An Integrated Agent for Playing Real-Time Strategy Games," *Proceedings of the 23rd AAAI Conference on Artificial Intelligence* 8 (2008): 1313–1318.

7. Santiago Ontanón et al., "A Survey of Real-Time Strategy Game AI Research and Competition in *StarCraft,*" *IEEE Transactions on Computational Intelligence and AI in Games* 5, no. 4 (2013): 1–19

8. 同上。

9. David A. Churchill, *A History of* StarCraft *AI Competitions (and UAlbertaBot),* 2016, accessed March 18, 2017, https://declara.com/content/ng0ynE75 (originally http://webdocs.cs.ualberta.ca/~cdavid/starcraftaicomp/history.shtml).

10. Ontanón et al., "A Survey of Real-Time Strategy Game AI Research and Competition in *StarCraft.*" ; David Churchill, "UAlbertaBot," *Github,* September 11, 2014, accessed March 18, 2017, https://github.com/davechurchill/ualbertabot/wiki; StarCraft *Rating System,* accessed April 20, 2017, http://iccup.com/starcraft/sc_rating_system.html.

11. McCoy and Mateas, "An Integrated Agent for Playing Real-Time Strategy Games."

12. See e.g., the entry on SkyNet in Ontanón et al., "A Survey of Real-Time Strategy Game AI Research and Competition in *StarCraft.*"

13. David Churchill, "Heuristic Search Techniques for Real-Time Strategy Games," PhD thesis, Department of Computer Science, University of Alberta. 2016.

14. Ontanón et al., "A Survey of Real-Time Strategy Game AI Research and Competition in *StarCraft.*" 另一种解释认为，《星际争霸》的游戏本身有缺陷，而不是机器人有缺陷。

15. Santiago Ontanón et al., "RTS AI: Problems and Techniques," in *Springer Encyclopedia of Computer Graphics and Games*, 2015, accessed December 29, 2017, https://www.researchgate.net /publication/311176051_RTS_AI_Problems_and_Techniques.

16. 同上。

17. 同上。

18. Churchill, "Heuristic Search Techniques for Real-Time Strategy Games."

19. *DOTA 2 vs StarCraft II*, accessed January 27, 2018, https://www.esportsearnings.com/comparisons/vvbb-dota-2-vs-sc2; *StarCraft: Brood War*, accessed January 27, 2018, https://www.esportsearnings.com/games/152-starcraft-brood-war/largest-tournaments-x400

20. *Elon Musk*, accessed October 10, 2017, https://openai.com/press/elon-musk.

21. Jie Tang, personal correspondence with author, August 25, 2017.

22. 同上。

23. 同上。

24. 同上。

25. 同上。

26. Tom Rowley, "Demis Hassabis: The Secretive Computer Boffin with the £400 Million Brain," *The Telegraph*, January 28, 2014.

27. 今天，大多数《星际争霸》游戏玩家都在玩《星际争霸2》的前传《星际争霸：母巢之战》。Oriol Vinyals, *DeepMind and Blizzard to release* StarCraft II *as an AI Research Environment*, November 4, 2016, accessed April 16, 2017, https://deepmind.com/blog/deepmind-and-blizzard-release-starcraft-ii-ai-research-environment/.

28. Feng-hsiung Hsu, *Behind Deep Blue* (Princeton, NJ: Princeton University Press, 2002), 4; Allen Newell, John Calman Shaw, and Herbert A. Simon, "Chess-Playing Programs and the Problem of Complexity," *IBM Journal of Research and Development* 2, no. 4 (1958): 320−335.

17. 50 年后或更遥远的未来

1.　Stephen Baker, *Final Jeopardy: The Story of Watson, the Computer That Will Transform Our World* (New York: Houghton Mifflin Harcourt, 2011), 35.

2.　Teun Koetsier, "On the Prehistory of Programmable Machines: Musical Automata, Looms, Calculators," *Mechanism and Machine Theory* 36, no. 5 (2001):589–603.

3.　Sebastian Thrun, "A Personal Account of the Development of Stanley, the Robot That Won the DARPA Grand Challenge," *AI Magazine* 27 (2006).

4.　同上。

5.　Yehuda Koren, "The BellKor Solution to the Netflix Grand Prize," Technical Report, Netflix, 2009.

6.　Xavier Amatriain, "Netflix Recommendations: Beyond the 5 Stars," *The Netflix Tech Blog*, Netflix, April 6, 2012, accessed March 4, 2017, http://techblog.netflix.com/2012/04/netflix-recommendations-beyond-5-stars.html.

7.　Olga Russakovsky et al., "Imagenet Large Scale Visual Recognition Challenge," *International Journal of Computer Vision* 115, no. 3 (2015): 211–252.

8.　这在我们用来构建这些自动机硬件的物理限制范围内是正确的。如果我们开发出可行的量子计算机，由于量子效应，追踪行为可能会变得更加困难。

9.　这就是所谓的"中文屋论证"（Chinese Room Argument）。

10.　Gaby Wood, "Living Dolls: A Magical History of the Quest for Mechanical Life by Gaby Wood," *The Guardian*, February 15, 2002. https://www.theguardian.com/books/2002/feb/16/extract.gabywood.